폴 투르니에의 치유

폴 투르니에의 치유

지은이 : 폴 투르니에 | 옮긴이 : 정동섭 · 정지훈
만든이 : 김혜정, 배은경 | 마케팅 : 윤여근, 정은희 | 표지디자인 : 디자인채이
초판1쇄 : 2007년 2월 26일 | 초판10쇄 : 2020년 8월 12일

등록번호 : 제2017-000056호 (2001.06.21.)
펴낸곳 : 도서출판 CUP
(04549) 서울시 중구 을지로148, 8층 803호 (을지로3가, 중앙데코플라자)
T.(02)745-7231 F.(02)6455-3114 | www.cupbooks.com

This edition issued by contractual arrangement with Delachaux & Niestlé, France.
ⓒ Delachaux & Niestlé S.A., Neuchatêl(Swizerland) - Paris, 1951, 1976, 1986
Titre de l'édition originale : Bible et Médecine.

Korean Translation Copyright ⓒ 2007 by CUP, Seoul, Korea.

본서는 미국판인 *A Doctor's Casebook in the Light of the Bible* (Harper & Row, Sanfrancisco)
을 번역하였습니다.

· 본문의 이해를 돕기 위하여 성경구절은 "개역개정"과 "표준새번역"을 병행하여 인용하였습니다.
· 잘못된 책은 언제든지 교환해 드립니다.
· 독자의 의견을 기다립니다. cupmanse@gmail.com

값 14,000원
ISBN 978-89-88042-36-6 03230   Printed in Korea.

폴 투르니에의 치유

폴 투르니에의 임상 경험을 통해 본 성경적 믿음의 치유 능력

폴 투르니에 지음 | 정동섭 · 정지훈 옮김

CUP

A Doctor's Casebook in the Light of the Bible

Paul Tournier

상처 많은 청년 시절 큰 은총을 경험했던 책 _ 오늘날의 의학은 점

진적으로 '인격의학'을 강조하고 있습니다. 의학은 기술이지만 의료의 대상은 전인이
기 때문입니다. 우리 시대 영혼과 신체의 명의인 투르니에 박사는 이 책에서 성경의
인간관과 의학적 인간관을 치밀하게 비교하며 자연과 은총의 대화를 강조합니다. 인
간과 하나님, 자연과 은총이 만나는 곳에서 우리는 온전한 치유를 경험하게 될 것입니
다. 나의 상처 많은 청년 시절 큰 은총을 경험했던 이 책의 번역을 크게 기뻐합니다.
더욱 이 방면에 깊은 이해가 있는 실력 있는 역자들에 의해 이 책이 옮겨짐은 축복이
아닐 수 없습니다. 인격의학의 빛을 구하는 모든 분들에게 일독을 권하는 바입니다.

이동원_ 지구촌교회 담임목사

성경은 건강과 의학의 소중한 지침서 _ 현대의학은 분자생물학적으

로는 괄목할 만한 성과를 거두었지만, 더 깊은 질병의 원인과 의미에 대해서는 전혀
설명하지 못하고 있습니다. 인간은 단순히 물질로 이루어진 기계가 아니라 정신과 영
혼을 지닌 인격적 존재이기에 의학은 필히 전인적인 접근을 하여야 할 것입니다. 폴
투르니에는 놀라운 영적 통찰력으로 삶과 죽음, 그리고 질병을 명확하게 설명하며 이
를 직접 환자에 적용하여 전인치유를 이루어냈습니다. 이 한 권의 책은 우리 모두에게
성경이 얼마나 건강과 의학의 소중한 지침서인지를 일깨워 주며, 아울러 인간의 영혼
과 정신이 육체에 얼마나 깊은 영향을 끼치는지를 확연히 드러내 줍니다. 이 책의 처
방대로 우리가 환자를 섬길 수 있다면 의료는 완전히 새로워질 것이며 이 세상은 더
건강해질 것이 분명합니다. 저의 삶과 생각을 변화시킨 이 책이 독자들도 분명 변화시
킬 것을 확신하며 정독을 권해드립니다.

박상은_ 샘안양병원장, 한국누가회 이사장

생명의 전인성을 회복하자 _ 오늘날의 의료를 생의학(biomedical) 모델이라

고 한다. 이것은 의료를 지나치게 전문화함으로써 의료의 비인격화를 가속화시켰으며, 한편 유물론적 의료의 종착역인 유전학적 결정론은 모든 생명 활동을 유전자로 환원하고 있다. 기독 의료인들은 육체와 영혼의 문제에 관한 이원론적인 태도에서 자유롭지 못하며, 육체와 영혼의 문제를 통합하여 전인 치유의 개념으로 나아가는 데 실패하고 그 길목에서 방황하고 있다. 이런 시대정신을 예견한 것처럼 폴 투르니에는 후배 의료인들에게 의료가 인간 생명의 전인성을 회복하여야 함은 물론 기독 신앙이 의료에서도 일관되게 드러나야 함을 잔잔하게 가르쳐 준다. 여유롭고 넉넉한 아버지의 모습으로…

김민철_ 예수병원장, 전 한국누가회 이사장

마음과 질병에 대한 새로운 통찰력 _ 이 책은 인간과 질병을 바라보는

과학적 입장과 성경의 관점이 서로 모순되지 않으며, 그 두 분야를 통합적 관점에서 이해할 수 있음을 역설한다. 무엇보다 최근 논의되고 있는 마음과 몸의 상관성에 대한 투르니에의 탁월한 통찰은 기법 중심으로 치우쳐가는 상담학계에 큰 도전이 될 것이라 믿는다. 몸은 마음이다. 몸의 증세는 마음의 증세이기도 하다. 저자는 인간의 마음을 비추는 거울로 성경과 의학이라는 두 권의 책을 제시한다. 이 두 권의 책을 명쾌하게 조화시킨 이 책을 잡는 순간 독자는 이제까지 접하지 못한 마음과 질병에 대한 새로운 지혜와 통찰을 얻게 될 것이다. 사람을 치유하는 의사 및 목회자, 상담사역에 관심 있는 모든 그리스도인들에게 이 책을 기쁨으로 추천한다.

변상규_ 침신대 상담학 교수, 대상관계연구소장

인격의학의 실천을 위한 필독서 _ 갑작스러운 사고로 사지마비가 되어

평생 휠체어를 타야만 되는 척수 손상 환자들을 진료현장에서 매일 만난다. 그러면서 '과연 이 환자들에게 질병과 고난은 어떤 의미를 갖고 있는가?', '현대의학의 한계 속에서 의사의 역할은 과연 무엇인가?' 에 대해 고민하지 않을 수 없었다. 내과 의사인 폴 투르니에는 이 책에서 자신이 만났던 환자들의 구체적인 사례와 깊은 성경 연구를 통해 그 해답을 제시한다. 전문화된 현대의학의 비인격적인 모습을 탈피하기 원하며, 폴 투르니에가 주창한 '인격의학' 에 관심 있는 의료인들과 학생들이 꼭 읽어보아야 할 필독서로 이 책을 적극 추천하고 싶다.

이범석_ 국립재활병원 척수손상재활과장, 한국누가회 학술윤리부 대표

손을 놓을 수 없는 책 _ 언젠가 도서관의 책장 사이를 헤메다가 우연히 발견

하게 된 이 책을 들고서 한나절 그 자리에서 읽었던 기억이 있다. 의사로서 진료의 현장에서 직면하지 않을 수 없는 문제들, 즉 의료 행위의 의미와 목적, 질병과 죄, 신유의 은사, 환자와의 관계 등에 관해 성경이 비추어주는 빛으로 그 의미를 가르쳐 주는 이 책을 손에서 놓을 수 없었다. 한국어 책이 나와 좀 더 명확한 의미를 알 수 있으면 좋겠다고 생각했었는데, 정확한 번역으로 이 책을 다시 만날 수 있어서 감사하다. 석양이 물드는 도서관의 한 구석으로 들어오는 빛에 비추어 읽었던 이 책은 희미했던 나의 의식을 밝혀 의료행위의 성경적 의미들을 알게 하는 또 다른 빛이 되었다.

최현일_ 샘여성병원장, VIEW 동문회장

추천의 글

잃어버린 기준 찾기
_ 이 책은 우리 삶의 의미를 되찾아 준다. 세상에 존재하는 모든 것들에 주어진 의미를 보여 주어, 지금은 잃어버린 기준을 찾기에 좋은 책이다. 그리스도인에게는 모든 일에 의미가 있다. 이 책은 그 의미를 통해 모든 일이 제자리를 찾는 데 필요한 기준을 제시해 준다. 우리가 접하는 환자와 질병, 그리고 세상에까지….이 책은 우리의 생각을 뒤집어 보게 하는 폴 투르니에의 책들 중에서 가장 임상적이며 실제적으로, 일상의 회색 지대에 있던 부분을 빛이 비치는 곳으로 분명하게 만들어 준다.

조주환_ 조호치과 원장

하나님이 의도하신 치유와 의미를 깨닫다
_ 이 책은 수많은 사람들의 임상 경험을 토대로 질병의 치유, 질병을 유발한 육체적, 심리적, 영적인 원인과 이 세 측면이 혼재된 상황들을 균형있게 조명하고, 하나님이 의도하신 뜻대로 치유와 그 의미까지도 깨닫도록 우리의 시야와 안목을 넓혀주고 바꾸어 준다. 개인적으로는 암수술을 한지 2년, 큰 아들의 교통사고로 인한 실명의 위기를 지난지 1년, 질병의 고통을 지나면서 과학적으로 의술에 힘입은 바가 큰 동시에, 그 과학으로만 답을 찾을 수 없는 "왜?"라는 질문에 대해, 이 책은 수많은 답과 하나님의 빛을 내 마음에 주었다.

조화영_ 경희준한의원 원장

일상적인 삶을 사역으로!
_ 저자는 질병의 문제들과 치료행위들을 어떻게 기독교적인 관점으로 해석하며, 의미를 부여하는가를 보여줌으로써, 우리의 일상적인 삶(직업과 가정생활)을 사역으로 변화시킬 뿐만 아니라 삶의 곳곳에서 하나님을 발견할 수 있게 한다.

최삼열_ 수연합한의원 원장

직업에 종합적 감각을 유지하게 한다 _ 의료 행위는 인간의 생명을 다루는 일이므로 성경적 관점이 수반되어야 한다. 의사는 현실의 여러 문제에 대해 부적절하거나 충분하지 못한 설명으로 자신과 환자를 혼란스럽게 만들 수 있다. 이 책은 그런 혼돈을 최소화로 줄이면서, 의사들이 의료 고민들에 관해 충분한 논리를 갖도록 도와 준다. 그리스도인 의사들이 가끔 다시 읽으면서 자신의 직업성에 관련된 문제들에 대해 종합적 감각을 유지하는 데 있어 충분히 가치 있는 책이다.

심재두_ 한국누가회 사무총장

병든 자를 위한 사역에 값진 도구 _ 이 책은 그 문체나 내용면에서 극히 팔목할 만한 책이다. 신앙과 건강 분야에 많은 혼란이 일고 있는 오늘날, 투르니에의 접근은 동시에 교훈적이며 확신을 주는 설득력이 있다. 모든 사역자는 이 책에서 병든 자를 위한 사역에 극히 값진 도구를 발견하게 될 것이다.

〈Presbyterian Outlook〉

감동과 내면적 믿음의 세계로! _ 의사에게는 의료 행위에 대한 기독교 세계관적 관점을, 목회자에게는 목회 상담과 설교에 값진 도구가 되며, 평신도 독자들에게는 영감적이고 교훈적인 감동과 동시에 내면적 믿음의 세계와 친숙해지도록 이끌어 준다.

〈Friends Journal〉

통찰과 예지를 지닌 그리스도인에 의해 쓰여진 탁월한 책으로, 질병의 의미를 이해하기 원하는 모든 이가 읽어야 할 필독서이다.

〈Eternity〉

이 책을 보지 않는 사람은 많은 것을 잃을 것이다! _ 이 놀라운 책에 경의를 표한다. 모든 생각과 성경이 함께 농축되어 있는 이 책을 주신 하나님께 감사한다. 폴 투르니에는 이 책에서 생명과 죽음, 죄와 병의 관계를 다룬다. 무엇보다 인간의 궁극적 최고선인 하나님은 생명이요, 생명을 주시는 분이심을 보여주며, 이것을 위하여 모든 사건에 의미가 있음을 강조한다. 생명이 있는 것이나 생명이 없는 것이나 모든 것은 의미를 지닌다. 그래서 이 책은 3분의 1 이상을 의미를 추구하는 데 할애한다. 사물의 의미, 자연의 의미, 삶의 의미, 꿈의 의미, 사건의 의미, 생명의 의미, 죽음, 질병, 고난, 치료, 의학의 의미를 자세히 보여준다. 의미 없는 삶이란 있을 수 없다. 의미 없는 사건도 없다. 의미 없는 생명은 없다. 의미 없는 죽음, 질병, 고난, 치료, 의학은 없다.

성경은 모든 것에서 의미를 찾았다. 무지개에도 의미가 있다. 별에도, 구름 속에도 의미가 있다. 폭풍우에도 의미가 있다. 전쟁에도 의미가 있다. 참새 한 마리가 땅에 떨어지는 것에도 의미가 있다. 그런데 그 의미를 아는 것은 하나님 없이는 불가능하다. 의미가 없다는 것은 죽었다는 말이다. 그러므로 의미 없이, 의미에 대한 질문 없이, 이 세상을 살아가는 것은 불행한 일이다. 폴 투르니에가 의미의 문제를 제기한 것은 세상에 대한 본질적 추구에서 나온 것이다. 사람은 마땅히 의미를 추구해야 한다.

이 세상에 일어나는 어떠한 일도 우연은 없다. 하나님에게서 분리되면, 모든 사물은 죽은 것이다. 장 폴 사르트르의 말처럼 '의미가 없다는 것은 가치가 없다'는 말이다. 그러므로 의미에 대한 물음은 인간이 할 수 있는 가장 고상한 것이다. 과학에서 인간이란, 원자와 세포와 여러 기관의 집합에 불과하며, 물리학적, 심리학적 현상에 불과하다. 왜 우리는 인간을 돌이나 개보다 존경해야 하는가? 과학적인 관점으로 보면, 나치 수용소에서 시행되었던 것과 같은 끔찍한 일들이 인간에게나 개에게나 동일한 일일 뿐이다.

폴 투르니에는 원시인들도 모든 것에 의미를 부여했음을 보여준다. 원시인들에게 있어서 우연이라고 말할 수 있는 사건은 없다. 원시인들은 일식 현상이 일어났을 때, 마술적인 힘이 있다고 믿었으며, 새들이 날거나 우는 모습에도 틀림없이 무슨 이유가 있다고 생각했다. 뿐만 아니라, 그 새가 다만 사건만을 알려주는 것이 아니라 그 사건을 가지고 온다고 믿었다. 예들 들어 수탉의 "꼬끼오" 하는 소리가 태양을 떠오르게 하는 것이라고 믿었으며, 모든 것을 알 수 없는 신비로 보았다. 그리고 거기서 공포를 느끼고 마술적 해석이 나왔다.

이 마술의 신비를 깨뜨리는 것이 과학이다. 과학이란 원시인들을 마술적 불안으로부터 해방하는 과정이라고 말할 수 있다. 과학은 사물의 메커니즘을 설명함으로서 사물에 대한 신비성을 제거한다. 그런 의미에서 과학은 진실을 파헤쳤고, 많은 부분에서 인간에게 해방을 주었다. 과학은 아름다운 무지개를 단지 빛의 굴절로 본다. 그리하여 물리학자, 의사, 법률가, 경제학자들은 자기들이 몽상가나 시인이나 철학자, 신학자보다도 인류의 복지에 크게 기여했다고 믿는다.

그러나 시간이 가면서 현대의 과학자들도 자신들의 한계를 인정하고, 원시인과 같은 생각이 자신들 안에도 있음을 발견했다. 과학의 상징과도 같은 인터넷에 들어가 보면, 점성술, 마술들이 지금도 성행하고 있음을 얼마든지 볼 수 있다. 우리는 지성인이란 사람들이 돼지 머리 앞에 절하는 것을 자주 본다. 오히려 과학은 스스로 마술이 되어 그 위광을 발휘하며, 과학의 한 분야인 의학은 아직도 질병, 생명, 죽음의 의미를 찾아내지 못했다.

우리는 성경과 마술을 혼동해서는 안 된다. 성경과 마술은 극단적으로 대립되어 있다. 성경은 점치고 사술, 요술을 행하고 신접한 자를 여호와께서 미워하신다고 규정한다. 돈, 사람, 과학, 국가, 예술, 사업, 도덕 등은 거짓 신들이다. 오늘날 이런 거짓 신들이 우리들을 유혹한다. 예수님 공생애의 출발은 마술적 유혹에 대해 승리하시는 일이었다. 그리스도인은 이 마술적 탈선을 조심해야 한다. 그럼에도 불구하고 오늘날 많은 사람들이 마술적 지팡이를 찾고 있다.

참 신앙과 과학은 완전한 조화가 가능하며, 마술의 유혹으로부터 인간을 해방시키기 위해 힘을 합해야 한다. 오늘날 의학은 놀라울 정도로 기계화되었다. 그러나 의료 행위는 환자와의 인격적인 만남에서 이루어져야 한다. 그래서 폴 투르니에는 인격의학을 제창했다. 모든 의사는 병든 사람을 인격적으로 대해야 한다. 그래야만 참 치유가 일어날 수 있다. 인격의학은 영적인 의학이 아니라 육체적, 심리적, 영적 차원을 가진 의학으로, 인간을 볼 때에 전인적으로 본다.

폴 투르니에는 이러한 맥락에서, 생명, 질병, 죽음, 고난의 의미를 다룬다. 하나님은 생명을 좋아하신다. 왜냐하면 모든 생명은 하나님이 발명하셨기 때문이다. 생명은 하나님과 관련되어 있다. 질병과 고난과 죽음은 하나님의 생명에 도전하는 것들이다.

어떤 사람들은 하나님이 생명과 대립하고 있는 것처럼 알고 있다. 그러나 그것은 오해다. 하나님이 없이는 어느 누구도 생명의 신비에 대해 알 수 없다. 시벡 교수는 '과학은 생명을 이해하는 능력이 없다'고 말한다. 성경에서 생명은 하나님과의 사귐이며 죽음은 하나님과의 이별이다. 질병 또한 하나님의 생명에서 떠난 것이다.

의사는 생명을 살린다는 면에서 목사와 함께 하나님의 동역자라 할 수 있다. 이것이 의학의 의미이다. 폴 투르니에는 '의사는 성직자와 같다'고 했다. 죽어가는 생명에게 부활의 신앙을 일깨우는 것은 매우 중요하다. 본문 중에서 폴 투르니에가 죽어가는 환자를 보면서 말 없이 2시간 동안 기다리는 것을 볼 수 있다. 그는 그 환자가 말을 할 수 없는 상황에서 눈빛만으로 서로 대화한다. 이 얼마나 아름다운 장면인가!

그리스도와의 만남을 믿음이라고 한다. 그런데 예수 그리스도야 말로 생명의 화신이요 생명 자체이다. 이런 믿음이 있다면 우리는 언제나 생명을 선택할 것이다. 예수님께서 우리에게 생명을 주시지만 지불해야 할 대가는 크다. 십자가를 지는 것이다. 생명을 포기하는 것이다(눅 9:23~24). 예수님은 이 세상에서 자기 목숨을 미워하는 자는 영생에 이르도록 목숨을 보존할 것(요 12:25)이라고 말씀하신다. 생명은 최고선이다. 이 생명은 의학적 건강과 영적 건강이 함께 중요하다는 것을 보여준다. 그러나 건강은 그 자체에 목적이 있는 것이 아니다. 건강은 생명이 의미를 지니는 한에서만 의미가 있으며, 그 의미는 하나님 안에서만 발견된다!

이 책의 저자는 의사인지 성직자인지 구분이 가지 않을 정도로 의학에 있어서, 성경에 있어서 놀라운 통찰력을 발휘한다. 의사들은 이 책을 통해 성경을 더 많이 알게 되며, 사역자들은 인간의 내면 세계를 더 많이 알게 될 것이다. 의사들은 단지 의학적 차원에서만 환자를 취급해서는 안 되며, 사역자들은 환자들에게 질병의 의미를 가르쳐 줄 수 있어야 한다. 사역자들은 이 책을 통해 환자들에게 어떻게 조언할 것인지 배우게 될 것이다. 이 책은 철저하게 성경에 의존하고 있으며 성경의 인용들이 탁월한 균형을 가지고 있다. 이 책은 사서 한 번 볼 뿐만 아니라 여러 번 읽어야 할 책이다.

폴 투르니에는 '평신도 신학자'이다. 나는 여러 글이나 강의에서 우리나라에도 평신도 신학자가 나와야 할 때가 되었다고 말한다. 평신도 신학자란 자기 전문 분야에 능통할 뿐만 아니라 성경에 대해서도 능통한 사람이다. 그리하여 자기의 전공을 성경과 접목시키는 일을 하는 사람이다. 한국 교회의 실정과 설교의 지형이 변화되지 않는다면 요원한 일이지만, 모든 분야에서, 즉 정치, 경제, 법학, 의학, 교육학 등 다양한 분야에서 이러한 평신도 신학자가 나와야 한다. 즉 성경적 세계관으로 사고하고 사는 사람들이 많아져야 한다. 그 전형적인 사람이 바로 폴 투르니에이다.

이 책은 모름지기 의사는 말할 것도 없고 목사, 그리고 진리를 알고자 애쓰는 사람들이 꼭 읽어야 할 책이다. 이 책을 보지 않는 사람은 많은 것을 잃을 것이다! 비교적 어려운 책인데도 읽기 쉽게 번역하려고 애쓴 역자의 노력이 역력하다.

박철수_ 분당두레교회 담임목사

CONTENTS

치유는 하나님의 인내를 나타내는 기적이며,
우리의 모든 질병에는 의미가 있다

1부

성경에서 인간을 만나다

두 가지 진단, 인간 이해의 길잡이 01

　어느 날 동료 의사의 부인이 제네바까지 나를 만나러 왔다. "선생님, 제발 제 남편을 좀 도와 주세요. 그이는 자기 얘기를 거의 하지 않아서 남편에게 어떤 일이 생겼는지 알 수는 없지만 어떤 큰 어려움에 직면한 것 같아요. 남편은 과로로 지쳐 신경이 매우 예민해져 있는데, 휴가를 보낼 만한 돈이 없다고 하면서 여러 해 동안 휴가도 갖지 못한 채 아침 일찍부터 밤늦게까지 정신없이 일하고, 매일 밤 수면제를 먹는데도 잠을 제대로 자지 못해요. 친구들과도 연락을 끊은 지 오래고, 일 외에는 친구들을 비롯해서 저와 아이들, 그리고 어떤 흥미로운 활동에도 시간을 내지 않아요. 그런 남편의 모습은 마치 큰 소용돌이에 휘말려 있는 것 같아요. 또 그 일그러진 표정을 보고 있으면, 남편이 무언가 두렵고 이상한 고민에 빠져 고통 받고 있는 것처럼 보여요." 그 부인은 대강 상황을 이렇게 설명했다.

　"작년에 남편은 큰 병에 걸려 병원에서 몇 달을 지냈어요. 그 때 남편을 치료하던 의사들은 왜 치료가 잘되지 않는지 의아해 했어요. 제 생각엔 남편이 너무 과로해서 체력의 한계가 왔기 때문인 것 같아요. 저는 그 병을 통해 남편이 삶에 대해 진지하게 생각하고 변하기를 간절히 소망했답니다. 그런데 남편은 저의 간절한 바람에도 불구하고 회복 후 휴식조차 취하지 않고, 병이 낫자마자 이전보다 더 심하게 일에 몰두했어요. 이대로 간다면 남편의 병은 또 재발할 거예요."

　나는 그 동료 의사에게 편지를 쓰기로 했다. 편지가 그의 기분을 상하게 하지 않을까, 혹시 자기 아내가 나에게 와서 호소한 것에 대해 야단치지는 않을까 조금 걱정스러웠지만, 다행히 그 친구는 매우 반가운 마음으로 나를 찾아왔다.

"사실 최근 몇 년 동안 자네를 한번 찾아야겠다고 생각하고 있었네. 그런데 도무지 용기가 나지 않았는데, 이번 기회에 자네에게 모든 걸 얘기하기로 결심했네." 그는 내 서재로 들어서면서 이렇게 말했다.

그는 자기 인생 이야기를 시작했다. 학창 시절에 저질렀던 한 실수가 잇따라 여러 번 되풀이하여 다른 실수를 저지르게 했는데, '한 가지 악은 연쇄적으로 다른 악을 초래한다'는 세상의 이치처럼, 자신의 실수들에 관해 누구에게도 얘기하지 않았기 때문에 그 실수들이 그를 외롭게 만들었다. 이런 그의 행동은 이미 둔화된 양심을 또 다시 악화시켰으며 고민을 가중시켰다. 그 후로 자제력은 점차 약화되었고, 어쩔 수 없이 점점 더 깊은 고민의 수렁으로 빠져 들게 되었다. 마침내 그는 일을 올바르게 처리하는 능력을 상실하게 되었다.

그는 이렇게 말했다. "나는 하루 종일 환자들에게 충고를 곧잘 한다네. 바람직한 의료 행위는 약을 처방할 뿐 아니라, 환자들의 뒤틀려진 삶을 바로잡아 주는 것이라고 믿기 때문이지. 마음의 평화와 몸의 건강을 위해서 무엇을 해야 하는지를 누구보다 잘 알고 있으면서도 정작 나 자신을 위해서는 이를 실천할 수가 없었다네."

또한 그의 실수는 경제적인 어려움을 야기시켰는데, 이 사실을 아내에게 말할 수가 없었다. 아내의 돈을 다 써버린 것이 그의 양심을 괴롭혔기 때문이었다. 그리하여 쉬지 않고 일에 몰두함으로 이러한 상황에서 벗어나기를 바라고 있었다. 그러나 그의 빚은 점점 더 쌓이기만 하였다. 왜냐하면 환자를 위해 사용한 시간에 대해 합당한 치료비를 받으려고 하지 않았기 때문이다. 자기 자신을 이처럼 값싸게 보는 관대한 사람도 있다! 이러한 과오는 어떤 의미로 보면 잘못된 자기희생이요, 하나의 속죄 행위이다. 혹은 자기로부터의 도피이기도 하다.

그 다음으로 자신의 입원 생활에 대해 이야기해 주었다. 별로 심각하지 않은 증세가 급속하게 악화되어 심각한 패혈증이 된 것이었다. 그러나 이 사실이 그를 놀라게 하지는 않았다. 수년 동안 어떤 재난이 자신에게 닥칠 것이라고 생각했기 때문이다. 그래서 이 질병이 마치 그가 치러야 할 빚과 같은 의미로 다가왔다. 이 질병은 하나님의 섭리에 의한 회복의 기회가 될 수도 있었다. 왜냐하면 이 사건으로 그 때까지 자신을 사로잡고 있던 지옥의 고통에서 잠시나마 벗어날 수 있었기 때문이다. 그러나 과연 그가 이 기회를 잡을 수 있었는가?

그의 질병에 담긴 이 깊은 의미, 그가 여태까지 떨쳐버릴 수 없었던 양심의 가책, 그리고 이미 몇 번이나 시도해 보았지만 자기 능력으로는 사태를 호전시킬 수 없을 것이라는 자포자기식의 고민은 오랫 동안 그를 괴롭혀 왔다. 그는 주치의들에게 이 사실을 털어놓고 싶었다. 의사들은 그의 친구들이었고, 그에게 넘치는 사랑과 관심을 가지고 있었다. 우수한 임상의였던 수석 의사는 전적으로 신뢰할 만 했으며, 가장 양심적으로 그를 돌보아 주었다. 그리고 그의 사기를 북돋아 주기 위해 언제나 격려하는 말을 잊지 않았다.

그러나 그에게는 다른 무언가가 필요했다. 그의 비밀은 너무도 개인적인 것이고 마음에 사무치는 것이었다. 그래서 의사들이 매일같이 간호사들과 함께 회진을 왔지만 그 의사들에게 비밀을 털어놓을 수가 없었다. 그들은 회진할 때마다 궁극적인 치료에 도움이 안 되는 혈액 배양에 관한 이야기를 함께 나누다가 그대로 병상을 떠날 수밖에 없었다. 그는 이미 항생제에 내성이 생겼고 의사들은 이를 무척이나 곤혹스러워 했다. 그렇다면 환자의 마음을 끊임없이 괴롭히는 문제로 관심을 돌릴 수 있는 방법은 무엇일까?

어떤 병에든지 두 가지 차원의 질문을 던짐으로 가능하다. 첫 번째는 과학적인 차원으로서 그 질병의 성질과 성장에 관한 진단, 병의 원인, 그리고 병의 발생에 관한 질문이다. 두 번째는 영적인 차원으로서 그 질병의 깊은 의미와 그 목적에 관련된 질문이다. 이와 같이 모든 질병은 두 가지 진단을 요구하는데, 하나는 과학적이고 질병 분류학적이며 병리학적인 진단이고, 또 다른 하나는 영적이며 질병의 의미와 목적에 대한 진단이다.

첫 번째 진단은 객관적인 것이다. 의사들이 환자에게 내리는 진단이 바로 그것이다. 물론 환자의 협조를 필요로 하지만, 그것은 피동적인 협조가 될 것이다. 환자는 의사에게 치료에 기초가 될 만한 데이터를 제공하고, 자기가 느끼는 증상이나 자신 또는 부모들의 과거 병력을 말하기만 하면 된다. 그것은 사실상 수의사가 동물 주인에게 이런 정보를 얻는 것과 그리 다르지 않다.

반면, 두 번째 진단은 주관적인 것으로, 결코 의사가 할 수 없는 일이다. 그것은 환자 스스로가 가장 깊은 마음의 소리를 자극함으로서 내릴 수 있는 진단이다. 이 때 의사는 환자가 이러한 진단을 내릴 수 있도록 도울 수 있지만 이것 또한 피동적인 방법이다. 이것은 환자의 병을 진단하는 방법이 아니라, 영적 사귐의 분위기를 제공해 줌으로 환자를 돕는 것이다.

환자의 영원한 생명으로 본다면 두 번째 진단이 첫 번째보다 훨씬 중요하다. 그러나 엄밀히 의학적 관점에서 본다면, 이 둘은 똑같이 중요하다. 이것은 그의 인격적 문제의 해결이 그의 치료를 가속화시키고, 앞으로의 건강을 지킬 수 있다는 것을 잘 알았던 동료 의사의 경우에서 분명히 나타났다.

질병이 어떤 의미를 지니고 있으며, 그것은 때때로 유익한 결과를 가져온다는 것과 질병이 환자의 운명에 결정적인 역할을 한다는 점에 대해 많은 의사들이 동의할 것이라고 생각한다. 이것은 신경증 환자를 보면 쉽게 알 수 있다. 프로이드 학파가 전적으로 우연적인 결정론을 주장하는 반면, 신경증에 관해 융 학파는 명확한 목적론적인 해석을 채택했다. 그럼에도 불구하고 질병의 상징적 의미를 최초로 말한 것은 프로이드 학파였다. 그래서 나는 여기서 특별히 패혈증의 사례를 택해서 신체적인 질병도 신경적이고 기능적인 질병과 마찬가지로 어떤 '의미'를 가지고 있다는 사실을 명확하게 보여 주려고 한다.

과학은 첫 번째 진단을 내릴 때는 도움을 주지만, 두 번째 진단을 위해서는 쓸모가 없다. 과학적 훈련 밖에 받지 못한 의사는 질병에서 영적 문제를 보지 못하며, 환자의 영적 문제 해결을 돕는 일에 무기력할 것이다.

질병의 의미에 대해 과학은 아무런 해답도 제시할 수 없다. 과학적 관점으로는 우주, 인간, 생명, 죽음, 질병, 치료 등 그 어느 것도 의미를 찾을 수 없다. 세상에 대한 과학적 관점이란 어리석은 것이다. 어떤 사람이 갑자기 자신의 존재나 행동, 그리고 운명이 자기에게 아무런 의미도 없다는 것을 알게 된다면, 순간 그 사람의 마음속에 고뇌가 자리잡을 것이 분명하다. 과학은 우리에게 다만 눈에 보이는 현상만을 보여준다. 시작이나 끝도 없고, 기원이나 목표도 없는, 보편적이고 무감각한 현상의 연속만을 보여줄 뿐이다. 과학의 시각으로는 비가 오거나 햇살이 비치는 것, 우리가 불행하거나 행복한 것, 그리고 아프거나 건강한 것과 같은 현상이 단순히 물리적이고 화학적인 반응이거나 무감각적이고 전혀 의미 없이 펼쳐지는 심리학적인 반응에 불과한 것이다. 르콩트 드 누이'는 이 세계에 대한 과학적인 설명은 결국 우연 이상의 것을 보여줄 수 없다고 한다. 존재하는 모든 것이 우연이며, 생명에 적합한 환경이 만들어진 것과 그 발생에 원인을 주는 것도 우연이며, 인간이 한 존재로서 각각 개체를 가지고 자아의식을 지니게 된 것도 역시 우연이라는 것이다. 오늘날 과학이 '우연에 반대하는' 개념과 동시에 '예측불능의 비결정론의 원리'를 우리에게 적용하려 한다면, 그것은 세계에 대한 순수한 과학적 해석에 모순되는 것이 분명하다.

나는 그 동료 의사가 신앙이 있음을 알고 있었다. 그래서 신앙이 투병에 어떤 도움을 주었는지 물어보았다. 그는 이렇게 대답하였다. "그것이야 말로 가장 비극적인 일이야. 나는 독실한 천주교 신자로 통했는데, 수년 간 고해성사나 미사에 참여하지 않았지. 한때 내가 전적으로 신뢰하는 신부님과 친밀한 우정을 나누기도 했는데, 그분은 다른 곳으로 전임되었고 그 이후 다른 신부님을 선택할 용기가 없었다네. 나에 대한 평판과 실생활 사이의 괴리감이 내 마음을 무척이나 괴롭혔고, 그것 때문에 내 도덕적 능력은 고갈되었다네. 나는 여러 사람들에게 훌륭한 천주교 신자로 알려져 있었지만, 해가 갈수록 종교적 의무를 다하기가 점점 더 힘들더군. 병원에 입원해 있는 동안 늘 그 일을 생각했고 결정적인 일보를 내딛기로 나 자신과 약속했는데도, 지금까지도 실행으로 옮기지 못한 것일세."

나는 가끔 그 동료가 병원에 머물러 있었던 날들을 생각해 본다. 그리고 그 기간 동안 이루어진 일괄적인 회진, 의사가 환자에게 보여준 많은 관심에도 불구하고 환자가 도덕적인 고독감에 갇힌 채로 있었다는 것, 그리고 서로 전혀 관련이 없는 각기 다른 생각으로, 그 두 마음 사이에 친밀한 우정이 맺어질 수 없었던 사실에 대해 곰곰이 생각해 보았다. 만약 의사의 마음이 오직 과학적 선입견으로 가득 차 있고, 질병에 대한 생각이 세균 또는 화학 요법이나 심리적 콤플렉스에 머물러 있다면, 환자는 자기 병에 관한 설명은 요구하겠지만 자신을 괴롭히고 있는 개인적인 문제나 질병에 담긴 의미와 같은 문제는 결코 얘기하려 하지 않을 것이다.

그러나 어느 날 이런 의사도 어떤 개인적인 경험을 통해 자신의 시야를 넓히게 될 것이다. 현상에 관한 과학적인 연구를 외면하지 않고도, 이러한 현상이 보여 주는 의미에 눈을 뜨게 될 것이다. 그는 환자가 질병에 있어 별로 중요해 보이지 않는 일에 대해 얘기하며, 자신에게 마음을 여는 것을 보며 놀라워 할 것이다. 모든 것이 의미를 지니게 되고, 모든 성공과 실패, 말과 침묵, 그리고 발전과 퇴보가 의미를 지니게 되는 놀라운 발견에 감격하게 될 것이다. 그리하여 자신의 삶 속에 일어나는 모든 사건과 세계를 생소하지만 새로운 관점으로 바라보게 될 것이다. 이제 그에게 결코 우연이란 있을 수 없다. 모든 것이 그의 마음에 호소하며, 그 마음은 새로운 의문으로 가득찰 것이다. "이 사건의 의미는 무엇인가?", "이 일을 통해 하나님께서 내게 말씀하시는 것은 무엇인가?"

사물의 의미, 질병과 치료의 의미, 삶과 죽음, 세계와 인간과 역사의 의미에 관해 과학은 우리에게 아무것도 설명해 주지 못한다. 이 모든 것을 말해 주는 것은 바로 성경이다. 그렇기 때문에 의사가 성경을 연구하는 것은 과학을 연구하는 것 만큼이나 가치있는 일이다.

우선 나를 찾아온 그 동료 이야기를 마무리지어야겠다. 그는 자신의 이야기를 끝까지 다 해주었고 나는 말 없이 들어 주었다. 더 이상 말할 이유가 없었다. 과학에 관한 문제라면 우리는 가르치고, 충고하며, 지도해야 한다. 그러나 영적 삶에 대한 문제라면 우리는 귀 기울여 주고, 이해하고, 사랑하며, 기도하면 된다. 응답하실 분은 하나님이시기 때문이다. 긴 침묵 후에 나의 친구는 하나님께서 자기에게 요구하신 것이 무엇인지를 큰 소리로 말하기 시작했다. 자신의 삶 속에 하나님께 대한 순종과 질서가 회복되도록 하기 위해 자신이 고쳐야 할 일들을 간단하고 분명하게 얘기했다. 나는 더 분명하게 알았으면

하는 부분에 대해 질문했을 뿐 더 이상의 말은 하지 않으려고 애썼다. "자네가 쓰려고 하는 그 편지는 언제 쓸 작정인가?" 그 친구는 이렇게 대답했다. "집에 돌아가면 곧바로 쓸거야."

몇 주 후, 매우 감명깊은 한 통의 편지가 배달되었다. 그가 받은 축복에 대해 하나님께 감사하는 찬송의 시였다. 그는 내 연구실에서 한 결심을 실행에 옮겨 고해성사와 미사에 다시 참석하게 되었고, 아내에게 모든 사실을 다 얘기했다. 그리고 아내와 함께 휴가를 보내려고 하는데, 마치 두 번째 신혼여행과 같은 설레임을 느낀다는 감격을 전해왔다.

평신도 의사, 성경에서 길을 찾다 02

　파리에 사는 나의 친구 아르망 빈센트 박사는 최근 의사 모임에서 '인격의학을 위하여'[1]라는 제목으로 강연해 달라는 요청을 받았다. 빈센트는 어느 환자의 말을 인용함으로써 강의를 시작했다. "우리는 죽는 일에 관해서는 보호되어 있으나, 사는 일에 대해서는 도움을 받지 못하고 있어요."

　인격적인 치유를 실천하기 원한다면 그 호소에 응답해야만 한다. 그렇게 되면 우리는 필연적으로 실제로 많은 의사들이 제기하는 문제이면서도 과학으로는 답할 수 없는 문제, 즉 '생명과 죽음, 인간, 질병, 그리고 건강이란 무엇인가?' 하는 문제에 직면하게 된다.

　이런 주제에 대해 교수들과 교과서로부터 배운 의학은 침묵할 수밖에 없다. 그 침묵 뒤에는 의학이 질병의 근원적인 문제를 순전히 과학적인 방법으로만 해결하려고 할 때에 경험하게 되는 곤혹스러움이 놓여 있다. 프랑스의 의과대학 교수인 레리슈 박사가 말한 것처럼, "만일 우리가 왜 사물이 존재하는지를 묻거나 질병의 근원을 이해하려고 애쓰기 시작한다면 교과서는 우리에게 그 뒤에 있는 근본적인 문제를 거의 또는 전혀 보여줄 수 없으며, 피상적이며 유치한 설명조차도 해줄 수 없다"[2]는 것을 깨닫게 된다.

　과학은 현상을 분석하지만, 인간과 삶, 질병 또는 죽음에 관해 명확하고 확실하며 합리적인 해답을 전혀 제시해 주지 못한다. 그러므로 우리는 파스칼이 말한 것처럼 성경으로 관심을 돌려야 한다. "우리는 오직 예수 그리스도를 통해서만 삶과 죽음을 알게 된다. 예수 그리스도를 떠나서는 생명과 죽음, 그리고 하나님과 우리 자신에 대해서도 알지 못한다. 따라서 우리는 성경을 떠나서는 아무것도 알지 못하며,

하나님과 우리 자신의 본성에 관해서도 이해하지 못하고 혼란에 빠질 수밖에 없다."

그렇다면 어떻게 성경을 연구할 것인가? 우리는 각자의 전공이나 직업 영역에서 성경을 적용해야 한다. 나는 의사이기 때문에 의사로서 성경을 연구하는 것이지 신학자로서 연구하는 것은 아니다. 신학자들은 성경에서 출발하여 인간에게로 나아간다. 신학자는 성경을 주해하고 역사적으로 비판하며 연구한다. 또한 성경을 깊이 묵상하고, 그 속에서 하나님의 말씀을 깨달으며, 성경에서 교리와 신조를 도출하여 평신도들을 종교적으로 가르치고 계몽한다.

나는 평신도들에게 그것과 반대되는 방법을 소개하고자 한다. 나의 경우, 의사로서의 실제적인 관심, 즉 일상적인 치료 활동에서 발생하는 문제에서 출발해 그 해답을 성경에서 찾는 방법이다. 에밀 브루너 교수가 나에게 한 말을 되새겨 본다. "우리의 일상 생활을 끊임없이 생각하면서 성경을 읽읍시다. 그리고 끊임없이 성경을 생각하면서 우리의 삶을 살아갑시다."

의사는 실질적인 사람이다. 만약 의사에게 성경을 연구해 보라고 권하면, 아마 그는 이런 연구가 환자를 잘 돌보는 데 도움이 되느냐고 물을 것이다. 나는 날마다 그런 실제적인 사례와 씨름하는 사람이다. 환자들의 어려움에 직면할 때마다 의학적인 방법으로는 충분하지 않다는 것을 강하게 느꼈고, 그런 긴급하고도 실제적인 요구에 이끌려 이 책을 쓰게 되었다.

십여 년 전에 나는 「인격의학」이라는 책을 출간했는데, 그 책에서 의사들이 성경에서 생명과 건강해지는 법을 찾아내야 한다고 제안했다. 그리고 언젠가 그 문제에 관해 또 한 권의 책을 쓰게 될 것이라고 덧붙였다. 그 이후 그 책이 잘 집필되고 있는지 많은 사람들이 궁금해 했다. 실제로 나는 그 일에 정열을 쏟아왔다. 나는 성경 전체를 읽으면서 의학과 심리학, 질병, 그리고 삶의 처신과 관련된 모든 성경 구절을 노트에 적어 놓기로 했다.

그러는 과정에서 가장 먼저 발견한 것은 성경 내용이 놀랄 만큼 풍부하다는 것이다. 성경은 인간 삶의 드라마이며, 열광할 만큼 흥미로운 책이다. 그리고 성경은 대단히 인간적이다. 예를 들어, 예수님이 십자가에서조차 어머니와 '사랑하는 제자'인 사도 요한에게 보여 주신 다함 없는 애정을 생각해 보라. "자기 어머니께 말씀하시되 여자여 보소서 아들이니이다 하시고 또 그 제자에게 이르시되 보라 네 어머니라 하신대"(요 19:26~27).

성경의 두드러진 또 하나의 특징은 사실성이다. 성경은 인간이 지닌 온갖 고민과 위대함, 그의 모든 확신과 의심, 고상한 뜻과 비열함을 있는 그대로 보여준다. 독자들은 성경이 거짓으로 병든 체하는 것까지도 묘사해 놓은 것을 발견하고 재미있어 할 것이다(삼하 13:1~22). 그것은 그의 누이인 다말을 사랑한 다윗 왕의 아들 중 한 명인 암논의 이야기이다. 그는 누이를 범하려 마음먹고, 자신의 교활한 친구인 요나답의 권고에 따라 아픈 체 가장하고 침대에 누워 누이가 홀로 자기 방에 들어와서 자신을 돌봐 주도록 꾸몄다. 또한 다말의 다른 오라비인 압살롬의 애정 깊은 말도 흥미롭다. 마음이 괴로워 옷을 찢으며 울부짖는 누이를 보면서 압살롬은 그녀를 자기 집에서 보호해 주며 이렇게 말한다. "암논도 네 오라비이니, 지금은 아무 말도 입 밖에 내지 말아라. 이 일로 너무 근심하지 말아라."

그러나 여기에서 성경의 극단적인 사실성을 생각해 보면, 그 사실성은 종종 인간의 모순을 적나라하게 보여줌으로서 우리를 매우 난처하게 만든다. 사실상 성경은 인간의 마음을 비춰주는 거울이며, 인간의 마음은 모순으로 가득 차 있다.

성경에서 하나님은 인간을 그의 드라마에서 제외시키지 않으신다. 오히려 하나님은 인간과 함께, 인간을 위하여 그 드라마 속에 거하신다. 성경은 아무것도 회피하지 않는다. 성경은 있는 그대로의 삶 속으로 사실적으로 들어온다. 성경은 우리의 모든 감정과 열망, 그리고 모든 공포와 모순된 직관을 표현한다.

어찌하여 내가 모태에서 죽지 않았던가?

어찌하여 어머니 배에서 나오는 그 순간에

숨이 끊어지지 않았던가?

어찌하여 나를 무릎으로 받았으며,

어찌하여 어머니가 나를 품에 안고 젖을 물렸던가?

그렇게만 하지 않았더라도,

지금쯤은 내가 편히 누워서 잠들어 쉬고 있을 텐데(욥 3:11~13).

이처럼 성경은 욥이 극렬하게 표현한 심한 고통으로부터 "나의 하나님, 나의 하나님, 어찌하여 나를 버리셨나이까?"(마 27:46) 라고 십자가상에서 부르짖으신 예수님의 죽음의 고통에 이르기까지 인간의 고통에 관한 부르짖음을 표현한다. 또한 성경의 갈피갈피마다 믿음의 확실성을 선언한다. "두려워 말라, 내가 너와 함께 함이니라"(사 41:10).

놀랄 만큼이나 풍부한 성경의 내용은 확실히 성경의 연구를 어렵게 만든다. 내가 성경을 읽을 때마다 내 노트도 쌓여 갔다. 그리고 연구가 진행되면 될수록 그 일이 더욱 더 거창하게 보이고 압도적으로 느껴져서, 이러한 일은 정말로 신학자들이 해야 할 일이라고 느껴지기까지 했다. 그리고 성경 연구는 부족한 교의학적, 해석학적 지식을 필요로 한다는 것도 느끼게 되었다.

다행스럽게도 하나님께서 또 다른 길로 인도해 주셨다. 1947년에 보세이의 에큐메니칼 협회에서 국제적인 의사 회의가 조직되었다. 나를 포함하여 메데르 박사와 리용의 루쥬몽 박사가 주축이 되어 말 그대로 각양각색의 배경을 지닌 사람들이 모였다. 대학 교수들과 일반 개업의사들, 내과의, 외과의, 정신과의, 그 밖의 전문가들, 그리고 칼빈주의자, 천주교도, 루터파 신도, 그리스 정교 회원, 그리고 한 사람의 유대인까지 참석하였다. 현대 의학에서 임상 경험의 불충분함과 그 지나친 전문화, 그리고 인간성을 감소시키고 있는 기술의 편중 등에 대한 공통된 관심은 우리를 결속시켜 주었다. 이 친밀한 공동체 안에서 좀 더 온전히 헌신적으로 활동하고자 하는 열망이 서로를 뭉치게 해준 것이다. 그런데 여러 교파 또는 비그리스도인 전문가가 함께 모이다 보니 의학을 성경에 적용하는 데 대해 미묘한 갈등이 드러났다.

그래서 우선 성경과 신학이 아닌 의학과 개인적인 경험을 나눔으로써 회의를 시작하였고, 그 과정에서 인간성에 대한 견해를 놓고 우선 토론해야 한다는 것을 발견하였다. 우리는 교리적인 논쟁의 바위 위에서 다행히 난파되진 않았지만, 또 다른 위험을 향해 나아가고 있었다. 즉 강력한 지도 원리가 없는 상태에서 아무런 실질적 가치가 없는 막연한 이상론을 향해 나아가는 것이었다.

'몸과 마음, 그리고 영'에 대한 사흘간의 무척 흥미로운 토론을 한 후 우리는 에큐메니칼 협회의 교사 중 한 사람인 수잔 드 디이트리히를 만났다. 이 문제에 관해 성경은 어떻게 말하고 있는지를 알고 싶다는 우리의 요청에 대한 디이트리히 부인의 강의는 우리에게 많은 통찰력을 주었다. 그것이 교회학교의 성경 공부가 아니라, 의사로서의 일상생활에 주어진 문제에 적용할 새로운 빛을 홍수처럼 부어 주었기 때문에 각각의 영적 반응은 서로 달랐겠지만, 우리 모두는 흥미롭게 그녀의 이야기를 들었다.

그녀의 말 중 다음과 같은 내용이 특히 인상적이었다. 성경에 나오는 이야기는 오늘날의 사고방식과는 매우 다르기 때문에 우리가 성경을 연구할 때 현 시대보다 지식이 부족했던 그 당시의 사고방식을 이해하는 노력을 해야 한다는 것이다. 성경은 영이나 혼과 같은 개념에 대한 정확한 정의를 내려주거나 인간성에 대한 체계적인 철학을 제시하지는 않는다. 성경은 혼이라는 동일한 의미를 여러 다른 용어로 표현하기도 하며, 우리가 각각 구별해서 생각해야 할 사항, 이를테면 마음(mind)과 심정(heart) 같은 용어를 동일하게 표현하기도 한다. 성경은 우리가 생각하는 것보다 더 시적이고, 보다 직관적이며, 무엇보다도 더 역동적이다. 성경은 어떤 구성 분자로 나눌 수 있는 정형화된 인간상보다는, 살아있고 움직이며 끊임없이 만들어져가는 인간상을 보여준다. 그리하여 성경은 인간이 하나님으로부터 부여받은 특권, 즉 인간을 동물과 구별시켜 주는 영성과 마음, 그리고 혼과 같은 것들을, 그것이 어떤 이름이든 간에 인간의 한 부분 혹은 실체라기보다 하나의 호흡이자 움직임, 충동 또는 신의 음성에 대한 반응으로 묘사한다.[3] 보세이 회의에서 시벅 교수가 한 의미심장한 말을 떠올려 본다. "인간이 하나의 인격이 되는 것은 하나님이 주신 소명이다. 즉 하나님이 그를 부르셨기 때문에 인격적인 인간이 되는 것이다."

그리하여 우리는 의사에게 적합한 성경 연구 방법을 발견하게 되었다. 그 후 보세이에서 지내는 몇 주 동안, 우리는 날마다 이 연구를 함께 계속하였다. 우리 일의 주제가 되며 토론 주제가 되는 사항들에 대하여 성경이 무엇을 가르쳐 주는지를 연구한 것이다. 우리는 의사로서 직면하지 않으면 안 되는 문제들을 일일이 성경에 비추어 검토하였다. 즉 인격, 삶과 죽음, 질병과 죄, 치유의 의미와 목적, 신유의 은사, 환자와의 관계, 공동체 의식, 성(性), 사랑, 결혼과 독신, 건강법 등의 문제들을 다루었다. 이 책은 이러한 연구 내용을 미흡하게나마 반영한 것이다.

나는 모든 평신도들이 이러한 방법으로 자신의 관심분야에 대해 연구하기를 바란다. 최근 한 그룹의 독일 건축가들로부터 성경과 건축에 관한 글을 써달라는 부탁을 받았다. 그 작업은 참으로 흥미진진했다. 나는 하늘의 예루살렘을 묘사한 요한계시록에서 그 논지의 근거를 발굴했다. 그 구절은 사실 그때까지 별로 관심을 기울이지 않았던 부분이었는데, 그 내용의 풍부함에 경이로움을 느꼈다.

이 글을 읽고 변호사, 음악인, 사회학자, 실업가, 농부, 교사, 주부 등 모든 그리스도인들이 각각 자기 분야에 대해 성경에서 해답을 탐구하려는 의욕을 느끼게 되기를 기대한다. 가정주부는 요한복음 21장 9절을 읽으며, 예수님께서 부활하신 후 얼마 되지 않아 제자들을 위하여 숯불에 생선을 구우셨다는 구절을 새롭게 보게 될 것이다. 우리는 항상 물질적인 것과 영적인 것을 구분하려는 경향이 있다. 그러나 부활 승천하시기 전날 밤 제자들과의 마지막 만남을 마련하신 그리스도는 그렇게 생각하지 않으셨다. 그리스도는 모든 어머니들이 자기 남편이나 자녀들을 위해 식사를 준비하는 것처럼, 단순한 일상적 행동을 통해 제자들에 대한 자신의 사랑을 보이셨다.

예전에 로잔에서 결혼에 대한 문제를 토론하기 위해 신학자, 변호사, 의사들이 모인 집회에 갔을 때 들었던 인상깊은 말을 떠올려 본다. 우리가 학문적인 토의에 너무 깊이 빠져들어가 논점의 방향을 거의 잃고 있을 때 루산 보베 박사의 현명하고도 조용한 음성이 우리의 토의를 잠시 멈추게 했다. "그것은 여러분들이 생각하는 것만큼 그렇게 복잡한 것이 아닙니다. 내가 어떤 환자에게 결혼 생활이 행복하냐고 물었더니 그는 '아! 네, 아내는 요리 솜씨가 참 좋습니다' 라고 대답하더군요."

루산 보베 박사는 성경을 구체화하는 감각을 지니고 있었다. 그리

고 이 구체화하는 감각은 내가 말한 전문적인 연구를 끌어낼 수 있
다. 이런 연구는 성경에 대한 지식이 더욱 풍성하도록 도와 주며, 우
리 일상 생활에 더 잘 적용하도록 도와주고, 직업적 소명에 대한 새
로운 비전을 보여줄 것이다. 또한 지나치게 지식적인 것을 추구하는
주지주의에 치우치기 쉬운 현대 세계를 치유하는 데 도움을 줄 것이
다.

과학은 하나님의 선물 03

　이제 과학의 산물이라 할 수 있는 의학 이야기로 돌아가 본다. 우리가 성경을 펼쳐볼 때 직면하는 첫 질문 중 하나가 과학과 신앙의 관계에 대한 것이다. 나는 앞에서 두 가지 진단과 연관지어 과학적이고 영적인 두 가지 문제에 대해 이 두 문제가 절대적으로 다른 것임을 언급하였다. 이것은 과학과 신앙이 결코 대립되거나 서로 혼동되는 것이 아니라는 것을 의미한다.

　많은 사람들이 성경과 과학은 근본적으로 대립적이라고 생각한다. 치료 과정에서 종교적 신앙을 적용해야 한다고 말할 때 많은 의사들은 우리가 과학을 거부한다고 생각한다. 이와 반대로, 많은 신자들은 병을 치료함에 과학을 사용하는 것이 신앙을 거부하는 것이라고 느낀다. 얼마 전에 한 탈장 환자를 진찰했는데, 그녀에게 외과 의사와 상담할 것을 권고했더니, "저는 예수 그리스도 이외에는 그 누구에게도 의지하고 싶지 않습니다" 하며 이를 거부했다. 여러 해 동안 정신과 의사와 함께 협력하여 진료한 한 친구가 있었다. 그 정신과 의사는 이 친구의 병이 훨씬 위독했을 때부터 그를 치료해 왔는데, 최근 그 의사를 찾아가서 매일 밤 규칙적으로 복용할 수면제를 처방받았다며 말했다. "나는 그 약을 복용하고 있는데, 이전보다 훨씬 안정감을 느끼고 좋은 것 같아. 신경도 덜 예민하고 일도 잘되고 말이야. 그런데 솔직히 양심의 가책을 느끼지 않고 그 약을 복용한 적이 없어. 인위적인 방법을 사용하는 것이 마치 하나님에 대한 믿음이 부족한 것처럼 느껴지거든…" 나는 이렇게 대답했다. "그러나 그 약 또한 하나님이 날마다 우리에게 주시는 양식처럼 하나님의 축복이라네."

　하나님의 특별한 영적 계시 아래 의학적 도움을 거절하는 사람을 부정하지는 않는다. 그러나 의사의 치료 기술을 의지하는 일이나 빵을 만드는 이가 만든 빵을 먹는 행위는 동등하게 가치 있는 일이다. 양복점에서 옷을 만드는 일, 목수가 집을 짓는 일, 그리고 어부들이 배를 타는 일은 모두 동등한 가치를 가진다. 성경에서 우리는 인간애를 가지신 예수님의 삶을 만날 수 있다. 즉 목수였던 예수님, 기술자이며 건축가였던 예수님(마 13:55), 바리새인들과 음식에 관해 논쟁하셨던 예수님(마 11:19), 가나의 혼인 잔치에서 기적을 행하신 예수님(요 2:1~11)의 모습을 만난다. 예수님은 물 위로 걸을 수 있었지만(요 6:19) 대부분은 배를 타고 여행하셨다(마 8:23).

과학과 신앙이 대립적이라는 생각은 결코 성경적이지 않다. 성경은 과학을 하나님으로부터 받은 선물이라고 말한다. 하나님께서 인간을 창조하시고, 인간에게 각종 들짐승과 공중에 나는 새의 이름을 지어 줄 것을 명령하셨다. 이름을 붙여 주는 것은 과학의 기본적인 원리이다. 모든 생물의 종류, 그리고 화학적 원소 및 모든 물리적 힘에 대해 분명한 정의를 내릴 수 있는 명칭을 주는 것은 자연과학의 기능이다. 포앙카레는 수학은 단지 틀에 박힌 언어에 불과하다고 했다.[1]

하나님께서 남자와 여자에게 주신 독특한 권세에서 과학의 기초를 볼 수 있다. 하나님께서는 그들에게 말씀하셨다. "생육하고 번성하여 땅에 충만하라, 땅을 정복하라, 바다의 고기와 공중의 새와 땅에 움직이는 모든 생물을 다스리라 하시니라"(창 1:28). 성경은 과학과 인간의 능력을 비판하지 않는다. 오히려 그것들을 하나님께서 주신 선물로 묘사한다. 인간은 하나님께 순종하는 마음으로 이 선물을 다루어야 한다. 실상 과학 때문에 생겨나는 큰 재난은 과학의 산물이 아니라, 자기 능력을 하나님의 뜻에 거역하여 사용하는 길들여지지 않은 인간 마음의 산물이다. 데니 드 루쥬몽은 이런 말을 하였다. "원자폭탄 그 자체는 조금도 위험한 것이 아니다. 그것은 하나의 사물일 뿐이다. 정말로 두려울 정도로 위험한 것은 인간이다. 원자폭탄을 그대로 내버려 둔다면 그것은 아무 일도 할 수 없음이 분명하다. 그렇다면 더 이상의 논쟁은 무의미하다. 우리에게 필요한 것은 인간에 대한 통제이다."[2] 성경은 하나님의 선물인 과학 그 자체를 신격화하려 할 때, 과학이 인간을 하나님으로부터 분리시킬 때 크게 책망한다. "무릇 사람을 믿으며 육신으로 그의 힘을 삼고 마음이 여호와에게서 떠난 그 사람은 저주를 받을 것이라"(렘 17:5).

이것은 뱀의 유혹과 타락에 관한 이야기를 생각하게 한다. "너희가 … 하나님처럼 되어서"(창 3:1~19). 이 이야기와 관련해서 우리가 주의할 것은 금단의 열매 나무가 '선악을 알게 하는 나무'(창 2:9)이지, 흔히 말하는 대로의 '지식의 나무'가 아니었다는 사실이다. 하나님께서 금하신 것은 인간에게 부여하신 지성을 통해 얻을 수 있는 지식이 아니라, 인간이 스스로 선악을 판단할 수 있다고 주장하는 것이다. 즉 인간 스스로의 지식을 사용하여 판단할 수 있다는 그 주장이 죄이다.

이런 관점에서 나의 전공 영역인 의료 행위를 돌아본다. 빈센트 박사는 의사의 의학적 지식이 종종 의사가 환자와 관계를 맺는 데 보이지 않는 강한 장애물이 된다고 말한다. 동등한 인간으로서 만날 때 인격적인 만남이 가능하다. 환자는 흔히 의사를 대할 때 열등감을 느끼고 또 의사는 곧잘 잘못된 우월감을 가진다. 루쥬몽 박사도 그의 저서 「문화와 인간의 비참함」[3]에서 의사와 환자와의 진실한 교제를 성립시키는 것은 결코 과학이 아니라고 말한다. 의사도 환자와 마찬가지로 초라한 피조물임을 깨닫고, 말 그대로 환자와 교감하고, 함께 괴로워하는 하나의 인간으로서 환자를 대할 때, 의사와 환자 사이에 진실한 교제가 성립된다. "지식은 사람을 교만하게 하고, 사랑은 덕을 세웁니다"(고전 8:1).

만약 의사가 자신이 믿는 과학을 과신한다면, 환자들이 종종 자기의 증상을 애매하게 설명하더라도 별로 주의를 기울이지 않게 된다. 그렇게 되면, 환자는 의사가 그를 진심으로 대해 주지 않는다고 느끼며, 교만하고 독단적인 태도를 느끼게 된다. 그리하여 환자와 의사 사이의 교류는 깨지고, 의사는 책보다 오히려 환자로부터 배울 수 있는 진정한 과학으로부터 격리된다.

우리에게는 두 가지 마음이 공존한다. 첫 번째는 표면적인 마음이다. 이 마음은 사람들에게 밝히 보이며 자신이 무엇을 해야 하는지를 안다. 이 마음은 듣고 이해하고 자기 견해를 바꾸기보다는 조언하기를 더 좋아한다. 한편 또 하나의 마음은 신비감을 느끼는 마음인데, 이 마음은 자신이 가진 지식의 결함과 한계를 인식한다. 그래서 모든 사람들을 결코 완전하게 설명할 수 없는 수수께끼같은 존재로 본다.

우리 모두는 이 두 가지 마음을 가지고 있다. 우리 가운데 그 누구도 자신이 '교만하게 만드는 지식'의 위험을 모면하고 있다고 우쭐댈 수 없다. 그렇지만 성경을 읽음으로써 그 위험으로부터 보호받을 수 없다. 성경은 아무리 강하고 박식한 사람일지라도 하나님께 대면하여 자신이 얼마나 하찮고 약한 존재인지를 깨닫게 해준다. "너희는 인생을 의지하지 말라. 그의 호흡은 코에 있나니 셈할 가치가 어디에 있느냐"(사 2:22).

성경적인 관점에서 보면, 과학은 하나님으로부터 온 귀중한 선물이다. 과학은 환자를 더 잘 돌보라고 우리에게 주신 선물이다. 자칫하면 우리는 겸손을 잃게 되는데, 겸손 없이 진정한 과학과 의학은 존재할 수 없다. 겸손은 자신을 돌아보고, 성경에서 말하는 회개하는 마음을 가질 때 회복될 수 있다.

성경은 의학을 비난하지 않는다. 가톨릭 구약 외경 중 '집회서'의 아름다운 구절을 인용하고 싶다. "의사를 존경하여라, 너를 돌봐 주는 사람이요 또한 주께서 그를 창조하셨기 때문이다. 병을 고치는 힘은 지극히 높으신 분으로부터 오며 의사는 왕으로부터 예물을 받는다. 들어라, 너는 병중에서 주님을 떠나지 말아라. 항상 기도하면 주께서 고쳐 주실 것이다. 그리고 의사를 찾아가라, 그는 주께서 내신 사람이다. 너에게 필요한 사람이니 그를 멀리하지 말아라. 그들은 그들대로 주께 기도를 올려 환자의 고통을 덜고 병을 고치는 은총을 빈다. 그렇게 하여 환자의 생명을 건지는 것이다"(집회서 38:1~2, 9, 12, 14).

과학과 성경은 서로 충돌되는 것도 아니며, 서로 혼동되는 것도 아니다. 여기서 나는 의사들이 영혼을 위해 성경을 연구해야만 하는 중요한 이유를 말하고 싶다. 그것은 아이히로트 교수의 이야기를 듣는 중에 떠오른 생각이다. 그는 법률, 경제, 정치, 그리고 사회학의 문제들을 다루었는데, 이러한 영역에서 그리스도인이 성경으로부터 어느 정도까지 영감을 이끌어낼 수 있는지를 보여 주었다.

아이히로트는 세 가지 태도를 제시하였는데, 첫 번째는 직해주의자의 태도이다. 이는 모세의 율법만이 하나님의 영감으로 입법된 유일한 계율이라는 관점에서 현재에도 성경의 메시지 그대로만 적용하려는 태도이다. 두 번째는 회의적인 태도로서, 모세의 율법이 벌써 사멸된 과거에 속한 것이어서 다만 성경의 종교적인 메시지로만 존재한다고 생각하는 태도이다. 그리하여 사회 조직에 관한 문제는 과학에 의한 해결 외에는 다른 방법이 없다고 주장한다.

세 번째는 아이히로트 교수 자신의 주장으로, 위 두 가지 사이에 위치하는 태도이다. 성경적인 관점은 종교를 실제적인 세계로부터 단절된 것이 아니라 인간 생활과 사회 생활을 형성하며 구체화시키는 것으로 본다. 따라서 모세의 율법을 그 문구 자체보다 전체적인 흐름에

<u>놓여 있는 원리로 적용한다.</u> 예를 들어, 율법의 주요한 특징 중 하나인 약자 보호의 원리를 오늘날의 상황에 어떻게 적용할지를 찾는 것이다.

그의 견해를 의학에 어떻게 적용할 수 있는지를 생각해 본다. 직해 주의자는 환자의 식사를 처방할 때 레위기 11장에 열거된 모든 동물의 고기와 돼지고기를 금하며, 13장에 기록된 문둥병의 감별 진단이나 15장의 성적인 위생에 관한 모든 규칙을 따를 것이다. 또한 다윗이나 예수 그리스도의 시대에서처럼 부스럼에는 무화과로 만든 이사야의 고약을 바르고(왕하 20:7), 눈먼 자에게는 진흙을 사용하며(요 9:6), 소화불량에는 바울이 디모데에게 권한 것처럼 포도주를 처방할 것이다(딤전 5:23). 이와 반대로 회의주의자는 전문적인 일에 있어서는 오직 과학만이 현대인들을 인도해 줄 수 있다고 생각하며, 성경 안에서 도덕적 또는 종교적 삶의 계율을 찾아낼 수는 있으나 의학에 관해서는 아무것도 얻을 수가 없다고 생각할 것이다.

나는 아이히로트 교수처럼 세 번째 태도를 취한다. 그것은 우리 삶의 모든 영역에서 진정 실제적 중요성을 지닌 진리를 성경 안에서 찾아내도록 우리를 인도한다. 율법의 각 항목을 글자 그대로 지키는 것이 아니라 하나님께서 주신 보편적인 영감으로 건강하게 사는 법칙을 배우게 되는 것이다. 이렘 박사가 말한대로[4] 우리는 성경에서, 결혼, 성(性), 심리에 대해 가장 최근의 심리학 연구와 매우 일치하는 귀중한 교훈을 발견하게 될 것이다.

멘다[5] 박사는 시편 32편을 정신 분석의 시편이라고 부른다. "내가 입을 다물고 죄를 고백하지 않았을 때에는, 온종일 끊임없는 신음으로 내 뼈가 녹아 내렸습니다"(시 32:3). 그는 그리스도의 강력한 권고 중 중요한 의학적 메시지를 지적했다. "너희는 먼저 하나님의 나라와 그의 의를 구하라. 그리하면 이 모든 것(우리 삶에 필요한 것)을 너희에게 더

하시리라"(마 6:33). 이 의(義)라는 말은 성경에서 하나님과의 바른 관계와 사람과의 바른 관계, 그리고 자연과의 바른 관계, 즉 하나님의 목적과 일치하는 관계를 뜻한다. 멘다 박사는 행복의 법칙이 담긴 이러한 구절들이 상담실에서 지속적으로 입증되고 있음을 본다. 얼마나 많은 사람들이 자신의 절망을 말하려고 우리를 찾아오는가? 자신의 행복을 우선적으로 추구하기 위해 행한 모든 것이 그들의 행복을 파괴하고 말았다. 자신의 탐욕스러운 욕망, 곧 지식과 음식, 감정 또는 성(性) 등의 욕구를 만족시키려다 자신을 절망과 질병, 고독, 그리고 성적 불만에 이르게 하였다.

성경은 결혼에 대한 바람직한 심리학적 사례를 보여준다. "이러므로 남자가 부모를 떠나 그의 아내와 합하여 둘이 한 몸을 이룰지로다"(창 2:24). 하나님의 계획에 의하면, 사람이 결혼하려면 먼저 그 부모에게서 떠나야 한다. 우리에게 상담하러 오는 많은 부부간의 충돌은 이러한 하나님의 계율을 올바르게 인식하지 못한 데서 생겨난다. 그들의 사례를 잘 검토해 보면, 그들 중 어느 한 쪽 혹은 둘 다가 그들의 부모에 대해 유아적인 심리적 의존심을 지속하며 살아가는 사실이 나타난다. 심지어 부모가 이미 죽고 이 세상에 있지 않은데도 그런 의존심을 가지는 경우가 종종 있다. 결혼한 후에도 부부가 가장 친밀하게 결속을 지속하고 있는 인물은 남편의 경우에는 그의 어머니이며, 아내의 경우에는 그녀의 아버지이다.

물론 그들은 보통 그 사실을 의식하지 못하지만, 그들은 무의식 중에 아버지 또는 어머니에 대한 고착관념의 희생자이다. 그들의 부모가 여전히 그들 생활의 중심이고, 주요한 지주이며 영감이어서, 배우자가 차지해야 할 자리를 부모가 차지한 채로 살아간다. 어떤 경우에는 남편이 아버지에 대한 사춘기적 반항심을 그대로 가지고 있는 미성숙한 경우도 있다. 그는 자기 아버지를 끊임없이 비판하고, 자기 삶 속에서 아버지와 반대되게 행동하는데, 바로 그런 행동이 그가 아버지에게 적대감을 가지고 있으면서도 여전히 의존하고 있음을 보여준다. 왜냐하면 '반항심'이 그가 하는 모든 행동을 결정하기 때문이다. 그는 '반항심'으로부터 자유롭지 못한 상태에서 결혼했다. 즉 자신을 아무런 제한 없이 아내에게 주는 자유를 지니지 못한 채로 결혼한 것이다.

위에 언급한 창세기의 계명을 묘사하는 아름다운 성경 이야기가 있다. 기근이 심해서 엘리멜렉이라는 이스라엘 사람과 그의 아내 나오미가 모압 땅으로 피난하여 거기에 체류하였다. 그들의 두 아들은 거기서 모압 여인들과 결혼하였다. 그 후 엘리멜렉과 두 아들이 죽자 나오미는 이미 기근이 그쳤다는 고향으로 돌아가려 하였다. 그러나 그녀는 두 며느리를 함께 데리고 가기를 원하지 않았다. 왜냐하면 자기의 고향이 두 며느리에겐 낯선 땅이며, 거기서 그들이 재혼하는 것은 불가능하다는 것을 알고 있었기 때문이다. 그녀는 두 며느리에게 "너희는 각기 너희 어머니의 집으로 돌아가라"(룻 1:8)고 하였다. 그리하여 한 며느리는 그대로 했다. 그러나 다른 며느리 룻은 결혼의 본질을 진실하게 이해하고 있었고 자기 자신과 전 생애를 그곳에 헌신하기로 했기에 시어머니에게 이렇게 대답한다. "나더러, 어머님 곁을 떠나라거나, 어머님을 뒤따르지 말고 돌아가라고는 강요하지 마십시오. 어머님이 가시는 곳에 나도 가고, 어머님이 머무르시는 곳에 나도 머무르겠습니다. 어머님의 겨레가 내 겨레이고, 어머님의 하나님이 내 하나님입니다. 어머님이 숨을 거두시는 곳에서 나도 죽고, 그곳에 나도 묻히겠습니다. 죽음이 어머님과 나를 떼어놓기 전에 내가 어머님을 떠난다면, 주님께서 나에게 벌을 내리시고 또 더 내리신다 하여도 달게 받겠습니다"(룻 1:16~17).

우리는 종종 이미 장성하여 결혼한 자녀를 부모가 놓아주지 않으려는 사례들을 본다. 그들은 보통 교양이 있으며 훌륭한 생각도 가지고 있고 마음도 열려 있다. 그리고 헌신적이라고 할 만큼 종교적이기도 하다. 그들은 결혼한 딸이나 아들을 계속 돌봐주고 보호하며, 모든 일에 충고해 줌으로 유익을 주고자 한다. 그리고 그들은 그렇게 하는 것이 잘하는 일이라고 생각한다. 그러나 그것은 결혼한 자녀를 언제까지나 자신들에게 의존시키려고 하는 행동으로, 성경의 가르침과는 반대되는 일이다. 그리고 이 보호 본능은 암탉이 그 병아리들을 자기 날개 아래 품는 보호 본능처럼 제어할 수 없이 강할 수 있다. 최근에 나는 한 여성과 상담을 했는데, 그녀의 시어머니가 신혼여행에서 돌아온 이 젊은 부부의 침실에 뛰어들었다고 한다.

부모는 자녀들이 결혼하고부터가 아니라 자녀들의 유년기, 사춘기를 지나면서 계속해서 자녀들에 대한 권리를 포기하는 연습을 해야 한다. 그렇게 함으로써 자녀들이 자기 자신을 발견하고 진정한 인격이 되도록 도와야 한다. 성경에 이와 같은 예화가 있다. 그것을 전해 준 사람은 바로 의사였던 누가이다(눅 2:41~51). 예수님이 열두 살 때, 부모님과 함께 예루살렘에 가서는 떠나지 않고 성전에 남아 신학자들과 이야기를 하고 있었다. 예수를 다시 찾았을 때 어머니 마리아는 그를 몹시 꾸짖었다. 그러나 예수님은 단호히 대답하셨다. "내가 내 아버지의 집에 있어야 할 것을 모르셨습니까?" 열두 살 때부터 예수님은 자신의 소명을 발견하고 자신의 자리를 찾아 어머니로부터 독립하는 과정에 있었다. 어머니가 생각하는 모습이 아니라 하나님이 주신 소명을 따르는 자가 되려고 한 것이다.

성경에는 모성 지배(maternal domination), 즉 심리학자들이 '모성 콤플렉스'(mother complex)라고 부르는 것에 대해 다룬 실례들이 있다. 우리는 앞으로 라헬과 요셉의 예를 보게 될 것이다. 또 복음서에서 예수님의 두 제자 야고보와 요한의 어머니가 "나의 이 두 아들을 선생님의 나라에서, 하나는 선생님의 오른쪽에, 하나는 선생님의 왼쪽에 앉게 해주십시오"(마 20:21)라고 부탁하는 어머니의 소박한 야심을 만나기도 할 것이다.

우리는 성경에서 심리학적 지혜가 담긴 독특한 실례들을 많이 보게 된다. 나는 먼저 아이히로트 교수의 방법으로 돌아가서, 성경적인 관점이 무엇인지를 찾아보고 싶다.

의미 없이 일어나는 일은 없다 04

　이미 지적한 것처럼, 특정한 성경 구절을 연구하여 메시지를 찾아내고 거기에 내포된 의미를 실제적으로 적용하는 것은 가능하다. 그러나 또한 성경은 전체적으로 고려되어야 한다. 성경은 여러 부분에서 다양하고 일관성이 없어 보인다. 그러나 이러한 부분들이 우연하게 모여 기록된 것은 아니다. 성경을 더 연구하면 할수록 외적으로 보여지는 부조화의 저변에 흐르고 있는 조화를 깨달을 수 있게 된다. 성경에 나오는 사람들은 모두 공통된 관점을 가지고 있으며 동일한 사고방식을 가지고 있다. 그것은 총체적인 계획에 의한 관점이며, 이 점에 대해 수잔 드 디이트리히는 성경의 세부적인 항목에 사로잡히지 않고 전체를 볼 수 있도록 도와 주며, 성경이 세계와 역사를 보는 관점을 보여준다.[1] 성경적 관점은 현대 문화가 제시하는 관점과 근본적으로 다르다.

　여기서 나는 다시 이 책의 첫 부분에 언급한 동료 의사의 문제와 두 가지 진단을 가지고 실마리를 이어보고자 한다. 과학적 관점으로 보면 사건들의 맹목적인 연쇄가 있을 뿐 의미를 찾을 수 없다. 그런데 성경적 관점으로 보면 모든 일은 의미를 지닌다. 이 확실한 사실이 성경의 처음부터 끝까지 일관되게 나타난다. 무의미하게 발생하는 사건은 없다. 세계의 창조와 그 종말도, 역사 속에서 일어난 가장 작은 사건과 인간의 삶에서 발생하는 어떤 일도 의미 없이 일어나지 않는다. 모든 일은 우연이 아닌 하나님의 계획에 의해 일어난다. 하나님은 우리에게 "예" 또는 "아니오"로 반드시 대답해야 하는 질문을 주시므로, 모든 상황에서 영적 투쟁을 하는 우리를 발견할 것이다(왕상 18:21). 하나님의 관점에서는 모든 일에 의미가 있기 때문이다.

과학의 영역은 양(quantity)의 세계이다. 의미는 질(quality)의 세계, 즉 가치의 영역에 속한다. 의미란 수학에서 양의 개념 앞에 플러스(+) 또는 마이너스(-)를 붙이는 것과 비슷하다. 그렇다면 사물에 의미를 부여하는 것은 무엇인가? 그것은 긍정적이든 부정적이든 하나님과의 관계이다. 사르트르가 말한 것처럼 하나님으로부터 분리된 모든 사물은 중립적이며, 가치가 존재하지 않는다. 하나님과 함께 할 때에 모든 것이 의미를 지니게 되고 긍정적이든 부정적이든 간에 가치를 지니게 되는 것이다.

나는 색맹이다. 어느 날 로잔에서 내 친구 카라 교수가 장난삼아 나에게 심리학자들이 사용하는 색맹 테스트를 받게 했다. 여러 가지 색깔로 된 작은 동그라미들이 흩어져 있는 몇 장의 카드가 제시되었다. 그 카드들 중 한 장에는 짙고 옅은 녹색 동그라미들로 어떤 글자가 만들어져 있었다. 카라 박사의 눈에는 그 글자가 뚜렷하게 보였다. 그것은 그가 이 색깔을 잘 식별할 수 있어서 글자를 나타내는 동그라미를 다른 색깔의 모든 동그라미들과 자동적으로 분리할 수 있기 때문이다. 그러나 나는 녹색을 식별할 수 없어서 그 글자를 읽을 수가 없었다. 또한 통제 테스트(control-test)라는 것이 있는데, 반대로 나는 바로 그 글자를 읽을 수 있었으나 카라 박사는 그것을 읽지 못했다. 왜냐하면 한 장의 카드에 녹색, 회색, 갈색 동그라미로 그려진 그림이 들어 있었고 그 모든 색깔들이 뒤섞여 보여 식별이 안 되었기 때문이다.

나는 이 실험을 우리의 두 가지 관점, 곧 과학적 관점과 성경적 관점에 연관시켜 생각해 보았다. 우리는 모두 세계 또는 인간이라는 동일한 대상을 본다. 우리는 거기서 개인적 성향에 따라 물리화학적 설명 또는 영적 설명을 읽어낸다. 우리가 만일 어떤 내적인 성향을 가지지 못하였다면, 카라 박사가 읽은 글자를 내가 읽지 못하고 내가 읽은 것을 그가 읽지 못한 것처럼, 사물의 영적 의미를 감지하지 못할 것이다. 우리가 똑같이 본 카드를 놓고 카라 박사와 나 사이에 논의가 불가능하였던 것처럼, 자연 속에서 단순히 하나의 거창한 물리화학적 혹은 심리학적 메커니즘만을 보는 사람들과 그 속에서 의미를 찾아내는 사람들 사이에도 논의가 불가능한 것이다. 인간이 만일 영적 색맹이거나 영적 색맹이기를 원한다면, 그 사람은 사물의 영적인 측면이나 그 의미를 볼 수 없는 상태에 머무르게 될 것이다.

오늘날 대다수의 의사는 하나님에 대해서 색맹이다. 과학이 철학과 교회의 속박으로부터 자유를 얻기 위해 수백 년 동안 투쟁했던 사실을 기억해야 한다. '제1원인' 인 사물의 의미에 관한 가르침은 제2원인인 사물의 메커니즘에 대한 연구를 방해하는 작용을 했으므로, 그들이 실증할 수 있는 것이 아닌 모든 개념을 배제해야만 했다. 그것은 합법적이었고, 많은 결실을 가져왔다. 그것은 여전히 모든 순수 과학 연구의 요건으로 남아 있지만, 그것은 단지 실재의 일면만을 탐구하는 방법이다. 인간과 세계에 대한 기계론적이고 인과율적인 관점을 제공할 뿐, 모든 영적이고 목적론적인 관점을 전적으로 배제하는 것이다. 의술을 비롯한 과학이 완전해지려면 이 두 가지를 모두 포함해야 한다.

질병처럼 과학의 영역에 속하는 육체적 현상이 있고, 또 다른 한편으로 죄와 같이 신학의 영역에 속하는 영적 현상이 있다는 것을 부정할 수 없다. 모든 현상은 아무리 물질적이라고 해도, 또는 아무리 영적이라고 해도 인과론적인 메커니즘으로 과학적 관점에서 관찰할 수 있으며, 그 내적 의미로 영적 관점에서 관찰할 수 있다. 그러므로 과학적 치유는 의사의 영역이고, 영혼의 치유는 신학자의 영역이라고 말할 수 없다.

그러므로 우리는 과학에서 사물의 메커니즘을 배우고, 성경에서 사물의 의미를 배워야 한다. 우리는 때때로 '기독교 의학'이라는 말을 듣는다. 그러나 나는 보통 의학과 구별되는 기독교 의학이 따로 있다고 생각하지 않는다. 자연과 인간에 관하여 성경이 가르쳐 주는 것은 의학 전체에 적용되는 진리이다. 모든 병자는 의미에 대한 문제와 직면한다. 의사들은 그가 그리스도인이든 아니든 이 문제에 대한 진실한 해답을 오직 성경에서 발견할 수 있다.

우리는 성경의 인물들이 모두 하나님의 말씀을 듣고 순종하며, 자신들에게 발생하는 모든 일을 그러한 관점에서 보고 있다는 것을 발견할 수 있다. 그들이 끊임없이 자신에게 묻는 질문이 있다. "하나님은 이 일을 통하여 나에게 무엇을 말씀하시는가?" 이것이 바로 사물의 의미이다. 바로 내가 지금 바라보고 있는 저 별을 통하여, 나에게 말을 걸고 있는 이 친구를 통하여, 나를 사로잡고 있는 이 어려움을 통하여, 또는 나에게 들이닥친 이 고난을 통하여 하나님께서 무엇을 말씀하시는가를 자문하는 일이다. 일단 이러한 사고 방식에 눈뜨게 되면, 사람은 인생의 참맛을 발견하게 된다. 모든 것이 가슴이 뛸 정도로 흥미롭게 느껴진다. 더 이상 우연히 생긴 일이란 없다. 어떤 환자가 누군가에게 선물받은 책인데, 읽고 큰 감명을 받았다며 모리악의 「예수의 생애」[2]에 관하여 이야기했다. "이 책을 만난 것은 우연이 아닌 것 같아요. 부모님이 살아 계시는 동안에 안정감을 느꼈지만, 그분들이 돌아가신 지금 많은 문제에 직면하게 되었는데, 제가 이 책을 읽게 된 것은 그런 문제들에 대한 해답을 발견하기 위함인 것 같아요." 이처럼 모든 것은 하나님을 추구하며, 하나님의 뜻과 하나님의 부르심을 찾는 기회가 된다. 하나님은 멀리 떨어져 계시고 접근하기 어려운 우주의 지배자가 아니다. 그는 우리에게 인격적으로 말씀하시며, 또한 적어도 우리의 모든 상황을 말할 수 있는 그런 인격적인 하나님이시다.

물론 우리가 사물의 참된 의미를 찾아내는 데 있어 결코 실수하지 않는다고 할 수는 없다. 우리의 마음은 참으로 좁고, 지혜는 우둔하며, 우리의 시각도 어둡다. 또한 우리의 귀조차 너무 어두워서 하나님은 종종 집중적인 징표를 통해 우리가 이해할 수 있도록 도와 주신다. 그러나 심지어 그럴 때에도 우리가 이 징표를 이해하지 못할 때가 많다.

사물의 의미를 탐구하려면 단호한 자기비판이 요구된다. 그러나 과학 또한 이와 비슷한 비판적인 경각심을 요구한다. 아마도 '비판'이라는 말을 사용하는 것이 옳지 않을지도 모른다. 그 말은 너무나 지적이다. 하나님은 마음으로 이해해야 한다. 오히려 이 탐구는 겸손을 요구한다. 우리가 가장 큰 실수를 하는 위험에 빠지는 때는 바로 우리가 하나님을 가장 잘 이해하고 있다고 확신하는 그 순간이다.

그것은 발견하는 것이라기보다 찾아내는 것이다. 즉 다시 말해서 찾고 있는 모습을 발견해야 한다. 이것은 역설이 아니다. 물론 나 역시 수많은 독자들과 마찬가지로 성경의 어떤 구절에 관해서는 혼란스러워질 때가 있다. 예를 들어 이스라엘 사람들이 적을 속이거나 학살하면서도 자신이 하나님께 복종하고 있다고 믿는 것 등이 그러하다. 아마도 객관적으로 본다면 그들은 잘못을 저지른 것이다. 그러나 그들은 쓸데없이 환멸적이고 회의적인 태도에 머물기보다는 오히려 믿음을 내세워 실수를 저지를 위험성을 수용하고 있는 큰 집단에 속하기로 한 것이다. 그들이 잘못을 저질렀을지도 모르지만 그럼에도 불구하고 그들은 하나님의 이름으로 내게 메시지를 던져준다. 분명히 나는 '잘못을 저질렀을지도 모른다'고 했다. 어떻게 나같은 사람이 그들보다 더 나은 판단을 할 수 있다고 생각할 수 있겠는가? 비록 우리가 잘못을 저지른다고 해도, 하나님께 복종하려고 노력한다면 보다 더 하나님과 가까워진다고 성경은 말한다. 예를 들어 기드온의 예를 보자(삿 6:11~14). 그는 이스라엘의 신분이 낮은 부족 가운데서도 제일 낮은 사람이었다. 그런데 어느 날 갑자기 한 사람이 기드온에게 와서 말하기를 하나님께서 그를 하나님이 선택하신 백성의 지도자로 세워 그들의 무서운 압제자를 쳐 이기도록 선택하셨다고 말했다. 그 일이 너무나 믿기 어려웠기 때문에 기드온은 증거를 요구했다. "기드온이 하나님께 아뢰었다. '참으로 주께서는 말씀하신 대로 나를 시켜서 이스라엘을 구하시려고 하십니까? 그러시다면, 내가 양털 한 뭉치를 타작마당에 놓아두겠습니다. 이슬이 이 양털뭉치에만 내리고 다른 땅은 모두 말라 있으면, 주께서 말씀하신 대로, 저를 시켜서 이스라엘을 구하시려는 것으로 알겠습니다.' 그러자 정말 그렇게 되었다. 기드온이 다음날 아침 일찍 일어나서 양털뭉치를 쥐어짜 보니 양털뭉치에 내린 이슬이 쏟아져 그릇에 물이 가득 찼다"(삿 6:36~38). 그러나 그것만으로는 기드온이 안심할 수 없어서 두 번째 증거를 하나님께 요구하였다. "이번에는 양털은 마르고, 사방의 모든 땅에는 이슬이 내리게 하여 주십시오"라고 하였다(삿 6:39). 하나님은 기드온의 조심스러운 부탁에 대해 노하시지 않고 두 번째 증거를 보여 주셨다.

이처럼 사물의 의미와 하나님의 뜻을 구하는 것이 우리가 실수하거나 의심하는 것을 막아주는 것은 아니다. 또한 그것이 우리 운명의 신비나 창조주의 섭리, 또는 삶 속에서 생겨나는 모든 사건들을 해결해 주는 것도 아니다. 그럼에도 불구하고 그것은 우리 삶에 새로운 의미를 준다.

나는 환자들에게서 이것을 분명히 느낀다. 회의적인 환자들은 삼중의 고통을 받는다. 질병의 고통을 받고, 또 그 질병이 그들에게 무의미하다는 생각으로 고통스러워 한다. 그들의 눈에 질병이란 중대한 고통의 원인이며 맹목적인 우연의 결과에 불과하다. 게다가 그들은 질병 때문에 죽을까봐 괴로워한다. 말하자면 그들은 다시 삶을 시작하기 위해 병이 낫기를 수동적으로 기다리는 것이다.

그와 반대로 참된 그리스도인은 그의 신앙이 비록 그를 질병에서 해방시키지 못하고 질병으로 인한 고통을 감소시켜 주지 못한다 하더라도 이전과 마찬가지로, 아니 그 이상으로 열심히 살아간다. 그에게 있어 삶이란 하나님을 찾고 그의 음성을 듣는 것이기 때문이다. 그는 열정적으로 활동할 때와 마찬가지로 질병의 침묵 속에서도 하나님을 추구할 수 있다. 그의 귀는 자신의 질병을 통해 하나님께서 말씀하시려는 것에 대해 항상 열려 있다. 그리고 그것은 때로 자신에게 매우 풍요로운 경험이 되기 때문에 자신의 질병을 감사하게 된다.

회의론자는 질문할 것이다. "질병이 하나님께서 보내신 것이라고 생각하십니까? 만일 질병이 하나님으로부터 온 것이 아니라면, 당신은 왜 내가 그 질병에서 하나님의 뜻을 찾기를 원하는 겁니까?" 그의 논박에는 비난할 여지가 없다. 그러나 그의 승리는 무익하다. 그리고 그의 마음속의 비통함은 그의 회복을 위태롭게 할 것이다. 한편, 그리스도인은 하나님이 자기에게 말씀하고자 하시는 뜻에 귀를 기울이고 있으므로 해답을 찾을 수 없는 질문으로 괴로워하지 않는다.

이와 같이 우리는 성경 전체를 통해 우리와 같은 인간, 곧 실수할 수 있는 사람들을 만난다. 그들은 하나님을 발견하는 삶 속에서 자신들이 가야 할 길을 깨달으며, 모든 사물이 의미가 있고 모든 것이 하나님을 더 잘 아는 데 도움이 된다는 것을 믿는다는 점에서 우리와 동일하다. 그들을 이해하기 위해서는 그들과 같은 관점으로 사물을 바라봐야 한다. 그런 관점으로 보면, 자연은 의미를 지닌다.

하늘은 하나님의 영광을 드러내고,

창공은 그의 솜씨를 알려 준다.

낮은 낮에게 그의 말씀을 전해 주고,

밤은 밤에게 그의 지식을 알려 준다.

그 이야기 그 말소리,

비록 아무 소리가 들리지 않아도

그 소리 온 누리에 울려 퍼지고,

그 말씀 세상 끝까지 번져 간다(시편 19: 1～4).

　여기서 성경의 모든 시들을 불러내고 싶은 심정이다. 그 언어들은
우연히 생겨난 것이 아니다. 시는 사물의 의미를 정확하게 표현한다.
마르셀 레이몽 교수는 진리를 탐구하는 데 있어 문학의 기능에 대해
제네바의 학생들에게 강의를 하면서 이 점을 훌륭히 논증하였다.[3] 그
는 바닷가의 일몰 앞에 선 시인과 과학자의 모습을 보여준다. 과학자
에게 있어서 모든 것은 그가 연구할 수 있는 물리화학적 현상으로,
복사 에너지와 미립자의 결과일 뿐이다. 그들은 그러한 현상을 하나
의 나무토막같이 잘 연구할 수 있을 것이다. 그러나 그것이 사실이기
는 하지만, 온전한 진리는 아니다. 그 광경은 시인의 영혼을 만져 주
고 그에게 속삭여 준다. 이것 역시 진실이다. 그들이 서로 섞여 있든
대치하고 있든 그 둘은 모두 진실이다. 시인은 느끼고 감탄한
다. 느끼는 것은 사물에서 의미를 깨닫는 일이다.
감탄하는 일은 우리 자신들보다 위대한 그 무엇, 즉
하나님으로부터 오는 그 무엇을 인지하는 일이다.

　쌍크 박사도 그의 저서인 「피조자의 의식」[4]에서 감탄을 언급하고
있다. 세상에 대한 과학적 관점이 우리에게서 빼앗아가려고 하는 동
정심과 격려의 미덕에 관한 이야기이다. 그는 젊은 시절에 해부실에
서 겪었던 경험을 말한다. 과학적 연구에 대한 확신에 차있던 그는
교과서에 설명되어 있는 것을 그 인체에서 발견하기를 기대하고 있

었다. 그런데 그는 갑자기 해부하고 있던 부위에서 한 개의 동맥이 아니라 두 개의 동맥을 발견하고는 경이로움에 가득차서 그 발견을 알리기 위해 실험실 주임에게로 달려갔다. 주임은 간단하게 대답했다. "예외적인 일이로군." 옳다. 그것은 예외적인 일이다. 그 과학자는 이 한 마디로 모든 것을 말해버린 셈이다. 천재와 성자, 기적도 또한 의심할 여지없이 예외적인 일이다.

이 실험실 주임이 그 후 어떻게 되었는지 모르지만, 그가 짱크 박사의 경이감에 찬 신선한 마음을 과연 기억이나 하고 있을까? 나는 하나님이 그가 해부했던 시체를 통해 차후에 박사가 될 짱크에게 메시지를 주었다고 믿는다. 그는 그때 느낀 감동으로 불현듯 새로운 깨달음을 얻은 것이다. 그것은 과학이 진리에 이르는 유일한 길이 아니라는 깨달음이었다. 과학자로서의 오랜 세월 동안 그는 어느 종교의 영향도 받지 않고 살아왔으나, 이 직관은 멈추지 않고 성장하였으며 그에게 풀리지 않는 의문을 던져 주었다. 결국 이런 경험이 그로 하여금 「피조자의 의식」을 쓰도록 한 것이다. 그 책은 실험실에서 일하는 사람(후에 생물학자가 되었지만)이 생명에 대해 쓴 가장 의외의 책이 되었다. 그는 그 책에서 가장 작은 징후라 하더라도 영적 실재에 대한 존재를 인정하지 않고는 이해될 수 없는 일이 있다는 결론을 내리고 있다.

나와 가까운 한 친구는 내가 그 책을 감탄하며 열심히 인용하는 것이 내가 너무 순진하기 때문이라며 그가 문제 삼는 부분을 하나하나 지적하였다. 우리는 이 주제들에 대해 긴 토론을 했고, 우리 사이에 방금 내가 인용했던 짱크 박사의 젊은 시절의 경험과 유사한 차이가 있음을 발견했다. 나는 책을 읽으면 언제나 정열적으로 읽는다. 책 때문에 실망해본 적이 별로 없다. 그러나 흥미롭게도 그 친구는 책을 읽고 거의 마지막 페이지에 이르면 언제나 한결같이 환멸을 느끼며 "이 책에 있는 새로운 생각은 진실이 아니며, 이 책에서 진실인 것은 전혀 새롭지 않다"는 유명한 공식을 되풀이하였다.

친구와 나는 둘 다 심리학자이므로 이러한 태도 차이가 생기는 근본 원인을 발견하려고 시도하였다. 그러면서 깨달은 것은 나는 책을 읽을 때 저자가 기록한 것만 읽는 것이 아니라, 저자의 글이 내 마음에 일으켜 주는 모든 사상의 줄거리, 연상되는 많은 생각을 아울러 읽는다는 사실을 깨닫게 되었다. 법률을 얘기할 때 나는 의학이 법률적으로 어떤 의미가 있는지 생각해 본다. 내가 동의하지 않는 부분이라도 마찬가지이다. 나는 논쟁거리가 될 만한 책을 좋아했고, 아마도 그런 호기심 때문에 책에 대한 불만보다는 책을 통한 기쁨이 더 크게 느껴지는 것 같다.

내가 읽는 모든 책을 통해 하나님께서 나에게 말씀하신다고 말한다면, 그것은 진리를 거스르는 일이 될지도 모른다. 하지만 나는 언제나 하나님의 말씀을 경청하려고 노력한다. 그와 비슷하게, 환자들은 종종 나에게 "선생님께서 내가 하는 말은 무엇이나 경청해 주는 그 인내심에 감복했답니다"라고 말한다. 그러나 나에게 경청은 인내심이 아니고 흥미로움이다. 사물의 의미를 찾고자 하는 사람에게는 모든 것이 열중할 만한 흥미로운 대상이다. 만일 우리가 이러한 호기심으로 삶을 채운다면, 별로 중요하지 않은 일을 통해서도 많은 것을 배울 수 있다. 평범한 일이란 존재하지 않는다. 근본적으로 우리가 만나는 모든 사람들의 삶과 상황 속에 인간이 안고 있는 가장 큰 문제가 존재한다.

나는 사람들이 다른 사람을 이해하려고 하는 일에 너무 무관심하다는 것을 발견할 때 놀라움을 금치 못한다. 그들은 반대 당의 신문보다 자기가 옹호하는 당의 신문을 즐겨 읽는다. 혹시 반대 당의 신문을 읽게 되면 그들은 언제나 분노한다. 어떤 남편이 자기 아내에 관한 이야기를 했는데, 그는 말할 때마다 "아내가 어떻게 이런 말을 하며 이런 짓을 할 수 있는지 모르지만…" 하고 시작한다. 그것은 누구든지 나와 다르게 생각하거나 행동하는 것을 용납하지 않으며, 또는 왜 그렇게 하는지를 이해하고 싶은 생각이 조금도 없다는 것을 의미한다.

만일 여자가 남자와 똑같았다면 결혼이 결혼일 수가 있겠는가? 그 안에서 결혼의 놀라운 풍성함을 느낄 수 있었을까? 융의 제자인 알오이스 폰 오렐리 박사는 결혼의 기능에 대해 이렇게 묘사한다.[4] 결혼은 이성과의 만남을 통해 인간이 진보하고 발전하게 하는 제도이다. 그는 그리스도인으로서, 결혼 안에서 결혼의 신성한 '의미', 즉 하나님의 목적을 본다. "하나님이 자기 형상 곧 하나님의 형상대로 사람을 창조하시되 남자와 여자를 창조하시고"(창 1:27)라고 성경은 말한다. 이를테면 그가 창조하신 것은 개별적 인간이 아니라 공동체, 즉 부부였다는 것이다. 그는 두 사람을 완전하고 독립적인 존재로 창조하지 않으셔서 편의상 두 사람이 함께 연합하도록 하셨다. 완전한 존재는 부부이다. 이성과의 만남은 상호 순응이나 이해에 있어서 여러 가지 곤란함이 있지만 개인의 완성을 위한 필수 요소이다. 폴 플래트너 박사도 결혼 문제에 관해 이런 문제들이 남편과 아내 모두의 인격적 성장에 작용할 수 있는 역할을 매우 실제적으로 보여준다.[5]

우리는 항상 아내들을 통해 말씀하시는 것보다 하나님이 우리에게 직접 말씀하시면 더 잘 받아들일 것이라고 생각한다. 그러나 하나님께서 아내들을 통해 말씀하시는 것을 귀 기울임으로서 남편들은 더 많은 것을 배울 수 있을 것이다.

05 창조는 우리를 향하신 사랑의 표현

성경적 관점에서 볼 때 자연은 의미를 지니고 있다. 자연은 우리에게 하나님을 보여준다. 자연은 하나님의 위대하심이나 지혜 뿐 아니라, 그의 사랑에 관해 말해 준다. 성경에 의하면, 창조는 하나님의 사랑의 표현이다. 오직 사랑만이 이 세계를 존재하게 하신 이유이다. 세계는 하나님의 계획의 한 부분이며, 하나님의 사랑으로 설계되었다. 하나님은 그의 계시를 통해 구속 계획을 말씀하실 뿐 아니라 성육신하셔서 몸소 그 계획을 보여 주셨다. 성경에 의하면 하나님의 사랑은 영적 수준에서만 존재하는 것이 아니라 인격적인 수준에서 살아 움직이는 것이다. 성경의 첫 마디가 "태초에 하나님께서 천지를 창조하시니라"(창 1:1)로 시작되는데, 그것은 하나님이 단순히 영적 질서뿐만 아니라 현실 속에서도 그분의 사랑을 나타내신다는 것을 의미한다. 자연은 타락이나 구속에도 관여한다. "피조물이 다 이제까지 함께 탄식하며 함께 고통을 겪고 있는 것을 우리가 아느니라"(롬 8:22)고 사도 바울은 말한다. 그리고 사도 요한은 세계의 종말에 관한 그의 환상에서 새 하늘뿐 아니라 새 땅이 나타나는 것을 보았다(계 21:1).

육체와 물질을 다루는 의사들은 하나님이 육체와 물질에 관심을 가지실 뿐 아니라 영혼에도 관심을 가지신다는 사실을 확실히 알아야 한다. 사물의 의미에 대한 이러한 깨달음을 회복할 때, 비로소 자연에 대한 우리의 태도에 커다란 변화가 일어난다.

순전히 과학적인 관점에서만 자연을 본다면 세계는 비합리적으로 보인다. 비합리적인 세계는 우리의 적처럼 느껴진다. 오늘날 얼마나 많은 사람들이 추위와 더위, 바람, 비, 태양, 세균, 독극물, 인간, 사회, 심리적 콤플렉스 따위로 마치 적의 군세에 쫓기는 것 같은 생활을 하고 있는가? 그들은 짜증을 내고, 불평하며, 자신들을 방어하고 두려워하면서 시간을 보낸다.

나는 일을 할 때 작은 종이쪽지들을 주변에 많이 펼쳐놓기 때문에 실외에서 일하는 것을 좋아하지 않는다. 갑자기 바람이 휙 불어 종이쪽지들을 날리면 짜증을 내곤 했는데, 그러면 아내가 이렇게 소리쳤다. "당신의 원수인 바람이 또 왔군요!" 그 순간 바람이 정말로 나의 원수였을까? 혹시 바람이 나에게 하나님의 메시지를 전해 준 것은 아닐까? 어쩌면 바람은 내가 작은 종이쪽지들을 너무 중요하게 느끼고 있다는 것을 일깨워 주기 위해 보내신 것일 수 있다. 이런 종이쪽지들은 현대 사회에서 우리를 몰두시키는 그 모든 것보다 중요한 것은 아니다. 사실 가장 중요한 것은 내 마음에 무엇이 있느냐는 것이다.

적들에게 둘러싸여 있다는 것은 끊임없이 곤혹스러운 상황과 계속되는 위협 아래 산다는 것이며, 또한 그러한 모든 위협에 유혹받기 쉽다는 말이다. 현대 문명을 받아들이기를 거부하고 거리에 차가 한 대도 없었던 옛날의 좋았던 시절을 찬미하며 늘 노래 부르는 어떤 노신사를 상상해 보라. 그에게는 빽빽한 차량들이 모두 자기를 향해 달려오는 것처럼 보인다. 수많은 차들이 자기를 덮칠 것 같아 겁을 먹게 되면 점점 자동차의 수는 늘어나는 것처럼 보이고, 어쩔 줄 몰라 하며 앞으로 갔다 뒤로 물러섰다 이리저리 피하려다가 결국 화물 트럭 밑에 깔려 죽고 만다.

아마도 독자들은 자연에 대한 이야기는 어디가고 토론을 지나치게 확대시켰다고 생각할 수도 있다. 그러나 우리는 대부분 현대 과학과 의학, 심리학, 그리고 모든 존재에 밀어닥친 외부 세계에 대해 부정적인 태도를 가지고 있다. 결국 우리는 이러한 영향으로 육체적 건강과 정신 건강에 초래된 비참한 결과를 보게 되었다. 독자들은 적개심에 찬 비합리적 세계에 사로잡혀 고통 받는 사람들을 알고 있을 것이다. 그들은 자기들을 춥게 한다고 추위를 싫어하고, 숨 막히게 한다며 더위를 싫어한다. 자기중심적이라고 남자들을 싫어하고, 질투가 심하다며 여자들을 싫어하고, 너무 신중해서 노인들을 싫어하고, 급진적이라서 젊은이들을 싫어한다. 자기를 지루하게 한다며 수다쟁이를 싫어하고, 자기 생각을 둔해지게 한다며 말수가 적은 사람을 싫어한다. 그들은 단조롭다고 전통을 무시하고, 불안하다며 혁명을 싫어하며, 자기들을 속박한다고 정부를 싫어하고, 자기들을 위협한다며 무정부주의자들을 싫어한다.

이렇게 계속 열거하는 일은 쉬운 일이지만, 이쯤에서 그만 하려 한다. 사물의 의미를 탐구하려는 사람들은 이러한 불평불만의 부정적인 모습 배후에 있는 위대한 긍정적 영감, 즉 정의와 사랑, 이해, 그리고 참된 삶에 대한 영감을 느낀다.

그것이 바로 요점이다. 현대인은 대부분 자기 운명에 대한 책임감을 잃어버리고 있다. 다시 말해, 현대인은 외부의 적에게 그 자신을 빼앗겼다고 느낀다. 그리하여 외부의 적 앞에서 부득이하게 도망치거나, 그렇지 않으면 외부로부터의 도움을 소극적으로 기다린다. 그가 갖고 있는 이런 잘못된 태도는 주로 과학으로부터 얻은 세계관의 영향이다. 사실상 과학은 현대인에게 메커니즘만을 보여 주고, 내적 의미를 보여 주지 못한다. 과학은 중력, 화학적 관계, 박테리아, 유전, 그리고 심리적인 합성물을 현대인을 둘러싸고 있거나 현대인 안에서 끊임없이 배회하는 맹목적이고 불변하며, 자동적인 에너지라고 본다. 이러한 일반화된 결정론은 비록 그것이 자신의 몸 안에서 작용될 때조차도 비인격적이고, 외적이며 이질적인 것으로 간주된다. 그것은 끝없는 원인과 결과의 고리일 뿐이므로, 어떠한 책임감도 느끼지 않는다.

만약 사람이 병든다면, 그것은 간 때문이거나 혈압 때문이며, 부모의 염색체 때문이거나 그가 받았던 정신적 충격 때문이며, 우연히 마신 한 모금의 물 때문이거나 세균 때문일 수 있다. 자기가 처한 이런 불행에 대해서도 외적이며 이질적인 도움을 기다릴 뿐이다. 그는 이제 광선 치료, 살균제, 정맥 주사, 혹은 정신 요법 등의 방법으로 질병을 공략하려고 기술적 의학을 수동적으로 기다린다.

그리하여 환자의 몸은 무시무시한 두 군대가 서로 대치하는 전쟁터가 되기 십상이다. 전쟁터에서 신무기를 새로운 방어 수단으로 대처하듯이 미생물은 처음에 그것들을 전멸시키는 데 성공한 것처럼 보였던 새로운 기술에 적응하여 점점 더 단련되어 그것에 저항하게 되는 것이다. 그리하여 '페니실린 내성' 의 사례는 점점 더 일반화되는 것 같다.

의사인 친구와 함께 플로렌스에 체류한 일이 있다. 그는 죽어가는 노부인이 누워있는 병상으로 나를 불렀다. 그녀는 눈에 초점이 없었고 이미 움직이지 않는 사물처럼 자신에게 일어나고 있는 일에 아무런 저항도 하지 않았다. 그녀는 여태까지 여러 의사들의 손을 거쳤으며 그녀의 심장은 여러 가지 강력한 강심제로 치료를 받아왔다. 동료 의사는 그녀에게 얼굴을 가까이 대고 부드럽게 말했다. "부인, 당신은 의학만을 의지해서는 안 됩니다. 먼저 부인 자신이 있고 그리고 하나님이 계십니다. 그 다음에 의사가 있는 것이 아닙니까?" 나는 그에게서 진실로 인간다운 모습을 보았다. 그는 그 부인에게 어떻게 말해야 할지를 알고 있었다. 그리고 의학에 있어서 그 모든 기술적 진보에도 불구하고 위대하며 언제나 변하지 않는 근본적 진리로 그녀를 불러들였다.

그 부인은 놀란 모습으로 이 의사를 바라보았다. 그는 그녀를 심장병 환자가 아닌 한 인간으로 대해 준 최초의 의사였다. 그녀는 자신의 수동적인 태도에서 깨어나기 시작하였고, 다시 한번 질병과의 싸움에서 자기가 맡은 역할이 있다는 것을 자각하게 되었다. 그녀는 그 말 한마디로 한 사람의 인간이 된 것이다.

카렐 박사는 이렇게 말한다. "과학은 일상생활의 어려움과 불편함을 기적적으로 없애주었다. 우리는 기계의 힘으로 식량을 얻고, 옷을 입으며, 거처를 마련했다. 그리고 통행을 하며, 교육까지도 받고 있다. 기술의 진보 덕분에 우리에게 부과되어 있는 대부분의 한계가 소멸되었다. 그러나 동시에 그러한 한계가 요구하였던 창조적이고 인격적인 노력도 함께 사라지게 되었다."[1]

나는 의학의 진보 또는 화학 공장의 실험실에서 성취한 훌륭한 업적으로 생긴 강력한 무기들을 과소평가하고 싶지는 않다. 이 점에 있어서는 이미 여러 세기에 걸쳐 성취한 것보다 더 많은 변화를 우리 세대에서 보아왔다. 청년 의사 시절에 나는 치료학 교수 위키 박사의 조수였는데, 교수는 늘상 이렇게 말했다. "만일 그 약이 해가 없다는 말을 듣는다면, 그것은 또한 아무런 치료효과도 없다는 말로 생각해도 좋다." 그것은 차알스 피징거가 「치료약에 의한 치료법 20가지」를 출판할 무렵이었다. 그 당시에 사용된 치료약과 효과적인 기술을 전체로 총괄하는 데는 많은 시간이 걸리지 않았다. 오늘날에는 그보다 훨씬 많은 치료약과 치료법이 개발되어 있다.

날마다 환자들을 통해 만나는 미지의 질병을 치료할 때, 의사들은 신약이나 신치료법의 위험성을 항상 염두에 두고 신중하게 치료해야만 한다.

의술과 자연, 적인가 동지인가? 06

　파리에서 막 돌아온 환자가 어느 날 나에게 그의 젊은 여자 친척의 출산에 관한 이야기를 해 주었다. 요즘 들어 하나님이 정해주신 임신 기간을 존중하지 않고 8개월 반 만에 조기분만을 하고자 하는 사람들이 늘어나고 있다. 보통 키니네(quinine: 키나나무 껍질에서 얻는 약제이다. 말라리아 치료의 특효약으로, 해열, 진통, 강장 등에 효과가 있음)를 대량 사용하는 것으로 조기분만이 가능했다. 그러나 키니네로 효과를 보지 못했기 때문에 산모를 산부인과에 입원시켰다. 그녀는 거기서 후부뇌하수체 호르몬 주사를 맞고 진통을 시작했으나 곧장 진통이 멈추었다. 두 번째 주사를 맞고 다시 마취제가 섞인 몇 가지의 방법이 시도되었다. 그 결과 그날 오후 두 시, 산모는 귀여운 아기의 행복한 어머니가 되었다. 이튿날 아침에 그 젊은 산모는 벌써 집으로 돌아갔다. 그녀의 담당 의사로부터 조심하라는 지시를 받은 것은 두말 할 필요가 없다. 그러나 이러한 경고는 제대로 지켜지지 않았다. 이 젊은 산모는 체중을 달아 보기 위해 일어났고, 방문객들을 만나느라 잠시도 쉬지 못했다. 그러다가 밤중에 갑자기 엄청난 통증을 느끼며 격렬한 발작을 일으켰다. 즉시 전화를 걸어 의사를 불렀고, 즉시 달려온 의사는 많은 양의 페니실린을 투여하였다. 검사는 불가능하였다. 의사는 다시 마취제를 투여하고 수술을 하기로 결정했다. 그러는 동안에 다행히 산모의 몸에서 큰 핏덩어리가 배출되었다. 페니실린 덕분에 열은 내렸다. 참으로 놀라운 일이었다.

　정말 놀라운 것은, 이틀 후에 그녀의 남편이 어떤 큰 연회에 참석하려고 준비하고 있을 때 산모가 갑자기 남편에게 "잠깐 기다려 줘요. 나도 같이 갈래요"라고 할 정도로 상태가 좋아졌다는 사실이다. 그러나 연회가 한창 진행 중이었을 때 그녀가 갑자기 출혈을 일으켜 재빨리 병실로 운반되었고 거기서 긴급 수술과 수혈을 받았다. 의사와 의술의 위대한 승리였다! 그 후 정맥염의 위험은 있었으나 페니실린 치료를 더 받은 뒤에 모든 것은 다 잘되었다.

악의를 가지고 이 이야기를 하는 것은 아니다. 오히려 의사들이 날마다 이처럼 죽음과 맞서 영웅적인 대결을 하고 있는 그 훌륭한 용기와 헌신적인 열성에 감복할 따름이다. 어쨌든 이 젊은 산모는 자기를 구해준 의사에 대해 찬탄과 감사 이외에는 아무런 다른 감정도 갖지 않는다. 사실 그럴 만하다. 그러나 이러한 풍조를 잘 생각해 보아야 한다. 의학이 더욱 강력해질수록 점점 더 자연의 이치를 거스르게 된다. 그리고 환자들도 자연은 무시할 수 있는 것처럼 생각하여 의학을 더욱 재촉한다.

페니실린이나 수혈이나 수술이 그 젊은 임산부의 생명을 몇 차례에 걸쳐서 구해준 것은 사실이다. 그러나 위에서 지적한 자연을 거스르는 행동이 그녀를 죽음의 위험으로 몰아간 것 또한 사실이다. 다행히 산모는 죽지 않았지만, 언제나 그런 것은 아니다. 그리고 앞으로도 이런 방식으로 아슬아슬한 모험극을 계속한다면 훌륭한 전통 방식의 해산을 지키는 여인들보다 죽음의 위험은 더 커질 것이다. 전통적인 해산 방법은 처음부터 어머니에게 아이를 위한 희생을 올바르게 가르치고 지혜롭게 긴 산후 조리를 받게 했다. "자기의 병을 거만하게 억지로 단축시키려 하는 자는 병을 연장시키고 더하게 할 뿐이다"라고 몽테뉴는 말한다.

정신 의학에서도 이러한 경향이 뚜렷하게 나타난다. 정신 의학에 새롭고 효과적이며 즉효가 있는 무기, 곧 말라리아 요법, 인슐린 요법, 전기자극 요법, 마취분석, 그리고 뇌 외과 치료법 등이 연이어 급속하게 사용되고 있다.

물론 이러한 치료법들은 분명 가치가 있다. 이러한 치료법으로 20년 전에는 우리가 어떻게 할 수 없다고 생각했던 많은 병들을 고쳤으며, 적어도 병세를 가볍게 해주었다. 그러나 여기엔 아무런 조심성 없이 어떤 병에든지 이런 치료법을 사용하려는 유혹이 도사리고 있다. 그 유혹이 너무 커서 의료업에 종사하거나 종사하지 않는 사람들 중 판단력이 있는 사람들은 이 일에 촉각을 곤두세우고 있다. 경찰이 심문 과정에 마취제를 사용한 근거로 재판까지 하게 된 사례도 있었다. 이 문제를 가지고 나도 몇몇 법률가들과 함께 라디오 좌담회에 참석했던 적이 있다. 우리가 마이크 앞에서 하려고 했던 '토론'은 전혀 토론 같지 않았다. 그러나 우리는 모두 그 진료 행위가 인간에게 있어 양보할 수 없는 존엄성의 권리에 위배된다는 의미에서 비난받아야 한다는 데 동의하였다.

　그것이 바로 이 문제의 핵심이다. 임마누엘 무니에르는 자기의 "의학, 제4계급"이라는 연구논문에서 이 사실을 분명히 보여 주었다.[1] 무니에르는 이 논문에서 "의사는 인격에 중대한 변화를 가져올 방법을 사용할 권리를 어느 정도까지 가지고 있는가?" 하는 질문을 던진다. 특히 대뇌의 전두엽을 뇌의 다른 부분과 연결되어 있는 신경 섬유와 함께 잘라내는 뇌엽 절제수술의 경우, 어떤 의사들은 무조건적으로 반대한다. 즉 환자의 성격과 행동, 그리고 감정을 영구히 바꾸어버릴 수도 있는 이러한 개입을 인정할 수 없는 것으로 보는 것이다. 인간의 존엄성에 대한 관심은 정신 의학에의 충격요법 사용에 대해서도 역시 비난한다. 하지만 또 다른 의사들은 이러한 방법들을 사용함으로 새롭게 열리는 무한한 가능성에 대해 열광적이며, 그들을 반대하는 것은 시대에 뒤떨어진 편견의 잔재일 뿐이라고 본다. 인류 역사상 과학은 비교할 수 없는 이익을 인류에게 가져오기 위해 이와 같은 편견을 극복해 왔다.

나는 이러한 두 극단적인 입장에 모두 동의할 수 없다. 조금만 생각해 보면, 모든 의료 행위, 그리고 교육 활동은 인격의 변화에 개입하는 것을 추구한다. 갑상선 호르몬 주사를 환자에게 투여할 때, 난로가에 앉아 대화하며 정신 요법을 실시할 때, 또는 박물학이나 지질학적 시대 등에 관한 강의를 할 때, 나는 환자나 학생들의 생각이나 성격, 사회적 행동, 그의 감정 표현이 새로운 요인들을 만날 수 있도록 이끌고 있는 것이다. 인격에 대한 개입을 비난하는 것은 의학과 교육을 비난하는 일이 될 것이다. 그러한 잣대는 가장 일상적인 대화에서 뇌엽 절제수술에 이르기까지 눈에 띄지 않게 각 단계에서 나타난다. 그 어느 단계에 확고하게 선을 긋는 것은 독단적인 궤변을 자초하는 일이다.

우리는 인간과 인격의 구별에 대해 명확한 생각을 가지고 있어야 한다. 우리의 인격은 고정되어 있지 않다. 인격은 선천적 경향의 결과이며 유전으로 받은 육체적 요인의 결과이다. 그러나 그것은 또한 우리의 모든 경험과 우리가 받아온 교육과 영향, 만났던 사람들과 읽은 책들, 그리고 봤던 영화 등의 결과물이다. 그렇기 때문에 우리의 인격은 사막의 섬에서도 날마다 새롭게 끊임없이 변해 간다.

내가 감지할 수 없는 것은 인격(personality)이 아니라 인간(person)이다. 그것은 우리 안에 있는 불변의 것이고, 존재하거나 존재하지 않는 것이며, 인간을 동물로부터 구별 짓는 것이다. 만일 선택의 자유와 책임감이 우리에게서 없어진다면, 동물보다 더 나은 점이 없게 된다. 만일 우리가 인격을 수정하는 여러 영향을 선택할 권리를 박탈당한다면, 그것은 결국 하나님께 복종하거나 거역할 수 있는 우리의 자유의지를 박탈당하는 것이 된다. 그러한 가능성과 권리가 보장될 때 우리는 비로소 인간인 것이다. 그런 이유에서 인간에 대해, 그리고 인간의 존엄성에 대해 말하는 것은 육체적, 심리적, 또는 지적인 사람의 개성에 관해서 말하는 것이 아니라, 그 안에 있는 영적인 부분, 도덕적 양심, 책임감, 선택의 자유에 관해서 말하는 것이다.

정맥 주사를 놓는 의사가 아무리 신중하게 그 주사를 투여한다 하더라도, 그 주사를 투여하는 이유를 환자에게 설명하지 않고, 또 기대하는 효과나 위험성을 지적하지 않는다면, 그 의사는 환자를 동물이나 물건처럼 다루는 것이다. 앞서 말했듯이 환자를 '무저항적인 전쟁터'로 여기는 것이다. 나도 가끔 하는 일이지만, 마취 분석을 사용할 때는 환자에게 반수면 상태에서는 그가 평상시에는 숨길 만한 비밀을 말하게 될 가능성이 있다는 것을 충분히 설명한 뒤 환자의 충분한 이해와 동의를 얻고 이를 실시한다. 그렇게 하는 것은 환자의 판단력에 따라 그런 간섭을 하나님으로부터의 선물로 받아들이거나, 자기를 모독하는 행위라고 하여 이를 거절하도록 스스로 판단할 수 있는 자유를 줌으로서, 그 환자를 존중하는 것이 된다.

최근에 리용대학의 딜로어 교수가 개최한 안네시에서 열린 의학 연구회의에 참석했는데, 의사와 환자의 관계에 관한 문제가 토의되었다. 딜로어 교수는 결론적으로 환자에게 그의 병증과 치료 방법에 관해 가능한 한 많은 지식을 주는 것이 중요하다는 사실을 지적하였다. 자기가 한 인간으로 대우받고 있다는 것을 느끼게 하는 것은 환자가 자기의 판단을 통해 의사에게 협력하도록 촉구하는 일이 된다.

파리의 트로토트 박사는 "신경외과와 인간성"이라는 논문에서 본질적으로 인간에 대한 존중이란 자신이 받고 있는 모든 치료에 대해 '주체적 동의의 표현'을 할 수 있음을 포함한다고 주장한다. 물론 그것은 환자가 충분히 판단한 능력이 있는 경우이다. 수술 전날에 신경외과 의사는 반드시 환자와 개인적인 대화를 가져야 한다. 대화의 목적은 환자가 수술을 정신적으로 준비하며, 자신감을 가지게 하기 위함이다. 그리고 다음날 시행될 어려운 과업에 환자도 팀의 일원으로서 동참하게 하기 위함이다.

이러한 인간에 대한 존중은 의료적인 간섭이기보다 그것이 행해지는 정신에 더 많이 의존한다. 우리가 사용하는 기술이 무엇이든지 간에 환자를 인간으로 생각하고 그 인간성을 존중하는 정신을 가지는 것은 과학의 영역에서는 찾아볼 수 없는 일이다. 우리가 보아 온 것처럼, 과학에서 인간이란 원자와 세포와 기관의 집합에 불과하며, 물리학적, 화학적, 또는 심리학적 현상의 상호작용에 불과하다. 왜 우리가 인간을 돌이나 개보다 존중해야 하는가? 과학적으로만 본다면, 나치 강제수용소에서 시행되었던 살아 있는 인간에게 가해진 여러 실험에 이의를 제기할 수 없을 것이다. 그러나 이 일에 대해 맹렬히 항의한 독일이나 다른 나라의 의사들은 그 항의를 통해서 인간이 단지 기계적인 존재가 아니라는 것을 고백한 것이며, 의료는 단지 과학에 의해서만 인도받아서는 안 된다는 것을 보여준 것이다. 처방이나 주사, 수술 등 여러 가지 기술 의학에 반대하는 자연주의자, 동종요법파(동종요법 : 심리적으로, 원인이 결과를 치료한다는 원리), 그리고 신히포크라테스 학파가 있다. 기술 의학은 자연을 우리 마음대로 사용할 수 있는 수단으로 생각하여 공격하고 지배하며 잔꾀로 다스려야 하는 적으로 간주하는 경향이 있다. 반면에, 후자는 인간을 자연과 유기적으로 결부시키는 감각을 지녔는데, 이들은 자연 법칙에 순응하는 지혜를 강조하며 공격적인 치료요법 너머의 예방 위생과 올바른 생활을 우선시 한다. 많은 점에서 그들의 관점은 내가 논의하고자 하는 성경적 관점과 유사하다.

그러나 확고한 성경적 기초가 결여되어 있으므로 거기에는 자연 그 자체를 신으로 만드는 또 다른 위험이 도사리고 있다. 그리하여 자연주의가 하나의 종교가 되어, 극단적으로 열중할 위험이 있는 것이다. 나와 마찬가지로 모든 의사들은 그 독단적인 주장(dogma)에 노예가 되어버린 집단을 본 적이 있을 것이다. 그들은 다른 유용한 연구의 가치를 떨어뜨리는 전통적인 의학에 대해 격렬하고 무자비한 논박을 당연시 한다.

자연주의에 영향을 받은 환자들은 그것에 완전히 사로잡힐 수 있다. 그리하여 정제된 설탕 한 알, 의약의 주사, 외과 수술, 그리고 기흉(氣胸:흉막강 안에 공기 또는 가스가 차 있는 상태) 등이 마치 중대한 범죄인 것처럼 두려워진다. 과학적 의학이 인간을 너무 수동적으로 만드는 경향이 있는데 반하여 자연주의는 인간을 너무 능동적으로 만들어 마치 인간이 자기 자신의 노력으로 자신을 구원해야 할 것으로 생각하는 경향이 있다. 그는 식사에 대하여 무서울 정도로 염려하며, 운동을 무슨 장엄한 의식처럼 생각하고, '호흡조정요법'을 만병통치약처럼 실행한다.

이러한 두 가지 태도는 질병 치료에만 국한되지 않고 생활 전반에서 볼 수 있다. 어떤 사람은 완전주의의 압박을 받아 실수에 대한 강박감에 사로잡히고, 자신이 잘못된 상황의 피해자일 때에도 언제나 자신을 비난하는 도덕주의자도 있다. 반면, 전자와는 모든 게 정반대인 사람, 특히 누군가로부터 모든 것을 제공받으리라 기대하는 무책임한 사람들이 도덕주의자에 못지않게 많다. 이런 사람은 누군가가 자기를 먹여주고, 자기를 돌보아 주며, 즐겁게 해 주기를 바란다. 그리고 자녀를 교육시켜 주고, 생활 전반을 조정해 주기를 바라며, 결혼할 때 따라오는 의무가 귀찮게 느껴질 때 누군가가 대신 그 의무를 져주고 자기를 자유롭게 해줄 것을 요구한다. 나는 과학이 이러한 수동적인 행동에 책임을 져야 한다고 생각한다. 왜냐하면 심리학적으로 그 속에서 유아적 퇴행 현상을 볼 수 있기 때문이다. 그것은 배가

고플 때, 단지 울면서 어머니가 젖꼭지를 입에 갖다 대주기를 기다리는 것과 같은 유아적 태도이다.

우리는 두 가지 극단적이고 반대되는 입장을 볼 수 있는데, 자연에 대한 개념에서 그 근본적인 원인을 발견할 수 있다. 하나는 자연을 경멸하고, 다른 하나는 자연을 과대평가한다. 전자는 강력하게 자연에 저항하고 자연을 억압하며, 후자는 자연에 노예처럼 굴복한다. 전자는 수를 헤아릴 수 없이 많은 약을 처방하고, 후자는 약을 전혀 처방하지 않는다. 전자는 건강한 삶의 유익을 빼앗고, 후자는 과학의 의학적 유익을 빼앗는다. 우리는 이 두 가지 관점이 인간의 삶과 자유의 풍성함을 제한시키는 것을 볼 수 있다.

과학주의자는 인간을 인위적이고 외적인 산물의 노예로 만들어서, 그들이 기대하는 모든 도움을 기다리게 하며, 점점 더 거기에 의존하게 한다. 오늘날 얼마나 많은 건강한 사람들이 수면제 없이는 잠을 이루지 못하는지를 생각해 보라. 한편 자연주의자는 사람들을 내적인 양심의 가책에 종속되게 한다.

자연은 삶의 지혜를 배우는 교과서 *07*

앞의 견해들과는 반대로, 성경은 우리에게 자연과 인간에 대한 바른 개념을 주며, 그것만이 인간을 완전한 모습으로 인도할 수 있다. 성경적 관점을 가진 사람에게는 자연 전체가 하나님의 선물이다. 자연은 창조주로부터 건강한 삶의 지혜를 배울 수 있는 교과서이다. 그러나 또한 창조주로부터 자연을 극복하는 능력을 부여받았으므로 자연에 속박되지 않는다. 성경적 관점에 의하면, 인간은 자연에 속박되지 않으면서도 자연에 속해 있다. 이러한 견해는 의학의 가장 훌륭한 전통이기도 하다. 그런데 그 전통이 현대의 여러 발견에 따른 흥분으로 잊혀져 가고 있다. 각 세기에서 최고의 임상의로 칭송받았던 사람들은 이러한 전통으로부터 끊임없이 영감을 받았다. 주의깊게 그들은 언제나 자연으로부터 가르침을 받을 준비가 되어 있었고, 처방은 신중하게 했다. 또한 필요하면 대담하게 행동했으며 농부의 인내심을 가지고, 편견에 사로잡히지 않았다.

사도 바울도 이러한 자유의 교리를 가르쳤다. "모든 것을 분간하고, 좋은 것을 굳게 잡으십시오"(살전 5:21). "모든 것이 나에게 허용되어 있습니다. 그러나 모든 것이 나에게 유익한 것은 아닙니다. 모든 것이 나에게 허용되어 있습니다. 그러나 나는 아무것에도 제재를 받지 않겠습니다"(고전 6:12).

성경은 자연과 사회가 독특한 의미를 지닌다고 말한다. 그것들은 하나님의 도구이다. 그러나 오직 도구일 뿐이다. 그것들은 적도 아니며 그 자체로 가치 있는 것도 아니다. 그것들은 표징(sign)이다. 즉 자연과 사회는 우리에게 하나님을 보여 주며, 우리를 하나님께로 안내한다는 측면에서 그 가치와 의미가 드러나는 것이다. 성경에 나오는 모든 인물들은 이러한 방식으로 자연을 이해하였다. 그들은 언제나 자연에서 하나님의 음성을 찾는다.

예를 들어, 그들에게는 홍수도 의미가 있는 것이다(창 7:4). 그것은 불신으로 그분을 격노케 한 인간들을 홍수로 삼켜버리셨던 하나님의 노하심이었다. 그런데 노아는 그 당시에 도무지 이해할 수 없었던 하나님의 명령에 순종했다. 그리고 하나님께서는 장차 하나님과 언약을 맺을 수 있는 새 인류를 준비하셨다. 그와 마찬가지로, 홍해가 갈라진 것(출 14:21)과 요단강이 역류한 것(수 3:16)에도 의미가 있다. 그것은 분명 물을 거슬러 흐르게 할만한 큰 바람 때문에 생긴 현상이다. 그러나 그 바람 속에서 성경 기자는 자기 백성을 애굽으로부터 구원하며, 그들을 약속의 땅으로 이끌어 가시려는 하나님의 뜻이 역사하고 있음을 보았다. 그러한 예는 얼마든지 있다. 예언자 이사야는 비가 논밭에 내려 풍성한 열매를 맺게 하는 것을 관찰하고 그 속에서 하나님으로부터 온 놀라운 메시지를 발견했다. "내 입에서 나가는 말도 이와 같이 헛되이 내게로 되돌아오지 아니하고"(사 55:11).

예언자 엘리야는 하나님의 뜻 가운데 기적을 행하였다. 그는 하나님의 이름으로 가뭄과 비를 예언했으며, 질식 상태의 한 아이를 소생시켰다. 이 위대한 투사는 아합 왕과 사악한 왕후 이세벨에게 맞섰다. 그는 혼자서 450명의 바알 예언자와 400명의 아세라 예언자들과 대결할 때 주의 이름으로 그들을 당황하게 하였고 백성들로 하여금 그들을 죽이게 하였다.

그러나 승리의 절정에서 엘리야는 이세벨의 깊은 원한으로 도망나왔고, 울분으로 정신을 잃을 지경이었다. 그는 광야로 도망 나와 죽기를 빌었다. 엘리야는 스스로 회의에 빠지기 시작하였다. "나는 내 조상들보다 낫지 못하니이다"(왕상 19:4). 그런 뒤에 폭풍이 일고, 지진이 있었으며 불이 솟아올랐다. 그리고 마지막에 한 '세미한 소리'가

들려왔다(왕상 19:12). 엘리야가 하나님의 음성을 들은 것은 이 미풍의 부드러운 숨결 속이었다. 나도 엘리야의 위대한 경험과 같은 경험을 한 적이 있다. 내가 여러 해 동안 교회의 중심에서 실제적으로 아무 열매가 없는 격렬한 논쟁에 모든 정열을 쏟아 부은 후에 하나님은 나 자신을 돌아보도록 나를 부르셨고, 사랑이 다툼보다 더 열매가 많다는 것을 보여 주셨다. 그리고 진정한 영적 사역을 나에게 맡기셨다.

욥의 경우는 매우 달랐다. 그는 폭풍 속에서 하나님의 음성을 들었다. 고결하고 하나님을 두려워하는 사람이었던 욥은 그의 소와 당나귀, 하인들, 양과 낙타, 그리고 그의 아들과 딸들을 차례차례로 잃어버렸는데도 불평하지 않았다. 설상가상으로 그는 "그 발바닥에서 정수리까지 종기가 나게"(욥 2:7) 하는 병까지 얻었다. 천한 짚 이불에 누운 채 그는 아내의 빈정거림을 참고 친구들의 자기만족에 찬 설교를 견뎌내야만 했다. 병든 사람의 침상 옆에서 맞지도 않는 설교를 하며 스스로 만족하고 있는 이들에 대해 욥기는 얼마나 생생하게 경고를 하는가! 그들은 성경의 진리까지도 억압적인 것으로 만들어 버린다. 욥이 신에게 반항하여 절규한다 해도 무리는 아닐 것 같다. 그러나 욥은 폭풍의 광란 한복판에서 하나님의 음성을 들었다. 하나님의 위엄 앞에서 그는 인간이 얼마나 보잘 것 없는지를 깨달았다. "나는 비천하오니 무엇이라 주께 대답하리이까? 손으로 내 입을 가릴 뿐이로소이다"(욥 40:4).

성경에 나오는 인물들은 언제나 하나님께 귀를 기울인다. 그들은 자연에서도 하나님의 음성을 듣는다. 그들은 하나님의 뜻과 명령과 징표를 홍수의 구름을 멀리 몰아내는 바람 속에서 보고(창 8:1), 하늘에 뻗은 무지개에서 보고(창 9:13),

산을 덮치는 불길 속에서 보고(신 4:36), 끊임없이 변화하는 구름 속에서 보고(민 9:15~23), 동방 박사들이 보고 따라온 별에서 보았다(마 2:9).

　서로 매우 다른 성격의 사람들과 연관된 위의 모든 실례에 예수 그리스도의 예를 추가하고 싶다. 자연은 언제나 하나님의 음성에 귀 기울이는 예수님의 마음에 메시지를 주었다. 머리 위로 나는 새들과 들판에 피어 있는 꽃들을 보시면서, 피조물 하나하나에 대한 하나님의 강력한 돌보심을 보셨다(마 6:26). 그분에게는 우연이라는 것은 없다. "아버지께서는 너희의 머리카락까지도 다 세어 놓고 계신다"(마 10:30) 그분은 제자들과 함께 저녁노을로 붉게 물들여진 하늘을 바라보시며 제자들에게 '시대의 징조'를 분별할 것을 가르치신다(마 16:2, 3). 예수님은 곧 사물의 의미, 그리고 자연의 의미에 담긴 역사의 의미를 가르치셨다. 그분은 밭에 씨를 뿌리는 사람을 보시고, 길가에 떨어진 씨가 바짝 말라버리는 것과 좋은 땅에 떨어진 밀이 잘 자라나는 것을 보신다(눅 8:5). 예수님은 목자의 소리를 알고 그의 뒤를 따르는 양무리를 보신다(요 10:4). 그분은 보리밭에서 자라나는 가라지를 보시고 추수할 때까지 그대로 버려두어야 할 것을 가르치신다(마 13:29). 적당한 관리가 되지 않아서 열매를 맺지 못하는 무화과나무를 보시고(눅 13:6), 빵을 굽는 사람이 밀가루 반죽에 그것을 부풀게 하려고 누룩을 넣는 일(눅 13:21), 그리고 포도나무 가지를 돌보는 농부를 보시고 그 의미를 가르치신다(요 15:2). 예수님에게는 모든 것이 하나님을 보여 주는 도구이다. 가장 작은 겨자씨로부터(막 4:31) 어디서 와서 어디로 가는지 알 수 없는 멋대로 불고 있는 바람(요 3:8)에 이르기까지 모든 것이 영적 세계를 보여 주는 형상이다. 이제까지 예수님보다 자연의 의미를 더 잘 파악한 사람은 없었다.

　우리의 육체도 자연의 일부이다. 딜로어 교수는 그것을 '우리의 형제인 육체'라고 표현했다.[1] 만일 자연을 하나의 적으로 본다면, 육체와 그 반응까지도 역시 적으로 보아야 한다. 이러한 태도를 취한다면 의학도 오히려 더 단순해질 것이다. 그렇게 되면 질병의 치유는 자신과 싸우는 일이며, 일종의 내란이 될 것이다. 환자들은 가끔 자기 몸에 대한 짜증과 분노를 표현한다. 그들의 몸이 심한 고통을 주거나 생명을 단축시키는 심각한 원인이 된다면 그런 태도를 이해할 만하다.

하지만 모든 육체적 고통과 한계에는 다 의미가 있다. 우리는 몸으로부터 많은 것을 배울 수 있다. 환자들 중 높은 이상에 차 있고, 야심에 불타는 사람들은 육체가 자신들을 얽매는 상황에 대해 분개한다. 그런 이들은 지나치게 충동적인 자신의 성격을 점검할 수 있는 기회를 주신 것에 대해 오히려 하나님께 감사해야 한다.

대부분의 경우, 신체가 말을 듣지 않는 것은 경고 신호이다. 작년에 아내가 정원으로 뛰어내려오다 갑자기 넘어져서 다리가 부러졌다. 그것은 터무니 없는 사고였다. 내가 이제까지 여러 차례에 걸쳐 써온 말을 다시 사용한다면 순전한 '우연' 이었다. 그러나 이 사고는 우리에게 의미가 있었다. 이 사고를 통해 하나님께서 우리에게 메시지를 주셨다는 것을 깨달았다. 우리는 너무 많은 일을 하려고 애썼고, 삶이 포화 상태가 되도록 방치했던 것이다. 환자들은 나에게 매달렸고, 나는 나대로 아내에게 매달렸다. 나는 아내에게 너무 많이 의존하였고, 하나님께 충분히 의뢰하지 않았다. 내가 아내에게 지나치게 의존했기에 나를 유지하던 축이 무너지는 것 같았다. 하나님께서는 이 사고를 통해 우리를 부르셨다. 우리의 삶의 상태를 돌아보고, 허둥지둥 돌진하는 우리 삶을 점검하게 하시려고 부르신 것이었다. 아내는 연속적으로 일어난 친척과의 사별로 충격을 받았으나, 내 일을 망치지 않으려고 마음의 아픔을 달래기 위한 휴가를 연기하고 있었던 것이다.

질병도 역시 많은 증세로 신호를 보낸다. 몸이 삐걱거리면 그것은 단순한 우연이 아니다. 그 경고 신호에 정신을 차려야 한다. 예를 들어, '신경 쇠약'일 경우에 그것은 마치 겨울에 휴식하고 고요히 새 봄을 맞을 준비를 하는 것과 같은 일종의 영혼의 겨울로 볼 수 있다. 확실히 우리는 아픔을 덜어 주고, 설사를 멈추게 하며, 약한 심장을 강하게 하고, 잠시 수면을 취할 수 있게 해주는 여러 가지 강한 약품에서도 하나님의 자비로우신 손길을 만날 수 있다. 그러나 우리는 이러한 약이 환자의 눈을 어둡게 하여 자기 생활 패턴을 고쳐야 할 필요성을 보지 못하게 하며, 환자의 판단력까지도 흐리게 하지 않을까 항상 조심해야만 한다.

성경은 불행이나 사고나 질병이 의미를 지니고 있다고 가르쳐 준다. 몇 가지 예를 들 수 있다. 우선 저 유명한 애굽의 열 가지 재앙 이야기가 있다(출 7~11장). 그리고 자기 올케를 비방한 죄로 문둥병에 걸린 모세의 누이 미리암의 이야기(민 12:10), 하나님에게 충성하지 않은 여호람 왕이 내장병에 걸린 이야기(대하 21:18), 거짓말과 탐욕의 죄로 인하여 엘리사의 종 게하시가 문둥병에 걸린 이야기(왕하 5:27), 우리아의 아내가 낳은 다윗의 아이가 죽은 이야기(삼하 12:18), 그리고 엘리의 두 아들이 죽은 이야기가 있다. 이 불행한 아버지는 두 아들이 같은 날에 죽음으로 하나님의 진노의 '표징'을 본다(삼상 2:34).

성경은 육체를 경시하지 않는다. 오히려 육체를 성령의 전이라고 부른다(고전 6:19). 시편 기자는 "내가 주께 감사하옴은 나를 지으심이 신묘막측하심이라"(시 139:14)고 말한다. 성경은 하나님의 사랑을 나타내는 최고의 증거, 즉 하나님의 가장 두드러진 '영적' 행위를 예수 그리스도께서 성육신 하신 것이라고 본다. 그분은 사람들과 같이 되셨고 사람의 '모양과 형체'를 취하사 고난과 죽음에 이르기까지 동참하셨다(빌 2:6~7). 사도 바울은 아내에 대한 남편의 사랑을 교회에 대한 그리스도의 사랑에 비교하기도 했다(엡 5:25). 그 사랑은 인간적인 사랑과 영적인 사랑을 다 포용하는 포괄적 사랑을 의미한다. 그와 마찬가지로 몸의 모든 기관이 협조하여 함께 활동하고 있는 것처럼 교회도 사랑 안에서 유기적으로 운영되는 조화된 모습으로 서 있어야 한다(고전 12:12~30). 이와 같이 성경적 관점에서 하나님의 목적은 자연의 조화 안에서 뿐 아니라 인간의 영적 교감 안에서도 분명히 나타난다.

이런 관점에서 '에로스와 아가페' 즉 인간적인 사랑과 영적인 사랑을 차별하는 오류를 범하지 말기를 바란다. 성경의 위대한 연애시인 아가서는 남자를 여자에게 이끌어 주는 정열(아 4:1)과 마음이 끌리는 남자를 기다리는 여자의 초조함(아 3:1)을 하나님의 사랑을 구하는 인류와 똑같이 고귀하게 본다. 우리는 이러한 예를 자기 백성에 대한 하나님의 사랑을 여인에 대한 남편의 사랑과 비교하고 그 백성의 불성실을 음란한 아내와 비교한 예언서에서도 볼 수 있다(겔 16:6~43).

육체는 한 마리의 개와 같아서 적처럼 다루면 으르렁거린다. 자기 몸을 멸시하면, 그것은 자신 안에 내란을 일으키고 건강을 위협한다. 우리는 육체를 멸시하고 영적인 것을 귀히 여긴다고 공언하는 환자들을 자주 만난다. 그것은 위생 관념이나 영양 섭취를 경시하는 원인이 된다. 편협한 종파주의의 피해자인 많은 사람들이 더 나은 그리스도인의 삶을 핑계로 실제로 자기 아내나 남편에게 또는 자녀들에게까지 영양가가 없는 음식을 먹이는 경우가 있다. 물론 절제 없이 음식을 많이 먹는 것을 지지하는 것은 아니다. 오히려 그러한 남용은 영혼과 육체를 분리시키는 생각에서 나온 것일 수도 있다. 대식가의 심리를 잘 분석해 보면, 그가 육체나 식물이나 음료의 신성성에 대한 감각을 상실하고 있는 결과라는 것을 알 수 있다(시 104:10~15). 그는 그런 것들을 자기 마음대로 오용해도 상관없는 열등한 것으로 취급하는 것이다.

이와 관련하여, 사도 바울이 고린도 교회의 성도들에게 한 말을 주목할 필요가 있다. "내가 내 몸을 쳐 복종하게 함은 내가 남에게 전파한 후에 자기가 도리어 버림을 당할까 두려워함이로다"(고전 9:27). 이 구절이 육체에 대해 부정적으로 생각하고 육체에 금욕적 고행을 행하는 이유로 인용될 수 있다. 그러나 나는 그렇게 해석하지 않는다. 사도 바울은 몸을 '최상의 상태로 유지하기' 위하여 엄격하게 자신을 단련시키는 운동선수처럼 신앙생활을 하라고 암시적으로 언급하였을 뿐이다. 이 엄격한 훈련은 수단일 뿐, 그것 자체가 목적이 되어서는 안 된다. 몸으로 해야 할 역할들을 적절하게 수행함으로서 하나님의 목적, 그 특별한 목적을 성취하기 위해 우리 몸을 적절히 통제하는 것이다. 그러나 몸을 적으로 취급하라는 말은 아니다. 친구로 대우하며 그 역할을 올바르게 수행하도록 해야 한다. 오늘날 많은 의사들이 말하는 것처럼, 육체는 정신에 반대하는 것이 아니라 복종하고 있는 것이다. 그것은 마치 좋은 기수가 말고삐를 꽉 잡고 있는 것과 같다. 기수가 말고삐를 잡는 것은 말을 격려하고 인도하기 위해서이지 말을 학대하거나 마비시키려는 것이 아니다.

나는 자위행위나 성욕을 거슬러 싸우는 일에 강박관념을 느끼는 많은 젊은이들을 알고 있다. 그들은 거의 미친 듯이 육체를 억압하려고 한다. 그것은 방금 내가 지적한 것처럼 성경에 대한 편견적 해석에 영향 받았거나, 성경의 가르침보다 힌두교 사상에 더 가까운 세속적인 도덕의 영향을 받은 경우가 많다. 이 잘못된 금욕주의는 점점 더 힘들어져서 도저히 이겨낼 수가 없다. 그들은 육체적인 운동으로 몸을 지치게 하고, 마루 위에서 자며, 식사량을 줄인다. 하지만 강박적인 느낌이 이전보다 더 심해질 뿐이다. 그들은 승리의 필수 조건인 삶의 방향과 평형 감각을 잃어버리게 된다.

　여기서 사도 바울의 다른 말을 인용해 본다. 부도덕과 그릇된 도덕적 노력, 그리고 은혜의 문제에 기울어 있는 로마 교인들에게 한 말이다. 즉 "선으로 악을 이기라"(롬 12:21). 그것은 쓸데없는 싸움에 힘을 탕진하지 말고, 하나님의 교회에 반대되는 어떤 강한 전통에 대해서도 성경에서 보여주는 명확한 태도를 취하라는 말이다. '복음'(Gospel)이란 '좋은 소식'(Good News)을 의미한다. 그것은 예수 그리스도를 통하여 우리에게 주어진 것으로, 악이나 질병, 그리고 죽음보다도 강하고, 활동적인 능력에 대한 좋은 소식이다(요 16:33, 롬 8:37, 고전 15: 25~26). 선으로 악을 이긴다는 것은 우리를 둘러싸고 있는 모든 유혹으로부터 관심을 돌려 예수 그리스도를 바라보는 일이요(히 12:2), 자신의 몸과 마음을 다 바쳐서 자신을 그리스도와 동일시하는(identifying) 일이다(갈 2:20).

08 성본능은 자발적 내어드림의 상징

예수 그리스도는 결혼하지 않으셨다. 이것은 분명한 사실이다. 그러나 우리는 그에게서 본능을 억압할 때 두드러지게 나타나는 유아적 퇴행 증상을 하나도 찾아볼 수 없다. 오히려 그분은 놀라울 정도로 남성적인 모습을 보여 주신다. 본능적 충동에 따라 이리저리 끌려다니는 약한 사람은 결코 남성답다고 말할 수 없다. 마찬가지로 성경에 나오는 대부분의 남성들에게서도 남성성의 억압을 거의 찾아볼 수 없고, 성경의 여인들도 또한 그들의 여성성을 억제하지 않았다.

내게 상담하러 오는 다양한 연령의 사람들이 어떠한 죄라도 하나님께서 용서하신다고 믿지만, 자기의 성적인 죄만은 예외인 것 같다고 말하는 경우를 자주 본다. 그러한 죄에 대해 하나님이 결코 그들을 용서하지 않으실 뿐 아니라, 영원히 그들을 멸시하실 것 같다고 느끼는 것이다. 이렇게 말하는 것은 스스로에 대한 자신의 멸시감을 하나님께 투영시키는 것이다. 그러한 자기 멸시감은 죄를 범했다는 사실보다 그 죄가 성적인 것이라는 데서 기인하는 것임을 보여준다. 그리스도의 태도는 얼마나 다른가! 그분의 혹독한 비판은 저 근엄한 바리새인들을 향한 것이었다. 그분은 바리새인들 앞에서 간음하다가 잡혀 온 여인을 공개적으로 변호하셨다(요 8:3~11). 그가 바리새인들에게 "너희 가운데서 죄가 없는 사람이 먼저 이 여자에게 돌을 던져라"(요 8:7)고 하신 도전은 그가 인간의 마음을 얼마나 잘 알고 계셨는지를 보여준다. 이러한 말씀은 자기의 본능을 잠재의식 속에 억제하고 있는 사람의 입에서 나올 말이 아니다.

예수님은 이 여인에게 부드럽고도 거리낌없이 말씀하셨다. 사마리아 여인에게 말씀하실 때나(요 4:7~26), 시몬의 분노를 개의치 않고 창녀의 입맞춤을 받아들이셨던 때(눅 7:36~50) 보여 주신 것처럼, 예수님의 성에 대한 태도는 성을 멸시하는 청교도들의 태도와는 매우 달랐다. 성경에서 우리는 예수님이 자신에 대한 평판에 구애받지 않고 천히 여김 받는 사람들이 모인 곳에 얼마나 자주 가셨는지를 볼 수 있다(마 9:10).

예수님은 자기를 초대한 주인인 바리새인 시몬에게 창녀에 관해서 이렇게 말씀하셨다. "이 여자는 그 많은 죄를 용서받았다. 그가 많이 사랑했기 때문이다"(눅 7:47). 예수님은 그녀의 죄를 부인하지는 않으셨다. 그러나 나의 환자들과는 달리 그분은 그들의 죄가 용서받지 못할 것이라고 생각하지 않으셨다. 오히려 그 여인에 대한 그리스도의 태도는 시몬에게 취하신 태도와 뚜렷한 대조를 보인다. 그 광경은 예리한 관찰자였던 제자 누가에게 강한 인상을 주었다(사도 바울은 그를 사랑하는 의사라고 불렀다 - 골 4:14).

물론 예수님이 "그가 많이 사랑했다"고 하신 말씀은 그녀의 직업적인 사랑에 대한 것이 아니다. 그것은 그녀가 울면서 눈물로 예수님의 발을 적시고 자기 머리털로 씻으며 그 발에 입 맞추고 향유를 부은, 전혀 사심 없는 사랑을 말씀하신 것이다. 예수님에게는 이 사랑의 충동이 바로 신앙과 다름없는 것이다. 예수님은 마지막으로 그녀에게 "네 믿음이 너를 구원하였다. 평안히 가거라"(눅 7:50)라고 말씀하셨다.

그러나 만일 우리가 연구하고 있는 것이 진정 성에 대한 성경적 태도라면, 반드시 성(性)의 모든 문제를 있는 그대로 봐야 한다. 앞의 예가 보여 주듯이 예수님은 도덕적으로 단정치 못한 사람들(그들의 비행에도 불구하고, 물론 그것을 정당화하는 것은 아니지만)이 시몬과 같은 엄격한 청교도들보다도 그들의 마음에 더 많은 사랑을 지니고 있으며 그러한 사람들이 하나님을 더 잘 받아들인다는 사실을 잘 알고 계셨다. 우리가 예수님의 예에 나온 사람들의 행동을 모방할 필요는 없지만, 예수님의 태도는 성본능의 진실한 성경적 의미를 보여준다.

정신분석학자들은 '리비도'(libido)라고 불리는 성본능을 생명력과 최고 수준의 사랑을 위한 요구라고 의미 규정 하는데, 그 이론이 성경과 모순된다고 생각하지는 않는다. 프로이드에게 있어서 리비도는 성본능의 승화에 불과하다. 융에게 있어서 성본능은 영적 사랑이 다른 형태로 구체화된 것(incarnation)이다. 그 둘은 서로 관련이 있으며, 성경적 견해와 유사하다는 데 동의한다. 나는 이미 성본능을 영적 사랑의 이미지로 표현한 수많은 성구를 언급한 바 있다.

성경은 성적인 사랑을 귀하게 여긴다. 창세기 기사는 성의 확립을 하나님의 창조의 절정적인 마무리 행위로 표현하고 있다(창 1:27, 2:18~24). 하늘과 땅을 창조하시고 동물들을 지으시고 마지막으로 사람을 창조하셨다. 이를테면 '남성과 여성'이 분리되지 않은 사람을 창조하신 뒤에 성적 차별을 만드신 것이다. 한번은 어떤 신학자가 나에게 말하기를, 이 유명한 이야기에 담긴 아담의 갈비뼈는 추상적 의미로 '옆구리'를 의미할 수도 있다고 했다(내 동료 의사들은 마취 하에 이루어진 외과 수술이라고 풀이할 것이다). 아무튼 그 사건으로 남성성과 여성성이 나뉘어졌으며, 남녀가 서로를 찾기 위해 헤매는 본능은 영적 성장에 가장 효과적인 원천이 되었다.

그러므로 성경에서 말하는 성본능은 세속적인 우발 사고가 아니라, 하나님의 계획의 일부이다. 남자와 여자를 결속시키고 그들의 만남이 몸과 마음을 아울러 피차간 소유하는 진실한 교제를 가짐으로써 성본능은 두 사람이 가장 근원적인 영적 진실을 발견하도록 인도해 준다. 결혼은 다른 모든 인간 유대와 아주 다른 성격을 지닌다. 결혼은 예수 그리스도와 그의 교회의 관계와 같은 유일한 결합이다. 성자들은 가장 깊은 신앙 체험을 묘사할 때 예수 그리스도와의 '신비한 결혼' 이라는 표현을 사용하였다. 이런 표현은 성본능을 경멸하는 사람들에게는 충격을 주기도 하였다. 정신분석은 감정과 운명과 신비로움으로 진지하게 나누는 두 영역인 성과 종교 사이에 깊이 뿌리내린 정신적 연합을 보여준다.

우리가 아무리 친밀하거나 밀접하다 하더라도, 또는 그리스도인 형제와의 영적 사귐이 아무리 친밀하다고 하더라도, 결혼하기 전까지 유보해야 하는 마지막 장벽이 있다. 그것은 육체적 사랑이다. 바울은 부부간의 육체적 사랑에 대해 다음과 같이 강하게 말한다. "아내는 자기 몸을 주장하지 못하고 오직 그 남편이 하며 남편도 그와 같이 자기 몸을 주장하지 못하고 오직 그 아내가 하나니"(고전 7:4). 성경적인 관점에서 보면, 이처럼 결혼 관계에서 몸을 제공하는 일, 즉 유보했던 최후의 방벽을 깨뜨리는 일은 자신의 전부를 준다는 의미를 상징하며, 궁극적으로는 신앙 안에서 하나님께 자신을 맡긴다는 의미를 상징한다. 성관계를 말할 때 성경은 '안다(know)' 는 말을 사용한다. "아담이 그 아내 하와와 동침하매"(창세기 4:1, 히브리 원어로는 "사람이 그 아내 하와를 알매"라고 기록되었다—역자 주). "아들을 낳을 때까지 동침하지 아니하더니 낳으매 이름을 예수라 하니라"(마 1:25, 원어로는 "그를 알지 아니하였고"로 기록되었다—역자 주). 그리고 성경은 같은 말을 인간과 하나님을 결합시키는 신앙에 대한 최상의 하나됨으로 표현하고 있다. 즉 "그 후에는 이스라엘에 모세와 같은 선지자가 일어나지 못하였나니 모세는 여호와께서 대면하여 아시던 자요"(신 34:10) 라고 기록되어 있다.

성관계는 자신을 온전히 내어주는 것을 요구하며 이러한 사실을 바탕으로 한 성관계는 사람들이 일부일처 결혼 제도의 신성한 법규를 실현하도록 인도해 주었다. 실제로 성경의 초기 시대에는 일부다처제가 관습적으로 이루어졌었다. 내가 아는 바로는 아마도 감독과 집사의 사생활에 관한 사도 바울의 훈계를 제외한다면 그 이후의 성경에는 일부다처나 자유연애를 분명하게 배격한 대목이 없다(딤전 3:2, 12). 그러나 그들은 성경적 관점에 따라 그것을 멀리했고, 더불어 간음을 엄격하게 비난하였다. 그렇다면 우리는 성적 사랑을 하등한 것이라고 결론지을 수 있다. 그런데 다른 한편으로 성경은 성적 사랑에 대해 거룩하다고까지 하며, 신성한 가치를 거듭 주장한다.

성경에 있어서 성본능은 하나님의 목적 중 하나이며, 완전히 자기를 내어주는 것의 형상이며, 그것을 위한 훈련으로 의미 부여되었다. 이것이 영혼과 육체가 적대관계라는 개념 때문에 생긴 신경성 또는 심리적 문제에 대해 우리에게 상담을 하러온 사람들에게 성경이 주는 해답이다. 그것은 성본능을 억압하고 두려워 함으로 생기는 모든 노이로제, 즉 유아적 퇴행, 우울증에서의 활동적 의욕의 감퇴, 성교 불능, 불감증 등에 대한 성경적 해답이다. 또한 여기에 외관상으로는 성격 차이라고 주장되는 많은 부부 문제에 대한 해답이 있다. 그 문제의 진정한 원인은 배우자 중 어느 하나가 잘못된 성교육을 받았거나 어린 시절에 받은 성적 충격 때문에 성에 대한 그릇되고 부정적인 태도를 가지고 있는 경우가 많다. 그런 사람은 마음을 다하여 성생활에 임할 수가 없게 된다. 그는 자기가 육체적인 것에 덜 매여 있기 때문에 더 영적이고 우월하다고 느끼기 때문에 거의 항상 자기 배우자를 내려다 보게 된다. 그러나 이것은 물론 자기 합리화이다. 그것은 스스로 자각하지 못한 감정적 원인의 실체에 대한 잘못된 표현이다. 특히 이런 합리화는 성에 대한 잘못된 성경적 해석에 기초한, 성에 대한 편견에 영향을 받는 경우가 많으며, 종교를 가진 사람들 가운데 흔히 나타난다. 이런 사람들은 속담처럼 '부득이한 일을 쾌히 행한다' 고 하면서, 실제로는 병적인 증세에 대해 자부심을 느낀다. 그들은 성생활에 대한 올바른 성경적 해석을 통해 그 병을 깨닫게 되기만 해도 그것을 치유할 수 있다.

수많은 정신분석학자들이 기독교가 많은 신경성 질환의 원인이라고 비난하고 있기 때문에 이 문제는 상당히 중요하다. 그들은 '쾌락의 원리'를 기독교와 상반되는 것으로 만들어 놓고, 그 비교할 수 없는 대상을 놓고, 기독교 신앙이든 부부의 행복이든 둘 중 하나를 선택해야만 하는 것처럼 생각하게 만들었다.

이는 성경의 진리와 반대되는 이야기임에도 정신분석학자들이 그런 생각을 하도록 만든 책임이 있다고 인정할 수밖에 없다. 분별력이 있는 사람들조차도 흔히 성에 대해 의식적으로 신앙과 반대된다고 혼동하고 있기 때문이다.

최근에 만난 어느 부인은, 결혼 생활에서 영적 사랑과 성적인 사랑이 하나가 되기를 갈망하고 있었다. 그 부인은 고민 끝에 열성적인 그리스도인인 남편과 그 일을 의논하였고, 그 결과 그들은 성교 때마다 먼저 하나님께 기도하기로 결정했다. 그 이야기를 듣고 처음엔 긍정적이라는 생각이 들었다. 그러나 그 일을 곰곰이 생각해 본 다음 나는 다음과 같은 질문을 그녀에게 던졌다. "당신은 실제로 마음 깊은 곳에서 그 기도를 일종의 귀신 쫓는 일로 생각한 것은 아닙니까? 그리고 마치 성적 사랑은 하등한 것처럼 생각하고 기도로써 이를 정화할 필요가 있다고 생각한 것은 아닌가요?" 잠시 후에 그녀는 이렇게 대답하였다. "네, 맞아요. 정말 그랬던 것 같아요." 그리고 나는 그녀가 어떤 사실을 깨달았다는 것을 느낄 수 있었다. 즉 자기 신앙 안에서 영적 사랑과 성적 사랑을 융합시키려는 마음 뒤에는 의심할 수 없이 성을 멸시하는 마음이 도사리고 있었음을 깨달았던 것이다.

이 젊은 부부의 결심을 비판하거나, 그들이 기도하는 일을 그만두도록 권고하고 싶은 생각은 없다. 내가 우려한 것은 그들의 의식적인 결심 밑에 깔린 무의식적인 생각이었다. 그것은 기도 안에서의 나눔이 성적인 나눔보다 더 거룩하다고 보는 잘못된 가치관의 문제이다.

그 둘은 모두 하나님의 선물이다.

이러한 성경적 견해는 지나치게 육체적 욕망을 탐닉하는 사람들에게도 해답을 준다. 그들은 성이 거룩한 것이라는 의미를 상실하고, 성을 하등하고 전혀 존중할 가치가 없는 것으로 여기고 성욕을 즐긴다. 종종 자기 아내에게 충실하지 못한 사람이 이렇게 말하는 것을 자주 본다. 즉 자기는 자기 아내 이외에 다른 여자와의 성관계를 할 때 아무런 양심의 가책이 없다는 것이다. 그의 말대로라면, 그 일은 자기에게 사소한 육감적 모험 이상의 일이 아니며, 그 모험은 아내에게 고정되어 있는 그의 정신적 사랑과는 아무런 관계가 없다는 것이다. 이러한 집요한 자위행위 같은 현상은 사랑을 생식기적 · 신체적 요소와 감정적 · 정신적 요소로 분리하는 데서 기인한다. 분리라기보다는 오히려 '비연합'(non-fusion)이라고 할 수 있겠다. 왜냐하면 연합은 인간의 심리적 발달에서 맨 나중에 생기는 것이기 때문이다.

이 연합은, 이미 앞에서 인용한 모든 성경이 말하는 것처럼, 하나님의 목적의 일부이다. 결혼 제도에 관해 성경은 이렇게 말한다. "이러므로 남자가 부모를 떠나 그의 아내와 합하여 둘이 한 몸을 이룰지로다"(창 2:24). 이것은 성적 하나됨에 대한 명확한 설명이지만, 동시에 육체와 정신의 전적인 하나됨을 명시하는 말이다. 사도 바울은 창녀와 연합하는 자는 저와 한 몸이 된다는 것, 즉 그의 전인격이 창녀에게 맡겨져 버리는 것이 된다고 편지에 쓴 일이 있는데, 그것이 바로 연합을 의미하는 것이다(고전 6:16).

이런 의미에서 모든 성교 행위는 결혼이며, 그것은 인간적 행위이면서 동시에 신적인 행위인 것이다. "그러므로 하나님이 짝지어 주신 것을 사람이 나누지 못할지니라"(마 19:6).

요약해 보면, 우리는 성적 사랑에 대한 네 가지 중요한 태도를 볼 수 있다. 첫째는 '가치 절하'(devaluation)의 태도이다. 그것은 성적 사랑을 생리학적 반사 작용으로만 보는 태도이다. 이 견해는 결혼 후에라도 성을 호색적인 모험으로만 보는 구실이 된다. 둘째는 '신격화하는' 태도이다. 이 태도는 성적 사랑을 과대평가함으로써 결과적으로 인간적인 모든 것, 이를테면 예술, 문화, 도덕적 양심, 신앙 등을 무가치한 것으로 만들어 버리는 태도이다. 셋째는 멸시의 태도이다. 이것은 품격을 떨어뜨리는 기능으로 성적 사랑을 보는 태도이다.

이러한 세 태도는 모두 다 육체적 사랑과 정신적 사랑은 연합될 수 없다는 생각에 근거한다는 점에서 매우 유사하다. 그러한 사고방식과 그 때문에 생기는 나쁜 결과는 정신 분석으로 밝혀져 있다. 넷째로는 성경적인 태도로서, 정신적 사랑과 육체적 사랑이 연합되어 있으며, 성은 거룩한 의미를 지닌다고 보는 태도이다. 나는 이것을 모든 환자들의 심리적, 성적 고민에 대한 위대한 해답이며, 위대한 치료법이라고 말하고 싶다. 성적 행위를 가치 절하하는 사람들에게 성은 그들이 인식할 수 없었던 성적 사랑의 진정한 장엄함을 밝혀주며, 성을 신처럼 여기는 사람들에게는 노예 상태에서 그들을 해방시켜 준다. 결국 성경적인 태도는 성을 멸시하는 사람들에게 하나님이 그들에게 향유하게 하신 그 성의 즐거움을 돌려줌으로써 그들을 성과 화해시켜 준다.

이와 같은 견해는, "육신을 따라 사는 사람은 육신에 속한 것을 생각하나, 성령을 따라 사는 사람은 성령에 속한 것을 생각합니다. 육신에 속한 생각은 죽음입니다. 그러나 성령에 속한 생각은 생명과 평화입니다"(롬 8:5~8, 요 6:63, 마 16:17, 롬 13:4, 갈 5:16~20, 24~25, 딤전 4:8) 등 영과 육이 서로 배치되는 것 같은 많은 성경 구절들과 부딪힐 수 있다. 그러므로 이미 이 문제를 다루었지만, 오해를 피하기 위해 다시 한번 이 문제로 돌아가 보겠다.

슐레머 박사가 설명한 것처럼[1] 성경에 사용되고 있는 육이라는 말은 육체를 의미하는 것이 아니라, 육체(body)와 정신(mind)과 영혼(soul)을 가진, 전인격으로서의 자연적 인간을 의미한다. 타락 이야기에서도 죄로 말미암아 자신을 하나님에게서 단절시킨 것은 전인격의 인간이다. 그의 육체적 불순종(선악과를 먹은 일)과 정신적 불순종(여인은 뱀에게 꾀임을 받고 남자는 여인에게 꾀임을 받았다)은 영적 불순종의 상징이며, 창조자에 대한 독립 선언인 것이다. 마찬가지로 위의 성경 구절에서 '영'이라는 말은 그리스도로 말미암아, 성령 세례로 다시 태어난 새로운 인간을 의미한다.

예컨대, 사도 바울이 '육신의 일을 열거할 때에(갈 5:19~21) 그는 육체에 관한 것(음행, 더러움, 술주정, 환락)만이 아니라, 영혼과 마음에 관한 것, 곧 방탕, 우상 숭배, 마술, 원수 맺기, 싸움, 시기, 분노, 당파심, 분열, 분파, 질투 등도 포함시키고 있는 사실에 주목하자. 또 더러움은 몸에 나타나는 일이라고 할지라도 그 근원은 분명히 영혼과 마음에 있다는 사실에 주목하자. 마찬가지로, 사도 바울이 육신의 일과 반대되는 것으로서의 '성령의 열매'를 말할 때 그는 사랑과 희락, 화평, 오래참음, 자비, 양선, 충성, 온유 등에 육체적인 것과 직접 관련되어 있는 절제를 덧붙이고 있다(갈 5:22~23).

우리는 여기서 산상 설교 가운데 유명한 구절을 음미할 필요가 있다. 예수님은 "여자를 보고 음욕을 품는 사람은 이미 마음으로 그 여자를 범하였다"(마 5:28)고 말씀하셨다. 나는 종종 젊은이들에게 성본능의 깊은 의미를 알려주기 위해 성경과 사랑에 관한 강연을 해왔다. 토론 시간에 이 성경 구절이 매력적인 여자에게 흘긋 눈길도 주면 안 되냐고 질문하는 경우가 있다. 이 구절은 적어도 그녀가 결혼했다는 것을 알면서도 탐내서 쳐다보는 것이 아닌 이상, 총각인 그에게는 해당되지 않는다는 사실을 분명히 지적해 주고 싶다. 사실상 주님은 여기서 간음에 대해 말씀하신 것이다. 그리고 그 말씀은 결혼은 전적으로 자신을 내어주는 것(self-giving)이 요구된다는 것을 확인하신 것이다.

　이 선언과 잇따르는 말씀에서 예수님은 또한 복음의 정신과 반대되는 율법적인 도덕의 위선을 경계하신 것이다. 모든 사람이 하나님 앞에서 동일한 죄인이라는 것이 진리임에도 불구하고, 자기들이 어떤 행위를 삼간다는 이유로 스스로 다른 사람들보다 선하다고 생각하는 사람들의 자만심을 지탄하신 것이다. 하나님은 인간의 마음 이면을 꿰뚫어 보시기 때문이다.

　성경에는 야곱이 레아보다도 더 아름답기 때문에 라헬을 사랑했던 일(창 29:17)과, 보아스가 여인 룻에게 매력을 느껴 그녀와의 합법적인 결혼에 장애가 되는 모든 문제들을 제거하고 자기의 욕구를 관철시킨 일을 보여준다(룻 4:1~13). 아무튼 젊은이의 마음속에 여인에게 매력을 느끼는 욕구와 그 아름다움에 끌리는 본능을 주신 분은 하나님이시요, 그녀에게 아름다움을 주시고, 이를 함양할 수 있도록 재능을 주신 분도 역시 하나님이시다.

09 꿈은 영혼의 열망이며 성령의 부르심

자연, 육체, 그리고 성본능의 성경적 의미를 연구하면서, 우리는 또한 꿈의 의미를 생각해야 한다. 꿈도 성경에서 중요한 위치를 차지한다. 성경에는 많은 꿈 이야기가 기록되어 있다. 그랄 왕 아비멜렉의 꿈(창 20:3), 야곱의 두 가지 꿈, 곧 하늘과 땅 사이의 사닥다리에 관한 꿈(창 28:12)과 '얼룩무늬 있는 수양, 점 있는 수양, 아롱진 수양'의 꿈(창 31:10), 야곱을 추적하였을 때 꾼 라반의 꿈(창 31:24), 유명한 요셉의 꿈, 곧 요셉의 형들로 표현된 곡식단과 별들이 요셉의 앞에 엎드려 절하는 꿈(창 37:5, 9), 요셉이 해몽할 애굽 왕의 술 맡은 자와 떡 굽는 자의 꿈(창 40:5~22)을 들 수 있다. 또 바로 왕의 두 가지 꿈, 곧 살찐 일곱 암소와 야윈 일곱 암소의 꿈과 충실한 일곱 이삭과 동풍에 마른 일곱 이삭의 꿈이 있는데 이 두 꿈도 요셉이 해몽하였다(창 41:1~7). 이 꿈 해석의 공로로 요셉은 일약 애굽의 최고 책임자로 임명되었는데 현대의 정신분석학자들 중에도 아직 이와 같은 성공을 거둔 자가 없다.

그런가 하면, 기드온이 그 꿈 이야기를 듣고 자기가 승리하는 예언으로 깨달은 적군 병사의 꿈(사 7:13)이 있다. 솔로몬 왕은 꿈 속에서 하나님에게 "지혜로운 마음을 종에게 주사 주의 백성을 재판하여 선악을 분별하게 하옵소서"라고 구하였다(왕상 3:5~9). 또 예언자 에스겔은 마른 뼈들이 다시 살아나는 꿈을 꾸었는데, 그 뼈들은 포로 된 이스라엘의 백성을 표현하는 꿈이다(겔 37:1~10). 그리고 느부갓네살 왕의 두 가지 꿈, 큰 우상의 꿈(단 2:31~35)과 큰 나무의 꿈(단 4:10~17)은 예언자 다니엘이 왕에게 해석해 주었다.

신약성경에는 우선 요셉의 두 가지 꿈이 있는데, 천사가 동정녀 마리아에게 나타나 성령으로 아기를 잉태하였다는 것을 말한 꿈(마 1:20)

과 또 다른 천사가 그에게 애굽으로 피난할 것을 명령하는 꿈(마 2:13)이다. 그리고 베드로의 큰 보자기의 꿈(행 10:9~23)을 통해 예수 그리스도로 말미암은 복음은 모든 민족들을 위한 것이요, 유대인들만을 위한 것이 아니라는 것을 깨닫게 하셨다. 사도 바울의 꿈(행 16:9)은 그를 유럽 선교 여행에 나서게 하였다. 끝으로, 요한의 계시록이 있다. 어쩌면 이 계시록은 꿈이라기보다는 오히려 환상(vision)에 관한 기록이다. 그러나 이 둘의 경계선을 명확하게 정하기는 어렵다. 그런 이유로 나는 기도하러가신 예수님의 모습이 변화한 사건(눅 9:28~36)을 포함시키지 않았다. 복음서 기자는 베드로와 그의 동료들이 곤하여 졸다가 아주 깨었다고 말하고 있다. 일반적으로 우리 기억 속에 남아있는 꿈은 잠이 끝날 무렵에, 다시 말해서 우리가 수면과 각성 사이의 명확하지 않은 경계를 지날 때 생기는 것이라고 여겨진다.

이 모든 꿈의 기록을 현대 정신 분석학에 비추어 다시 읽어보도록 강력하게 권하고 싶다. 여기서 우리는 성경적 관점에서 프로이드 학파와 융 학파 사이에 있는 관점의 차이를 고찰할 수 있다. 잘 알려져 있는 바와 같이, 프로이드[1]와 그의 제자들은 인간의 인격을 기계론적으로 보며, 인과 개념에 충실하여, 꿈 안에서 표출되는 본능적 충동을 '억압된 욕구의 충족'으로 본다. 이와 반대로, 메데르[2]에게 꿈이란 '꿈을 꾸는 사람의 상황의 예증'이다. 그리고 이 정의를 채택한 융[3]은 그의 많은 연구에서 우리를 인격의 목적적이며 영적인 개념으로 인도한다. 이 빛 안에서 보면 꿈이란, 충동만이 아니라 어떤 목적을 향하는 영적인 열망까지도 보여 주는 것이다.

나는 이 두 학파 모두에 진실이 있다고 생각한다. 프로이드 학파의 해석으로, 우리는 억압되어 있는 욕구와 무의식적 본능 충동을 잘 알 수 있다. 예컨대, 성경에 있는 꿈 가운데 요셉의 꿈이 프로이드의 정의에 꼭 들어맞는다. 요셉은 자신이 고백한 일도 없고 더구나 그것을 의식하진 않았지만, 형들을 지배하려는 욕구가 있었으며, 또 그들이 자기 발 앞에 엎드리는 것을 보고 싶었기에 그 욕구가 그의 꿈속에 가득 차 있었던 것이다.

그러나 그 꿈속에는 그 이상의 것이 있다. 사실 요셉은 말하자면 모성 고착(mother fixation)의 희생자이다. 그의 지배 욕구는 현실에서는 그의 어머니 라헬의 욕구이며, 그녀에 의하여 잠재의식에 암시되어 있는 것이다. 그 기원은 다음과 같다. 즉 창세기 29장 15~30절에 보면 야곱은 라반의 딸 레아와 라헬 두 아내의 남편이 되었다. 야곱은 '곱고 아름다운'(창 29:17) 동생 라헬을 사랑하였으나, 그녀는 아이를 갖지 못했고, 레아는 야곱에게 처음의 네 아들인 르우벤, 시므온, 레위, 유다를 낳아 주었다(창 29:31~35).

우리는 라헬의 격렬한 질투를 이해할 수 있다. 그녀는 우리가 볼 때 이상하게 여겨지는 방법을 선택했으나, 그것은 레비 브륄의 연구[4]에 의하면 '신비적 동일화'(mystical identification)로 설명되는 행위이다. 라헬은 자기의 여종 빌하를 남편에게 주어 동침하게 하였다. 그래서 빌하가 아들을 낳아 라헬의 무릎 위에 넘겨주었다. 이리하여 라헬은 빌하에게서 낳은 두 아들 단과 납달리를 자신의 아들로 여기게 되었다(창 30:1~8).

그런데 이제는 레아가 임신을 하지 못하게 되었다. 야곱이 돌보지 않는지도 모른다(창 30:9~13). 그 결과 비슷한 질투심이 레아에게도 생겨났다. 그래서 그녀도 같은 수법을 사용하였다. 자기의 여종 실바로 하여금 야곱의 두 아들 갓과 아셀을 더 낳게 하였다. 그 뒤를 이어서 레아와 라헬 사이의 언쟁의 원인이 된 합환채(자귀나무 : mandrakes) 이야기가 나온다. 이 식물은 그 이후 몇 세기 동안이나 임신의 효력을 지닌 약초라고 의사들에게 널리 인정을 받았다(아 7:13). 그런데 임신한 것은 합환채를 받은 라헬이 아니었다. 레아는 합환채를 동생에게 양보하였으나, 그 대신 야곱과 동침할 권리를 얻었다. 그래서 레아는 다시 두 아들 잇사갈과 스불론을 낳았다(창 30:14~21). 성경은 프로이드 학파가 주장하는 본능의 충동에 관한 실재론 문제를 절대로 간과하지 않는다.

이 이야기는 결국 라헬이 야곱에게 그의 열한 번째 아들인 요셉을 낳아 준 것으로 결말을 맺는다(창 30:22~24). 성경은 그녀의 심리가 현실에서 어떻게 나타났는지 그 결과를 암시해 준다. 즉 라헬은 자신의 태에서 낳은 이 아들에 대하여 특별한 사랑을 보여준다. 온갖 질투와 실망을 거듭했던 야망을 요셉에게 투사시킨 것이다. 요셉의 꿈은 그녀의 지배욕을 암시해 준다. 이 열정적 드라마의 비극적 결말은 의사인 내게 흥미를 불러 일으킨다. 모성에 대한 만족할 줄 모르는 열망을 지닌 여인 라헬은 야곱의 열두 번째 아들 베냐민을 낳고 죽게 된다(창 35:19).

이제 우리의 꿈 이야기로 돌아가 정신분석학자에게로 가보자. 프로이드의 꿈 해석은 영혼의 일면만을 밝혀주며, 한정된 부분적 설명만을 해준다. 취리히 학파는 프로이드 학파가 미처 발견하지 못한 채로 남겨두었던 새로운 사고의 길을 열어 주었다. 그리고 이 이론이 성경과 일치한다는 점이 매우 인상적이다. 예컨대, 야곱의 사다리 꿈은 메데르 박사의 정의에 꼭 맞는 해답이다. 그러나 특히 성경은, 꿈이 인간 영혼의 열망의 표현이며 또한 인간의 영혼을 향한 성령의 부르심이라고 보는 꿈의 목적론적 본질에 있어 융의 연구를 확증해 준다. 간단히 말해서 꿈은 자연 현상을 통해 인간에게 말씀하시는 하나님 말씀의 표현이다. 예컨대, 마리아의 남편 요셉의 꿈이나 베드로의 꿈에 대한 프로이드 학파의 해석은 거의 문제가 되지 않는다. 또 사도 바울은 꿈속에서 유럽으로 항해하라는 하나님의 부르심을 보았는데, 그 부르심은 대단히 효과적인 결과를 가져왔다.

나는 흥분된 감정이 이 두 학파 사이의 논쟁을 흐리게 만들었다고 생각한다. 이 두 학파는 우리에게 많은 것을 가르쳐 주었다. 이 두 학파는 영혼에 대해 각각 다른 측면을 통찰력 있게 보여준 것이다. 일반적으로 생각하듯이 이 두 가지 사상은 서로 모순된 것이 아니며, 성경도 역시 우리에게 이 두 가지 측면을 보여준다.

그러나 나는 더 나아가서 꿈이 프로이드와 융 학파의 두 가지 유형으로만 나눠질 수는 없다고 본다. 어떤 꿈에든지 프로이드 학파와 융 학파의 해석을 둘 다 적용해도 무방하다. 이것은 내가 가끔 적용하는 방법인데, 어느 쪽의 해석도 환자가 자신을 이해하는 데 분명한 도움을 준다는 것을 발견했다. 이해를 위해 간단한 예를 들어보겠다. 어떤 환자가 내게 그녀가 벌거벗고 내 앞에 서 있는 꿈을 꾸었다고 털어놓았다. 그 꿈에 대해 프로이드 학파가 어떻게 해석할지 쉽게 짐작이 갈 것이다. 그런 의미에서 그녀가 그 꿈을 내게 얘기하는 것은 매우 어려웠을 것이다.

그러나 벌거벗은 것이 섹스만을 의미하는 것은 아니다. 우리는 '벌거벗은 진실'(naked truth)이라는 말을 쓴다. 자신의 벗은 모습을 보인다는 것은 아무런 꾸밈도 남김도 없이 정직하게, 곧 있는 그대로의 자신을 보여준다는 것을 의미한다. 그것은 또한 완전한 신뢰로 모든 방어 태세를 벗어 던지고 자신을 맡긴다는 말도 된다. 나는 이 사실을 환자에게 설명해 주었다. 그녀는 즉시 이렇게 말했다. "그러고 보니 맞는 것 같아요! 지난번 상담 이후 줄곧 마음에 거리낌이 있었는데, 제가 선생님에게 솔직하게 말하지 않았던 것이 있었기 때문이예요."

같은 꿈이 다른 사람에게는 다른 의미를 지닐 수 있으며, 같은 사람에게서도 여러 가지 다른 해석이 나올 수 있다. 우리는 합리주의에 너무 젖어 있기 때문에 언제나 "어떤 해석이 옳은가? 누가 옳은가? 프로이드인가? 아들러인가? 메데르인가? 융인가? 혹은 다른 사람인가?" 하고 묻고 싶어진다. 합리주의가 이런 문제에 있어서는 아무런 소용이 없다는 것을 어느 날 깨닫게 되었을 때, 나는 안도의 숨을 내쉬었다. 합리주의는 딜레마와 모순을 일으킨다. 한편 여기서 우리는 화합의 장을 발견한다. 예를 들어, 위에 언급한 벌거벗음에 대한 두 가지 다른 의미에는 연합의 의미가 있다. 이 연합에 대해서는 앞에서 성과 관련시켜 말한 바 있다. 성적 사랑에 있어서 남김없이 자신을 내어주는 것은 영적 차원에서 자신을 전적으로 내어주기 위한 영혼의 열망의 상징이다.

결론적으로 성경적 관점을 예를 들어 묘사하면, 어떤 자동차는 뒷바퀴로 구동(후륜 구동)하지만 또 어떤 자동차는 앞바퀴로 구동(전륜 구동)한다. 프로이드의 본능 충동은 후륜 구동 자동차와 같은 것이며, 융이 요약한 영혼의 영적 열망은 전륜 구동 자동차에 비교할 수 있다.

그러나 성경에 묘사된 인간의 영혼은 사륜 구동 자동차와 같은 것이다. 이런 차도 실제로 존재한다! 성경적인 관점에서 보면 하나님이 인간에게 주신 살아 있는 영혼이라는 단일 엔진이 뒤에서 미는 프로이드의 본능과 앞에서 끄는 융의 열망과 함께 움직이는 것이다. 성경에 의하면, 본질적으로 행동하고 말하는 인간에게 본능을 부여하신 분도 하나님이시고, 또 인간을 하나님께 부르시고 그들 안에 소명 의식을 환기시키는 분도 역시 하나님이시다.

인간은 이러한 본능의 추진 부분에서 동물과 구별된다. 인간에게 독특한 점은 앞으로부터의 견인력이 인간의 영적 삶이라는 점이다. 하지만 성경적 관점에서 볼 때, 앞바퀴만 구동될 수 있는 자동차와 같은 동물이나 천사와는 달리, 인간은 완전히 함께 연합된 두 힘이 동시에 움직인다. 그 힘을 함께 움직이시는 분이 유일한 능력의 근원이신 하나님이시기 때문이다.

이러한 뒤로부터의 추진력과 앞으로부터의 견인력의 이미지에서 우리는 베르그송의 '도덕과 종교의 두 원천'[5] 곧 사회의 압력과 예언자의 호소를 연상할 수 있다. 또한 그 둘은 오디에가 말한 '기능'과 '가치'에 해당하며, 이 책의 서두에서 말한 '두 가지 진단'과 서로 통하는 점이 있다는 것을 염두에 두어야 한다.

끝으로, 나는 자신의 꿈을 분석하는 일에 즐거움을 느껴 그 치료를 끝없이 질질 끌고 가는 환자들 때문에 쩔쩔매는 동료 정신분석의들에게 전도서의 말씀을 보여 주고 싶다. "꿈이 많으면 헛된 것이 많고 말이 많아도 그러하다"(전 5:7).

이러한 모든 것은 매일매일 환자들을 만나는 태도에 실제적인 적용점을 보여준다. 뒤로부터의 추진력 밖에 보지 못하는 물질주의자, 생체주의자인 프로이드 학파 의사들은 인간 영혼의 영적 필요를 인정하지 않으며, 또한 질병과 그 치료에 있어 할 수 있는 역할을 인정하지 않는다. 그래서 그들은 본능을 영혼의 매임으로부터 해방시켜, 차의 뒷바퀴를 앞바퀴의 방향과 다른 방향으로 달리게 하는 것과 같이 인격과 분리시키는 일을 자주 하게 된다. 그러나 또한 전륜 구동 자동차처럼만 보고, 인간 본능의 신성한 특성을 인정하지 않는 이상주의적 의사들도 자연의 요구를 고려하지 않고, 영적 이상에 지나치게 열중함으로 역시 인격을 분열시킬 위험이 있다.

모든 사건에는 의미가 있다 10

"너희가 저녁에 하늘이 붉으면 날이 좋겠다 하고 아침에 하늘이 붉고 흐리면 오늘은 날이 궂겠다 하나니 너희가 날씨는 분별할 줄 알면서 시대의 표적은 분별할 수 없느냐"(마 16:2~3). 이 말씀은 예수님께서 자신을 반대하는 자들에게 하신 말씀이다. "기한이 찼을 때에"(갈 4:4), "때가 왔사옵니다"(요 17:1) 등 성경에는 표징이나 그 비슷한 표현이 자주 나타난다. 이러한 표현은 사건들이 우연히 발생하는 것이 아니라는 것을 보여준다. 하나님은 목적을 가지고 계시며, 역사는 의미를 지니고 있다. 예수님은 역사를 의미와 연결시킨다. 왜냐하면 자연에 의미가 있다면 세계도 의미가 있고, 세계의 역사도 의미를 지니는 것이다. 그리고 세계의 역사에 의미를 주며, 또한 민족과 개인의 역사에 의미를 주시는 것이 하나님의 목적이다. 이런 개념은 성경 전체에 일관성 있게 흐르고 있다.

하나님이 자신의 자유 의지로 어떤 특정한 백성, 곧 이스라엘 백성과 언약을 맺으셨다는 것(출 34:10)이 이상하게 보일지는 모르지만, 그 사실은 모든 성경 기자의 생각을 지배하고 있다. 이 언약은 역사 안에서 하나님께서 개입하심을 의미하는 것이며, 역사에 의미를 주는 것이 바로 이 개입이다. 이 의미는 예수 그리스도 안에서의 새로운 언약으로 더욱 깊어지게 되었다(히 12:24). 하나님께서 아브라함과 맺은 언약에서 예시하신 것처럼(창 17:4), 이 새로운 언약으로 믿는 자들이 선택된 민족의 제한된 땅으로 들어가게 되었다.

성경에서는 정치적인 역사도 의미를 지닌다. 예수님은 빌라도에게 말씀하셨다. "위에서 주지 아니 하셨더라면 나를 해할 권한이 없었으리니"(요 19:11). 전쟁에도 의미가 있다. "만군의 여호와 이스라엘의 하나님께서 이와 같이 말씀하시되 보라 내가 내 종 바벨론의 느부갓네 살 왕을 불러오리니… 그가 와서 애굽 땅을 치고…"(렘 43:10~11). 승리에도 의미가 있다. "주님께서 기드온에게 말씀하셨다. 네가 거느린 군대의 수가 너무 많다. 이대로는 내가 미디안 사람들을 네가 거느린 군대의 손에 넘겨 주지 않겠다. 이스라엘 백성이 나를 제쳐놓고서, 제가 힘이 세어서 이긴 줄 알고 스스로 자랑할까 염려된다"(삿 7:2). 패배에도 의미가 있다. "여호와께서 이스라엘에게 노하사 늘 아람 왕 하사엘의 손과 그의 아들 벤하닷의 손에 넘기셨더니"(왕하 13:3). 혁명에도 의미가 있다. "그는 때와 계절을 바꾸시며 왕들을 폐하시고 왕들을 세우시며"(단 2:21). 평화도 의미를 지닌다. "솔로몬이… 사방에 둘린 민족과 평화를 누렸으니 솔로몬이 사는 동안에 유다와 이스라엘이… 각기 포도나무 아래와 무화과나무 아래서 평안히 살았더라"(왕상 4:24~25).

여기서는 몇몇 성경 구절밖에 인용하지 않았지만, 실상은 성경 전체를 인용해야 할 것이다. 그러나 나의 목적은 성경 자체를 연구하기 위함이 아니므로 많은 예를 드는 것보다는 그 정신을 이해하는 편이 더 중요하다고 본다. 우리 상담실에 들어오는 모든 사람은, 그가 아프든 건강하든, 그의 상담 내용이 육체적이든 심리적이든 영적이든 간에, 그에게 일어난 일, 즉 질병, 불안, 슬픔, 감당할 수 없는 문제 등을 가지고 있다. 그는 이런 사건들로부터 무언가를 배우고 어떤 결정을 내려야 한다. 그가 어디서 도움을 발견할 수 있을까. 근시안적인 과학적 실용주의에서? 정신분석학자의 쾌락 원리에서? 아니면 하나님의 뜻을 구함으로서인가?

방금 위에서 언급한 정치, 평화, 전쟁에 성경에서의 법의 의미를 덧붙이고 싶다. 이것은 의학을 위한 성경적 메시지를 분명히 하는 데 도움을 줄 것이다. 먼저 신명기를 살펴보자. "후일에 네 아들이 네게 묻기를 우리 하나님 여호와께서 명령하신 증거와 규례와 법도가 무슨 뜻이냐 하거든 너는 네 아들에게 이르기를 우리가 옛적에 애굽에서 바로의 종이 되었더니 여호와께서 권능의 손으로 우리를 애굽에서 인도하여 내셨나니 곧 여호와께서 우리의 목전에서 크고 두려운 이적과 기사를 애굽과 바로와 그의 온 집에 베푸시고 우리 조상들에게 맹세하신 땅을 우리에게 주어 들어가게 하시려고 우리를 거기서 인도하여 내시고 여호와께서 우리에게 이 모든 규례를 지키라 명령하셨으니 이는 우리가 우리 하나님 여호와를 경외하여 항상 복을 누리게 하기 위하심이며 또 여호와께서 우리를 오늘날과 같이 살게 하려 하심이라. 우리가 그 명령하신 대로 이 모든 명령을 우리 하나님 여호와 앞에서 삼가 지키면 그것이 곧 우리의 의로움이니라 할지니라"(신 6:20~25).

여기서 먼저 행하신 이는 하나님이시다. 하나님이 자기 백성을 위해 만드신 법에 진정한 의미를 부여하신 것은 역사 안에 하나님께서 개입하시는 것이다. 출애굽기 20장에 있는 십계명은 다음과 같이 시작된다. "나는 너를 애굽 땅, 종 되었던 집에서 인도하여 낸 네 하나님 여호와니라"(출 20:2). 하나님은 자기 백성에게 계명을 주셨고, 먼저 그들의 역사 안에 개입함으로써 그들에 대한 사랑을 보이셨다. 십계명(출 20:1~17)에서 우리는 그 법의 의학적 의미라고 부르기에 적당한 말을 발견한다. 가령 "네 생명이 길리라", 혹은 "천대까지 은혜를 베푸느니라" 하는 구절이다. 하나님은 목적을 가지고 역사에 개입하신다. 우리가 하나님의 말씀에 복종하기를 힘쓰면 우리도 그 하나님의 계획에 참여할 수 있으며, 그 계획은 바로 '생명'의 법칙이다.

예수 그리스도에 의한 새 언약으로 얻은 구원은 구약에 나와 있는 애굽으로부터의 해방과 비슷하다. 이처럼 성경적 관점은 인간의 모든 것을 포함할 만큼 광범위하다. 하나님은 우리의 사랑을 요구하셨다. 그가 먼저 우리를 사랑하셨기(요 14:19) 때문이다. 하나님은 먼저 행동하시고, 그 사랑에 대한 반응으로 우리가 복종하며 하나님의 목적에 협력할 것을 요구하신다.

이러한 관점에서 볼 때 하나님의 법은 '율법주의적' 의미를 다 벗어버린 것이다. 나는 이 점을 특히 강조하고 싶다. 왜냐하면 우리는 성경의 율법주의적 해석이 낳은 답답한 결과를 잘 알기 때문이다. 예수님은 바리새인들과의 논쟁에서 이러한 해석을 거듭거듭 비난하셨다. 과학자로서 우리는 "당신은 강심제를 복용해야 합니다"라고 말할 수는 있다. 그러나 인간의 영혼을 치료하는 의사로서 환자에게 "당신은 …해야만 합니다"라고 하는 것은 성경적인 태도가 아니다. 그것은 단지 도덕주의자가 되어, 환자를 무시하고 그를 한 인격으로서가 아니라 어린애처럼 다루는 것일 수도 있다. 성경은 우리가 환자 스스로 하나님이 자기에게 무슨 일을 하셨는지, 그 사건을 통하여 하나님께서 그에게 말씀하시는 것이 무엇인지를 깨닫게 하며, 자유롭고 자발적으로 문제를 해결하고, 하나님께 순종할 수 있도록 환자를 돕기를 원한다.

여기서 나는 계속해서 사용하고 있는 '의미'라는 말에 대해 중요한 의견을 말하고자 한다. 아마도 독자들은 내가 일반적으로 보는 사물의 의미에서 어떤 특정한 사물의 의미로 갑자기 생각이 옮겨가는 방식에 놀라움을 느꼈을 것이다. 예를 들어, 자연에 대해서 일반적인 창조물의 의미에서 어떤 특별한 사람을 위한 의미로 옮겨가 버린다. 즉 일반적인 폭풍일 뿐만 아니라 그 폭풍 속에서 하나님의 소명을 발견했다는 특별한 천둥소리에 대해 말하는 것과 같다. 육체나 질병에 대해서도 마찬가지이다. 나중에 육체나 질병의 일반적 의미를 다시 논의하겠지만, 앞에서 어떤 질병이 특정한 사람에게 줄 수 있는 의미에 대해 말한 바 있다.

　여기서 검토하고 있는 역사의 의미에 대해서도 마찬가지로 적용된다. 일반적으로 역사라고 부르는 것에도 하나님의 목적이 있다. 그런데 이 문제에 너무 깊이 들어가게 되면, 의학의 문제에서 너무 벗어나게 되므로, 수잔 드 디이트리히의 *La dessein de Dieu*라는 책을 추천하고 싶다. 이미 언급한 바 있는 애굽으로부터의 해방, 예수 그리스도의 역사적인 삶과 죽음과 부활이 이런 일반적 의미에 대한 본질적인 길잡이가 된다. 다른 한편으로는, 우리가 경험하는 모든 사건들에도 특별한 의미가 있다. 그것이 내가 이 책을 병을 앓고 있는 동료 의사의 이야기로 시작한 이유이다. 독자들은 그 이야기를 하나의 배경막처럼 마음에 두고 모든 논의를 보기 바란다.

　그 동료 의사는 그의 질병이, 양심의 문제인 그의 삶과 특별한 문제와의 관계에서 매우 특별한 의미를 가지고 있음을 발견했다. 그 일반적 의미와 특별한 의미 사이에는 근본적으로 연관성이 있다. 내 동료 의사의 경우에서처럼, 자신이 질병에서 깨달은 특별한 의미는, 일반적인 모든 질병의 의미와 밀접하게 관련되어 있다. 질병은 인류가 타락한 이래 세계에 군림하는 무질서의 증상으로, 하나님의 질서의 은혜로만 바르게 회복할 수 있다.

　이처럼 성경은 일반적으로 역사 뿐 아니라 각 개인의 삶 속에서 일어나는 모든 사건들을 존중한다. 많은 사람들은 창조주가 세계를 일반적인 방법으로 지배하신다는 것을 인정하지만, 창조주가 자기들의 삶 속에서 일어나는 모든 사건에 친히 관여하시고, 가장 작은 사건에까지도 의미를 부여하신다는 사실은 인정하려고 하지 않는다. 성경은 지금 어떤 민족이나 개인의 삶 속에서 일어나는 모든 사건이 역사 안에서 모든 것을 포괄하는 하나님의 목적과 밀접하게 관련되어 있음을 보여준다. 이스라엘의 역사 안에서 모든 사건이 중요한 것은 하나님께서 이스라엘을 위한 목적을 가지고 계셨기 때문이다. 다시 말하면, 이스라엘 민족 한 사람 한 사람의 모든 순간이 하나님의 목적에 동참하는 것이었으므로, 그의 모든 삶이 중요했던 것이다.

하나님이 존재하지 않는다면, 세계의 모든 사건은 중립적이고, 단순히 유쾌하거나 불쾌할 뿐이며, 무의미하다. 그렇게 되면 모든 사건은 도스토예프스키가 말한 것처럼, 아무렇더라도 상관이 없으며, 의학적 문제에 있어서 유일한 지침은 과학적 지식이 제시하는 행동 과정의 경험들이 될 것이다. 그러나 하나님이 존재한다면, 모든 사건이 중립적일 수 없다. 우리의 모든 행동은 하나님의 목적을 돕는 방향이거나 하나님을 대적하는 것이며, 우리에게 일어나는 모든 일들 가운데서 하나님은 말씀하신다.

어느 날 한 소녀가 자기의 삶 이야기를 해주었다. 그녀는 무신론자로 자라나서, 형이상학적 문제로 고민한 적이 없었고, 단순히 과거의 습관이나 그때 그때의 충동을 따라서 살아왔다. 그런데 이 어린 소녀의 마음속에 하나의 고민이 생겼는데, 그 문제는 해를 거듭할수록 절박한 것이 되어, 마침내 강박증상으로까지 발전하게 되었다. '모든 사물의 의미는 무엇인가? 사물의 일반적 의미는 무엇이고, 특별한 의미는 무엇인가?' '순간적으로 오른쪽보다는 왼쪽으로 방향을 돌린 이유는 무엇이며, 그 정확한 동기는 무엇이고 본질적인 이유는 무엇일까?' 그녀는 자기 부모에게 그 일에 대해 말했지만 부모는 웃어 넘기며, '그런 건 쓸데없는 생각이야. 그런 건 다 잊어버리고 즐겁게 놀기나 해라'라고 말했다. 그러나 이 문제는 그녀의 뇌리에서 떠나지 않았고, 그녀는 매우 끔찍한 영적 고독감으로 괴로워했다.

그러던 어느 날 넓은 개울 위에 놓인 다리를 건너가면서 불현듯 그녀의 마음에 던져지는 빛을 보았다. 이 세계 전체에 대한 계획이 반드시 존재하며 자기 자신의 가장 미미한 몸짓도 이 포괄적인 계획과

조화되어 있을 때 의미를 지니고, 그것이 무엇인가 이바지하리라는 생각이 문득 떠오른 것이다. 깨달음은 그야말로 큰 안도감을 주었다! 그녀는 이 계획에 대해 말해줄 사람을 찾아다녔고, 결국 성경에 대해 알게 되었으며, 성경을 구해서 읽기 시작했다.

그러나 처음에는 그녀가 읽은 내용 중 대부분을 이해하지 못했으며, 계속하여 탐독한 신학 서적도 아무것도 깨우쳐 주지 못했다고 고백했다. 그러나 그녀의 직감은 틀리지 않았다. 하나님이 이 세계에 대해 목적을 가지고 계시고, 그 목적이 우리 삶의 모든 사건에 의미를 준다는 것이 바로 성경의 핵심인 것이다. 그렇기 때문에 성경이 우리에게 그처럼 중요한 것이다. 의학은 사람들의 삶을 건강하게 유지하도록 돕기 위해 존재하며, 환자들이 자연의 근본적인 조화를 파괴한 결과로 당하는 손상을 최대한 치유하기 위해 노력한다.

성경의 인물들은 모든 사건을 하나님의 표징으로 본다. 예를 들자면 예언자들 전부를 인용해야 할 것이다. 하나님은 그들에게 국가의 모든 상황, 즉 정치적 생활의 재난뿐 아니라 평화와 정의의 축복을 통해서 말씀하시고 행동하신다. 그들은 역사에서 얻은 이런 영적 메시지를 민중에게 전달하려고 노력한다.

그들은 하나님께 인도함을 받기 위해 노력한다. 하나님의 명령은 그들에게 치유자로서 올 수 있다. "너는 너의 고향과 친척과 아버지의 집을 떠나 내가 네게 보여 줄 땅으로 가라"(창 12:1). "들어가서 애굽 왕 바로에게 말하여 이스라엘 자손을 그 땅에서 내보내게 하라"(출 6:11). "너는 가서 이 너의 힘으로 이스라엘을 미디안의 손에서 구원하라"(삿 6:14). "가서 이 백성에게 이르기를…"(사 6:9). "일어나서 남쪽으로 향하여 예루살렘에서 가사로 내려가는 길까지 가라"(행 8:26). 또한 그들은 사건 속에서 하나님의 계명을 찾는다. 그들은 이런 관점에서 그들의 삶 속에서 일어나는 모든 일을 해석한다.

예레미야가 토기장이의 집으로 내려갔을 때, 토기장이가 자기 마음에 들 때까지 그릇을 빚는 모습 속에서 하나님의 메시지를 찾았다(렘 18:1~10). 그는 체포되어 감옥에 갇혔다. 그 후 토굴 속에 던져지고, 후에 해방되어 애굽으로 끌려갈 때에 그는 언제나 그 사건들이 하나님의 목적 안에서 무엇을 의미하는지를 알려고 노력했다(렘 37, 38, 40, 43장). 요셉을 애굽에 이르게 한 사건을 우리는 잘 알고 있다. 요셉은 자기 형들을 다시 만났을 때 하나님께서 자기를 이곳으로 보내셨다고 형들에게 말한다. 요셉에게 있어서 개인의 역사는 자기 가족과 자기 민족에 대한 하나님의 목적의 일부임이 명백하다. "하나님이 큰 구원으로 당신들의 생명을 보존하고 당신들의 후손을 세상에 두시려고 나를 당신들 앞에 보내셨나니"(창 45:7).

다윗은 사울에게 쫓겨 다녔다. 사울은 하나님이 자기를 대신해 다윗을 택해서 왕을 삼으려고 하셨기 때문에 다윗을 미워했다. 다윗이 두 번째로 사울의 진중에 몰래 침입하는 일에 성공하였을 때 사울 왕은 누워서 잠을 자고 있었다. 다윗의 시중을 드는 사람인 아비새는 조용히 속삭였다. "하나님이 오늘 당신의 원수를 당신의 손에 넘기셨나이다. 그러므로 청하오니 내가 창으로 그를 찔러서 단번에 땅에 꽂게 하소서. 내가 그를 두 번 찌를 것이 없으리이다"(삼상 26:8). 그러나 다윗에게 있어서 그것은 아량을 보이라고 하나님이 주신 기회일 뿐이었다. 그래서 다윗은 사울 왕의 창과 물병을 가져오는 것으로 만족하였다(삼상 26:12). 삼손이 아름다운 외국 여인과의 사랑을 탐닉하였을 때 그 부모는 몹시 놀랐다. 이 사건 또한 하나님의 계획 가운데 있는 사건이었다. "그의 부모는 이 일이 여호와께로부터 나온 것인 줄은 알지 못하였더라"(삿 14:4).

예수님은 친구 나사로가 병들었다는 사실을 아셨을 때, 하나님께서 나사로를 살려서 보여 주시려는 일을 믿음으로 미리 깨달으시고 제자들에게 이렇게 말씀하신다. "이 병은 죽을 병이 아니라 오히려 하나님의 영광을 드러낼 병이다. 이것으로 말미암아 하나님의 아들이 영광을 받게 될 것이다"(요 11:4). 사도 바울은 로마로 끌려가 죄수로 감옥에 갇혀 있을 때, 그 사건 속에서 그로 하여금 복음을 전파하게 하시는 하나님의 의지를 보았다(빌 1:12~14).

더 많은 예를 들 수 있다. 시편 전부를 인용할 수도 있다. 시편에서 시인은 역사 속에서 일어난 여러 가지 불가사의한 문제들, 곧 이 세상의 불의, 악한 자들의 승리, 무죄한 자들이 당하는 불행 등을 마음 속에 거듭거듭 생각하며 "내가 어쩌면 이를 알까 하여 생각한즉 그것이 내게 심한 고통이 되었더니"(시 73:16)라고 고백하고 있다. 그리고 좀 더 나아가서, 시편 기자는 역사에 대한 보다 넓은 입장에 서서 하나님의 올바른 목적을 분별하고, 하나님께서 인도해 주시기를 구하고 있다(시 73:24). 같은 정신으로 사도 바울은 "우리가 알거니와 하나님을 사랑하는 자 곧 그의 뜻대로 부르심을 입은 자들에게는 모든 것이 합력하여 선을 이루느니라"(롬 8:28)라고 선언한다.

하나님의 인도를 받기 원하는 욕망은 언제나 성경의 인물들을 지배하고 있다. 아브라함은 아들 이삭의 부인을 자기 조상의 땅에서 얻기를 원했다. 그래서 그런 여자를 찾으려고 하인을 보냈다. 하나님이 이삭을 위하여 예정해 두신 아내를 찾는 일은 참으로 어려운 임무였다. 그래서 그 하인은 하나님께 고한다. "우리 주인 아브라함의 하나님 여호와여 원하건대 오늘 나에게 순조롭게 만나게 하사 내 주인 아브라함에게 은혜를 베푸시옵소서. 성 중 사람의 딸들이 물 길으러 나오겠사오니 내가 우물 곁에 서 있다가 한 소녀에게 이르기를 청하건대 너는 물항아리를 기울여 나로 마시게 하라 하리니 그의 대답이 마시라 내가 당신의 낙타에게도 마시게 하리라 하면 그는 주께서 주의 종 이삭을 위하여 정하신 자라. 이로 말미암아 주께서 내 주인에게 은혜 베푸심을 내가 알겠나이다"(창 24:12~14). 그러자 "말을 마치기도 전에" 리브가가 물항아리를 어깨에 메고 나와 그와 같은 말로 대답하였다. 그 하인은 깜짝 놀라 리브가를 바라보았다. 성경의 기록에는 "그 사람이 그를 묵묵히 주목하며 여호와께서 과연 평탄한 길을 주신 여부를 알고자 하더니"(창 24:21)라고 덧붙인다.

성경의 인물들이 지속적으로 자신들에게 일어나는 사건을 통하여 하나님의 인도하심을 발견하려고 노력했다 하더라도 그들이 그런 사건을 잘못 해석한 적이 없다고 결코 단정지을 수 없다. 그것은 너무 지나친 기대일 것이다. 그런 일은 천국에서나 있을 법한 일이요, 땅 위에서는 일어나기 힘든 일이다. 우리는 이미 잠들어 있는 사울 왕 옆에서 다윗과 아비새의 의견이 서로 달랐던 사실을 보았다. 이제 다음 예에서 그 문제의 심각성을 보게 될 것이다.

만일 우연이라는 것이 없다면, 그리고 만약 사람이 하나님께 표징을 구하여도 좋다면, 하나님의 뜻을 '우연 그 자체'로 발견하려고 애쓰는 것은 잘못된 일인가? 초대교회는 그렇다고 생각했던 것 같다. 유다는 예수님을 배반했고, 유다를 대신해서 그 일을 한 사람이 필요했다. 초대 교회는 유다를 대신할 새로운 사도를 뽑기로 했다. 초대 교회의 관심은 사람의 견해를 따르기보다 하나님의 뜻을 따라 새로운 사도를 정당하게 선택하는 데 있었다. 두 사람이 사도의 자격이 있다고 인정되었다. 그들은 유스도라는 별명을 가진 요셉과 맛디아였다. "그들이 기도하여 이르되 뭇 사람의 마음을 아시는 주여 이 두 사람 중에 누가 주님께 택하신 바 되어 봉사와 및 사도의 직무를 대신할 자인지를 보시옵소서. 유다는 이 직무를 버리고 제 곳으로 갔나이다 하고. 제비 뽑아 맛디아를 얻으니 그가 열한 사도의 수에 들어가니라"(행 1:24~26).

우리는 하나님께서 직접 뽑으신 열두 번째 사도, 바울을 잘 알고 있다. 하나님은 교회를 심히 박해했던 사도 바울을 택하셔서 그를 다메섹 도상에서 압도하셨다(행 9장). 바울이 이룩한 선교의 결과를 생각할 때 우리는 하나님의 마음이 초대 교회의 좁은 견해보다 얼마나 더 멀리 보고 있었는지를 알 수 있다. 하나님은 인간이 아무리 성실하게 하나님의 인도를 구했더라도 인간이 만든 딜레마에 말려 들어가시지는 않는다. 하나님은 우리 마음대로 움직이시는 분이 아니다. 그는 비밀을 가지고 계신다. 우리가 표징을 구해볼 수는 있으나, 하나님의 주권은 우리의 이해를 초월하신다. 그는 스스로 숨어 계시는 하나님 이시다(사 45:15). 그분의 의지대로 자신을 계시하시는 하나님이시며, 우리가 열심히 "하나님을 더듬어 찾아 발견하게"(행 17:27) 하시는 분이시다.

2부

마술적 신앙과 치유

마술적 신앙의 미묘한 속임수 11

하나님은 우리 뜻대로 움직이시는 분이 아니다. 하나님의 비밀을 꿰뚫어 보고, 징조를 알아보며 그의 능력을 우리 마음대로 부릴 수 있다고 주장하는 것은 신앙이 아니라 마술이다. 이것은 심각한 문제이다. 그리고 여기서 이 심각한 문제를 검토할 것이다. 독자들은 이 책을 읽는 동안 내가 모든 자연과 역사가 의미를 가지고 있다는 성경의 전체적인 윤곽을 왜 먼저 보여주었는지 이해할 것이다.

모든 것이 의미가 있다는 사실은 원시적인 야만인의 마음이 아닌가? 그런 특성은 미신에서 나타나는 것이 아닌가? 의사들에게 그의 업적이 잘 알려진 레비-브륄은 이 점을 분명하게 지적하고 있다. "원주민의 마음 속에는 우연이라고 할 만한 것은 없다. 그들은 어떤 일이 우연히 일어날 수 있다는 개념조차 없다. 반대로 마법에 대한 생각은 항상 가지고 있다."[1]

원시인들은 모든 것에 의미가 있다고 생각하는 것이 사실이다. 그들은 우리가 가진 과학적 사고를 전혀 모르며, 가까이 접하지도 못했다. 그들의 심리 상태와 반응을 이해하기 위해서는 우리의 과학적인 관점을 벗어버려야 했다. 자연 법칙으로 지배되는 엄격한 인과의 법칙이 있다는 생각은 원시인들에게는 전혀 생소한 것이다. 만약 문명인들이 그들에게 이제 일식이 있을 것이라고 말했는데, 정말 일식이 일어난다면 그들은 문명인들이 어떤 마술적인 힘으로 그런 일을 일으켰다고 확신한다. 그들은 문명인들이 일식을 계획하였기에 그것을 예언할 수 있다고 생각할 것이다. 또한 의사가 환자에게 약을 주어 병을 고쳤다면, 그들은 의사와 약이 마술적 힘을 가졌다고 생각한다. 그러나 만약 그 의사가 다른 병을 앓고 있는 다른 환자에게 똑같은 약을 주지 않는다면, 의사가 그에게 악의를 품고 있기 때문이라고 생각한다. 좀 더 난처한 일은 그 의사가 어떤 약을 주었는데 그 원주민 환자가 아직 낫지 않았다면 이튿날 찾아와서 불평을 터뜨린다(문명인들에게도 이런 일이 종종 발생한다). 그 약이 마술적 치료 효과를 지니고 있다면 왜 치료가 늦어지냐는 것이다. 원주민들은 가끔 자기들을 치료해 준 의사에게 선물을 요구한다. 의사가 자기들에게 신세를 졌다고 생각하기 때문이다. 자기들이 그 의사의 병원에 입원할 것을 허락하였고, 그가 주는 이상한 음식을 먹었으며, 물약을 마셨고, 그가 시키는 대로 X-레이 장치 앞에 서 있었으며, 의사의 모든 제멋대로의 행동에 맞추어 주었기 때문이다. 그러나 입원 기간이 연장되면 그들은 '위대한 마술사인 백인 의사가 이렇게 환자를 오래 지체시키면서 도대체 무엇을 하려는 것인가? 그가 환자들에게 무슨 수작을 벌이려고 하는 것인가?' 하는 의심을 품게 된다. 문명인들의 마음속에도 이러한 의심이 일어날 수 있다!

원주민들은 이 세계를 신령한 힘이 끊임없이 작용하는 장소로 생각한다. 그 신령한 힘이란 때로는 자비롭고, 때로는 악의에 차 있다. 그것의 의도가 무엇인지를 짐작해야 하며, 그것으로부터 환심을 사야 하고, 그것의 해악을 피해야만 한다. 그 일은 원시 사회에서의 절대적인 지배력인 마법으로 행해진다. 이리하여 그들은 자연적인 원인에 의한 죽음을 생각할 수가 없다. 만약 누군가가 죽었다면, 그는 죽을 수밖에 없었기 때문이며, 운명의 여신이 그를 택하였기 때문이다. 이제까지 종교적 경외심으로 상담을 했던 마법사가 이번에는 그 마술적 힘 때문에 미움을 받는다. 왜냐하면 마법사가 초자연적인 힘을 선한 방향으로 조정할 수 있다면, 그는 또한 그 힘을 피할 수 없는 악을 가져오는 데에도 사용할 수 있기 때문이다.

레비-브륄은 매우 신중하게 간호하여 어떤 원주민을 치료해 준 한 부인에 대한 이야기를 해주었다. 결론적으로, 원주민들은 그 병을 그녀가 일으켰다고 생각했다. 이유인즉, 만일 그녀가 그 사람의 병을 일으킨 장본인이 아니라면, 어떻게 그 병을 없애는 방법을 알 수 있었겠냐는 것이다. 특히 죽은 사람의 혼령도 두려움의 대상이다. 그 혼령은 보이지 않게 살아 있는 사람 중에 거한다. 혼령은 종족을 수호하며 원수에 대하여 승리하게 할 수 있는 기원의 대상이 된다. 그러나 또한 그들의 원한을 신비스럽게 발산시키며 산 사람들에게 끔찍하게 복수할 수도 있다.

　이런 세계에서는 모든 것이 의미가 있으며, 운명의 비밀을 드러내는 데 도움이 될지도 모른다. 예를 들어, 새들이 나는 방식이나 우는 방식은 어떤 틀림없는 징조로 생각한다. 그들은 그러한 징조 위에 그들의 모든 신앙 체계를 세우며, 그 신앙의 권위는 의심할 수 없는 것이라고 생각한다. 징조에 대한 그들의 신앙이 너무나 강해서 입장이 불리해져도 징조가 잘못되었다는 생각은 전혀 하지 못한다. 그래서 그 징조가 거짓이라는 것을 증명할 만한 기회조차 없다. 그러므로 그들의 경험으로는 결코 그 신앙의 그릇됨을 증명할 수 없다.

　레비-브륄은 여기에서 한 가지 중요한 점을 지적한다. 원주민의 마음에 있는 그 신성한 새는 "사건을 단지 알려주기만 하는 것이 아니라 그 사건을 불러오기도 한다. 그 새는 눈에 보이지 않는 존재의 대변자로 예언하며, 눈에 보이지 않는 존재 그 자체로서 움직이는 것이다."[2] 그래서 새는 상징이라는 말 이상의 의미를 지닌다. 현대 사상은 상징이라는 개념을 보존해 왔으나, 그 의미를 단순한 시적 은유(image)의 상징에 국한시키고 있다. 우리에게 있어 봄의 상징은 달맞이꽃과 아네모네 꽃에만 국한된다. 그러나 원주민들에게는 봄에 지저귀는 할미새는 봄을 만들어 내는 힘을 가지고 있는 것이다. 마치 에드몽 로스탕의 유명한 시 '수탉'에서 그 잘난 체하는 수탉이 자기의 기고 만장한 "꼬끼요"라는 소리가 잠들어 있는 시골 마을에 울려 퍼지게 함으로 태양을 떠오르게 하는 것이라고 확신하는 모습과 비슷하다.

정신분석학자들에 의하면, 우리가 의식하는 현대 사상은 순전히 합리적이고 과학적인 인과의 개념에 지배되고 있다. 그러나 우리가 가진 잠재의식의 전체 조직 체계는, 그 반대로 원주민처럼 사물의 상징적 의미에 의해 지배되고 있다. 달비에의 프로이드에 관한 훌륭한 연구 중,[3] 특히 '효과 기호'에 대한 부분을 읽어보면 꿈은 억압에 관한 '효과 기호'이다. 다시 말해서, 꿈의 상징은 억압된 사물의 '효과 기호'이다. 달비에는 프로이드의 견해가 과학적 결정론에서 얼마나 멀리 동떨어져 있는지를 논증했다. 효과 기호는 과학적인 의미에서 인과 관계의 연결 고리로 볼 수 없다. 따라서 역행되는 인과 관계, 즉 예지(prevision)와도 관계가 없다. 달비에는 효과 기호는 시적인 상징 이상의 것이라고 결론지었다. 효과 기호는 상징되어 있는 사물의 심상 이상의 것이며, 그것은 심리학적 실재에 상응하는 밀접한 관계를 가지고 있다. 그러므로 효과 기호는 시적 심상에 속하는 것이 아니라, 엄밀하게 결정론에 속하는 것이다.

융은 이것보다 더 앞서 나아간다. 그는 자기가 제시한 '원형'의 개념에서 상징을 모든 사람들에게 공통적으로 있으며 불변하는, 정신적인 힘의 수준으로 올려 놓았다. 이집트인들의 마술적 의학을 비웃는 현대인에게 융은 그 마술적 의학의 밑바탕에 흐르는 건전성과 그 실제 진료의 유효성을 대담하게 주장했다. 한 고대의 이집트인이 뱀에게 물린 사건을 그는 이렇게 바라본다. "이집트인 의사는 그 특수한 재난을 신화의 도식에 맞추어 위대한 '태양신'이 뱀에게 물렸다는 경전의 구절을 인용했다. 그 이야기를 하는 자체는 치료 방법에 불과하지만 … 이야기의 이미지가 그 환자의 전인격을 붙들고 있었기 때문에 그의 혈관과 내분비선의 반응이 위험 상태에 있었던 체액

의 균형을 회복시켜 주었다"고 융은 기록했다.[4]

나는 이 흥미로운 이야기를 뒤에서 다시 다루겠지만, 그들이 발견한 것은 원시인들의 마음이 현대인들에게는 이상하게 보일지 모르지만, 우리 속에서는 단지 잠자고 있을 뿐이라는 것이다. 그 마음은 여전히 우리 잠재의식 속에 있으며, 그것이 그곳에서는 절대적인 지배력을 발휘한다는 점이 다를 뿐이다. 그러므로 그 원시적인 마음은 우리와 무관하지 않으며 아직도 살아있다. 이 마음은 합리적인 이성이라는 눈에 보이는 무대 뒤에 숨어서 보이지 않게 활동하고 있는 것이다.

이제 여기서 레비-브륄이 밝힌 문제의 핵심을 언급해 본다. 더 상세한 것은 뒤에 어린이와 문명화된 신경증 환자와 관련시켜서 다시 다룰 것이다. 어떤 원시인 종족 몇 사람이 통나무배를 타고 나섰다고 해보자. 만일 왼쪽에 어떤 새들이 날아다니는 것을 보면 그들은 불길한 징조라고 결론짓고 그 항해를 중단한다. 그러나 항해를 시작한 지 이미 여러 날이 지나서, 목적지에 거의 다 도착할 즈음에 이런 상황이 일어났다면, 항해를 중단한다는 것은 말도 안 되는 일이므로, 자기들의 통나무배를 반대 방향으로 돌린다. 그렇게 되면, 그 새들이 오른쪽에 날아다니고, 그 징조는 그들에게 유리하게 보이므로, 그 상황에서 구제를 받게 되는 것이다! 그들은 강변에 내려 종교 의식을 위한 불을 지피고, 자비를 베푸신 신들에게 감사의 뜻을 표한다.

레비-브륄은 또 다른 예를 든다. 원시인들이 초가집을 지을 만한 곳으로 간다. 그러나 그들이 불길한 징조의 새 소리를 듣는다면 더 이상 무슨 일이 있어도 그 일을 시작하지 않는다. 이 새들이 갑자기 울음을 그치고, 성공을 기원하는 다른 새들이 울기 시작하면 그것은 행운의 표징이다. 그렇게 되면 즉시 건축이 시작된다. 그런데 작업하는 중에 불길한 징조의 새 소리가 다시 들리면 낭패스러운 일이 될 것이다. 그래서 악대를 불러다가 북을 두드리면서 어떤 새 소리도 들리지 않게 한다.

모든 사건을 일으킨다고 생각하는 영적 힘에 대한 원시인들의 태도는 종교적인 경외심과 경멸이 기묘하게 혼합되어 있는 것처럼 보인다. 그들은 어린애들과 흡사하다.

사실상 우리는 문명화된 아이들에게서도 같은 심리 상태를 볼 수 있다. 아이들은 원시인들과 비슷한 상황에 놓여 있다. 모든 것이 그들에게는 신비하게 보인다. 아이들은 사물에 대한 합리적 원인을 이해할 수 없다. 그래서 그들의 입장에서 이성적이지 않은 원인을 상상해 낸다. 그들에게는 부모가 전능한 신적 존재처럼 생각되므로, 부모의 보호와 돌보심을 확보해야 한다고 생각한다. 부모가 없으면 모든 것이 두렵고, 그들이 함께 있으면 아무것도 무섭지 않다. 아이들은 부모를 존경하고 두려워하며, 또 필요할 때는 짓궂은 장난을 치기도 한다. 우리는 원시인들에게도 일종의 논리가 존재한다는 것을 앞에서 이야기했다. 그 예로 일식 이야기를 들 수 있는데, 동일한 논리를 어린이에게서도 발견할 수 있다. 나는 여기서 피아제의 연구[5]를 참고하려 한다. 그는 이러한 유아적인 논리를 상세히 연구하여, 그것을 '전논리'(prelogic)라고 하였다. 원시인들과 마찬가지로 아이는 자기 주변에서 느끼는 호의적인 힘과 악의적인 힘을 인격화 한다. 만일 그가 머리를 책상에 부딪친다면, 그는 그 책상에 악의가 있다고 생각하고 책상을 때리면서 "나쁜 책상!"이라고 소리지르며 벌한다.

피아제는 또한 어린이들에게서 원시인들이 통나무배를 타고 징조에 반응한 일을 생각나게 하는 행동도 있음을 지적하였다. 예를 들어, 자기가 하고 있는 게임의 규칙에 대한 어린이의 태도를 보자. 아주 어린 아이에게 있어서 규칙은 신성하고 침해하지 못할 것으로 생각된다. 즉 마술같은 것이다. 그러나 아이가 자라면서 규칙이란 함께 노는 아이들이 모두 동의하면 바꿀 수 있는 사회적 약속이라고 생각하게 되는 것이다. 원시인들과 비슷하다고 생각되는 흥미로운 점은, 좀 큰 아이들은 규칙을 존중하며 충실하게 지키는 반면에, 어린아이들은 규칙에 대한 마술적인 믿음이 있으면서도 필요에 따라서는 속임수를 쓴다는 점이다.

또한 상징이 어린아이들에게 미치는 영향력을 생각해 보자. 어린아이가 의자를 거꾸로 놓고 그 다리 사이에 걸터앉아서 상상으로 말을 채찍질하며 놀 때, 그 의자는 단순히 말을 상징하는 것이 아니라, 말 바로 그 자체인 것이다. 마찬가지로 아버지는 권위를 상징하는 것이 아니라, 의심할 여지가 없는 권위 그 자체이다. 비록 아버지가 아이에게 권위에 맞지 않는 태도를 보이더라도 그렇다.

마찬가지로, 아기 때부터 늘 입맞춤을 해주던 어머니의 굿나잇 키스는 단순히 상징적인 모성애가 아니라, 그 입맞춤 자체가 사랑이기에 아이는 입맞춤 없인 살아갈 수 없는 것이다. 나의 환자 중 몇 사람은 어린 시절을 회상하면서, 어머니가 벌로 입맞춤을 거부했던 밤에 죽을 것 같은 괴로움을 느끼며 잠을 이루지 못하고 뒤척였던 경험을 이야기한 적이 있다. 어른의 눈으로 보면 그것은 간단한 벌이거나 도덕적 압력을 가하는 한 방법에 불과하지만, 어린아이에게 있어 이 입맞춤의 상실감은 상상할 수 없는 충격이며, 지울 수 없는 상처가 되는 것이다.

어머니가 지닌 마술적 힘에 대해 생각해 보자. 아이가 넘어졌을 때, 어머니가 무릎 위에 올려 앉히고 그 아픈 곳에 입맞추면서 말한다. "자, 엄마의 입맞춤으로 다 나았어요. 이젠 아프지 않을 거야." 그러면 정말로 눈물이 멈추고, 아이는 더 이상 아프지 않다. 엄마가 그렇게 말했기 때문이다. 그러나 어머니 자신이 상처를 입었을 때 누군가가 그렇게 말한다면 그 어머니는 무척 화를 낼 것이다.

부모들은 너무나 자주 이런 마술적 힘을 남용한다. 그 마술적 힘이 자기들에게 주는 우월감을 즐기는 것이다. "네가 엄마 말을 안 들으면 어떤 끔찍한 일이 일어날 것이다"라든지, 혹은 "무서운 사람이 너를 잡아갈 거다"라든지, 좀 더 심하게는 "그런 짓 하면 엄마는 죽어버린다"라고까지 표현하는 부모가 있다.

그러나 아이가 좀 더 자라면, 그 원시적인 심리에서 벗어나게 된다. 그리고 객관적인 판단이 가능해지면서 그의 부모가 거짓말을 했다는 사실과 부모도 불완전한 존재라는 것을 알게 된다. 그 때에 부모들은 내심 대단히 분개하게 된다. 왜냐하면 그들의 편리한 마술적 신망이 떨어졌기 때문이다. 그래서 종종 그 신뢰를 회복하려고 좀 더 심하게 위협하거나 강력한 명령을 내리거나 '존경'을 강요하는 등 큰 실수를 저지르기도 한다.

원시인과 어린아이들의 마술적 심리상태는 신경성 환자나 정신병 환자에게서도 흔히 발견된다. 그러나 여기서는 정신병 환자에 대해서는 언급하지 않겠다. 정신병 환자는 마술적인 관념 속에 완전히 사로잡혀 있어, 정신병 환자의 관념은 현실을 떠나 상상의 세계에 있기 때문이다.

우리에게 훨씬 더 중요한 것은 건강한 사람에게서도 흔히 찾아볼 수 있는 신경증이나 마술적 생각으로 표현되는 좀 더 미묘한 부분이다. 샤를르 오디에 박사는 그의 저서 「마술에 대한 명상언어」에서 이 사실에 대한 훌륭한 기록을 남겼다.[6] 그것을 읽은 후 그의 설명이 옳다는 것을 증명하는 사례를 날마다 경험했다. 그것은 신경증이란, 유아적 퇴행 현상이라는 것을 더욱 확실하게 해주는 사례들이다.

이것은 특히 심각한 신경적 강박증에서 뚜렷하게 나타난다. 이들은 복잡한 관습의 노예이다. 우리는 스스로 생각할 때도 그것이 불필요하다는 것을 잘 알고 있으면서도 하루에 백 번씩 손을 씻지 않고는 견딜 수 없는 불행한 사람들을 본다. 또 어떤 사람들은 그렇게 해야 하는 특별한 동기가 없으면서도 자물쇠나 가스 밸브 또는 침실에 있는 많은 사소한 도구들의 배치를 몇 번이고 조심스럽게 점검해야 잠을 잘 수 있다. 나의 환자 중 자기 성경책을 여러 장의 종이로 감싸야만 마음이 편해지고 복잡한 귀신 쫓아내기 의식을 치른 후에라야 성경책을 펼칠 수 있다는 사람도 있다.

가벼운 신경성 질환에서도 마술적 신앙을 쉽게 발견할 수 있다. 그들은 흔히 신비의식이나 마술적인 힘, 점성술에 잘 사로잡히며 돌팔이 의사, 투시력을 가진 것 같은 인격 감화의 숙련자들에게 놀라운 믿음을 보인다.

감성적인 혼란으로 고통을 받는 예민한 사람도 있다. 나의 환자였던 그의 병은 정말로 사소한 감정의 변화, 심지어 즐거운 감정에 의해 영향을 받아서 시작되기도 하였다. 그는 그런 감성에 대해 매우 흥분하거나 신경을 곤두세우고, 상상력을 동원하여 설명하기도 하는데, 그것이 그의 신경을 더 예민하게 하고, 자기 자신과 감정에 온 신경을 집중하게 하였다. 그는 그를 상담한 모든 의사들에게 짜증을 냈다. 왜냐하면 그들은 모두 자기 자신에 대해 너무 걱정하지 말라고만 당부했기 때문이었다. 마침내 그는 유명한 약초 상인을 찾아갔는데, 그 사람은 바로 그를 이해해 주었다. 그 상인은 "당신 속에 무언가가 당신을 곪게 하고 있습니다"라고 말했고, 그 이후로 그와의 상담은 실패할 수밖에 없었다. 누구든지 자신을 곪게 하는 것이 있게 마련이라고 그에게 아무리 설명해 주어도 소용이 없었다. 나는 그 마술적인 말의 위세를 잠재울 수가 없었다.

신경성 질환을 가진 많은 사람들은 자기 주변의 모든 사람들에게 불평과 불만으로 가득 차 있다. 내가 만일 그 사람에게 "당신은 참된 친구를 가지고 있습니까?" 하고 묻는다면, 그는 격정적인 어조로 대답할 것이다. "아! 친구 같은 이야기는 내게 하지도 마세요. 나는 친구라는 사람들에게 모두 실망했습니다. 다시 친구를 사귀느니 차라리 아무도 사귀고 싶지 않습니다." 그리고는 아주 진지한 표정으로 이렇게 덧붙일 것이다. "사실 나는 이런 악한 세상에 맞지 않습니다. 나는 위선을 견딜 수가 없습니다. 만약 내 친구가 거짓말한 것을 알게 되면, 그와의 관계는 끝입니다. 다시는 그 친구를 신뢰할 수 없게 됩니다. 아무런 이상도 가지지 않은 세상에서 나는 너무 높은 이상을 가지고 있습니다!"

조금만 생각해 본다면, 그것은 일종의 마술적 태도이며, 동화의 세계에서나 있을 법한 일임을 알 수 있다. 이 가엾은 사람은 어렸을 때 가졌던 아름답고 착하며 어진 힘센 요정과 만나는 꿈을 어른이 되어서도 꾸고 있는 것이다. 이런 심상이 자기가 만나는 친구에게도 투영되는 것이다. 그리고 더욱 불행한 현상은 자기가 약혼한 사람에게도 이런 심상을 투영시키는 것이다. 그는 처음에는 친구나 약혼자에게서 좋은 점을 발견하고 무한한 존경의 정을 느낀다. 그러나 그가 상대방에게서 결점을 발견하는 순간, 훌륭하다고 생각했던 모든 품성은 다 무너져 내리고 절망 밖에 남는 것이 없다. 여기서 우리는 원시인들이 마술사에 대하여 느꼈던 존경심이 돌연 적개심으로 변하는 것을 다시 보게 된다.

오디에 박사는 '자포자기적 신경증' 환자에 있어서 그 '대상'이 행하는 마술적 역할을 자세하게 기술하고 있다.[7] 즉 그에게 마술적 대상이 되는 인물은 병적으로 환자의 감정을 지배해서, 환자는 자기의 모든 병이 다 그 인물에게서 온다고 믿는다. 또한 그 인물에게서만 구원이 온다고 기대한다.

이것은 정신 요법에 있어서 가장 위험한 것 중 하나이다. 모든 환자들은 의사를 마술사처럼 보려는 경향이 있다. 그것은 치료에 성공을 가져오는 한 요인이 될 수도 있으나, 마술적 기교 그 자체가 주요 요인이 된다면 매우 위험한 일이 된다. 나로서는 그것을 신뢰하지 않으며, 전력을 기울여 그 문제와 싸우고 있다. 그런 환자는 의사가 실패한다면, 의사에게 비난을 퍼부을 것이고, 자기들의 불행이 모두 의사의 책임이라고 생각할 것이다. 우리는 여기서, 앞서 설명했던 현대인의 태도, 즉 세계에 대한 과학적 관점에 수동적이 되어, 자기 자신의 병에 대해서 외적인 원인만을 보고, 외부로부터의 도움만 기대하는 태도를 발견할 수 있다.

12 과학은 마술 신앙에서 인간을 해방했나

앞의 이야기들은 우리가 이미 잘 알고 있는 것인지도 모른다. 그래서 성경적 세계관이나, 자기의 질병에서 깨달을 수 있는 사물의 의미 또는 하나님으로부터의 표징에 대하여 이야기하면, 그것은 원시적 발달 단계로 돌아가는 일이며, 원시적인 성향이 그 지위를 회복하려고 싸우고 있는 것이라고 생각할 수도 있다.

원시인이 자연에 마술적 해석을 부여하는 것은 그가 자연을 과학적으로 연구하지 못하기 때문이 아닐까? 많은 사람들은 인류의 역사가 미개한 마술적 불안으로부터 점점 해방되어가는 과정이라고 생각하며, 이런 과정이 과학의 역할이라고 믿는다. 그들은 진지하게 인류의 안녕을 생각하는 성실한 사람들이다. 그들은 이 세상에서 과학이 지닌 구세주적 사명을 정직하게 믿는 사람들이다. 나는 이 마술의 문제를 더 자세히 다루어 보고 싶다. 왜냐하면 그것은 우리가 직면해야 하는 심각한 문제이기 때문이며, 또한 자신의 견해를 충분히 이해하는 반대론자들과 솔직하게 토론하기를 원하기 때문이다. 그들이 오직 과학만이 인간을 미개한 정신 상태로부터 해방할 수 있다고 확신하는 이유를 좀 더 유심히 관찰해 보기로 하자.

그들은 원시인과 어린아이와 신경증 환자에게는 공포라는 공통점이 있다고 한다. 오디에 박사는 "마술 신앙의 출발점은 공포이다"라고 말한다.[1] 왜 그런 현상이 일어나는지 알 수 없고, 그로 인해 종종 피해를 입어야 하는 자연 현상에 둘러싸인 원시인은 공포를 느낀다. 여기서부터 그의 마술적 해석이 생겨난다. 그는 자신을 둘러싸고 있다고 느끼는 그 힘을 의인화하여 그 힘에 악 혹은 선의 속성을 붙여 준다. 그는 징조를 발견해서 그 힘의 변덕을 미리 예측하려고 애쓴다. 그는 사물에서 의미를 찾아낸다.

어린아이도 마찬가지의 상황 속에서 똑같이 무력감을 느낀다. 그는 부모의 보호와 부모가 그에게 줄 음식과 돌봄을 필요로 한다. 아이는 부모를 신처럼 생각한다.

신경증 환자는 자신의 행동과 감정, 그리고 자신을 지배하는 잠재의식의 피해자이다. 그도 또한 이러한 어둡고 이해할 수 없는 힘에 직면하여 무력감을 느낀다. 그도 역시 보호를 간절히 찾아 헤맨다.

오늘날 과학은 사물의 메커니즘을 설명함으로써 사물에 대한 까다로운 신비성을 제거한다. 동시에 과학은 그 현상의 원인을 다룸으로써 사람들에게 그 자신을 효과적으로 보호하는 방법을 보여준다. 폭발하는 태풍, 불로써 땅을 치는 번개, 무서운 천둥, 이런 것들을 고대의 신화에서는 제우스나 주피터 때문이라고 여겼다. 원시인은 이런 현상을 죽은 자의 혼이 복수한다고 보았고, 어린아이와 신경증 환자는 이러한 천둥, 번개로 인해 침대에서 벌벌 떨며 무서운 밤을 보낸다. 그런데 과학은 이 모든 것들을 설명한다. 과학은 대기 중에서 전기를 측정하고 폭풍을 예보한다. 더구나 과학은 전기의 법칙을 연구하고, 지구와의 친화성과 땅 속으로 연결되어진 금속의 첨단에 있는 전기를 끌어당기는 성질을 연구한다. 이렇게 해서 피뢰침이 발명되었고, 이로 인하여 많은 재해를 피할 수 있게 되었으며, 사람들은 공포에서 해방되었다.

소나기 뒤에 우리가 볼 수 있는 아름다운 무지개, 거기서 노아는 하나님의 자비의 표징을 보았다. 그러나 그것은 빗방울이 만들어 놓은 프리즘에 빛이 굴절된 효과 외에 아무것도 아니었다. 그것은 한 조각의 수정을 가지고도 재현할 수 있다. 그러나 이 무지개는 하나님으로부터의 표징이며, 아름다운 시상이었다! 시인들은 항상 그런 식으로 말한다. 그리고 자기들이 좋아하는 대로 그 속에서 많은 상징을 보게 한다. 그러나 우리는 그들의 말을 시로써 받아들이지 결코 진실로는 생각하지 않는다. 진실을 말하는 것은 과학이다. 모든 결과는 그 원인을 가지고 있다는 사실, 거기에 아무런 숨은 의미가 없다는 사실, 공포는 무지의 결과라는 사실 등을 말해 주는 것은 과학이다.

반대론자들의 결론은 이제 명확하다. 원시인에게 과학적 지식을 전해 주고, 아이를 학교에 보내서 마술 신앙을 소멸시키면, 동시에 그들이 느낀 불안이라는 무거운 짐도 없어질 것이라고 생각한다. 그리고 신경증 환자에게는 자신이 어떤 신비한 힘에 사로잡혀 있다는 불안한 느낌을 주는 그의 잠재의식 안에 작용하는 심리학적 메커니즘을 보여 주어야 한다고 말한다. 그래도 여전히 사람들은 무엇인가를 두려워하며, 재난과 전쟁의 위협은 끊임없이 지속되고 있지 않은가? 그러나 반대론자들은 이렇게 말할 것이다. 과학은 아직 유년기에 있을 뿐이며, 사회학과 정치경제학을 연구하여 사회를 과학적으로 조직하려 하고 있으며, 수백 가지의 새로운 기술을 발명하고 있는 과정이라고 변명할 것이다. 그들은 모든 사물에 의미가 있으며, 하나님이 창조하셨다고 생각하고, 자연 현상 안에 하나님의 목적이나 표징이 있다고 보는 성경은 구시대의 유물이며, 과학이 그런 구시대적 생각으로부터 인류를 구원한다고 생각한다.

반대론자들은 의학에 있어서 과학은 몸과 마음의 메커니즘을 연구하여, 이중의 이익을 가져온다고 본다. 첫째로, 과학은 질병의 참된 원인을 발견함으로써 효과적인 치료방법을 찾아낼 수 있다. 중세기의 재난이었던 큰 전염병들은 사라졌다. 소독법은 해산에 결부되어 있던 산욕열(분만할 때 생긴 생식기 속의 상처에 구균 따위가 침입하여 생기는 병—역자 주)에서 출산을 해방시켜 주었다. 외과 수술에서도 믿을 수 없을 정도로 진보적인 발전이 있었다. 열광적인 신자들이 아무런 증거도 없이 하나님의 기적으로 치료되었다고 하는 몇몇 안 되는 사례들에 비해 무수한 성공 사례를 보여 주는 과학적인 의학을 자랑스럽게, 그리고 정정당당하게 제시할 수가 있다.

둘째로, 과학은 어떠한 영적 의미를 보려고 하는 마술적 해석으로부터 해방시켜 준다. 그런 모든 생각은 순수한 공상이고, 환자들이 당하는 괴로움 가운데 가장 해로운 것이다. 그들이 병들었다면, 그것은 단순히 과학으로 연구되고 설명될 수 있는 일련의 현상일 뿐이지, 그 밖의 모든 것은 동화적인 것에 불과하다. 병에 있어서 신비한 것은 없다. 만일 거기에 여전히 무슨 설명할 수 없는 것이 있다면, 과학이 언젠가는 그것을 밝혀줄 것이라고 반대론자들은 생각한다.

선교사들의 보고에 의하면, 원주민들은 질병을 일종의 더러움이라고 취급한다. 기독교로 개종한 신자들이라도 병이 들었을 때, 자기들이 하나님께 거부당했다고 생각하기 때문에 감히 성찬식에 참여하지도 않는다.[2] 성경의 인물들이나 오늘날의 그리스도인들이 질병을 하나님의 형벌로 보기도 하지만, 그것은 단지 이런 마술적인 편견의 잔재에 불과하다. 많은 환자들, 특히 신경성 불편을 호소하는 사람들 중에서 질병에 대한 잘못된 치욕감을 가지는 경우가 많다. 그것은 그들의 윤리적 저항심을 손상시키며 치료를 더욱 어렵게 만드는 요인이 되기도 한다.

인간의 구원을 과학에서 찾고자 하는 의사들의 안목으로 본다면, 종교는 단순히 위로를 위한 하나의 도구일 뿐이다. 과학적 측면에서 그것이 사람의 마음을 움직여주는 것이기는 하지만, 질병이나 사회적 부정에 대한 다른 치료 방법이 아직 없었던 시대에나 필요한 시도였다. 또한 종교는 역사적으로 보면 원시인의 마술 신앙으로 설명될 수 있는데, 다행스럽게도 과학이 그 원시인들을 거기서 해방시켜 가고 있다고 생각한다. 세계에 대한 성경적 해석이나 교회의 여러 의식, 그리고 보이지 않는 실재들이나 '내세'에 대한 신앙은 모두가 마술 사상의 잔재에 불과하다.

우리는 기독교가 단순히 종교라는 견해를 과학자에게도 확신하도록 함으로써, 결과적으로 기독교적 경험은 마술 이외에 아무것도 아니라는 인상을 과학자에게 심어주었다는 사실을 솔직하게 인정해야만 한다. 나는 공공연하게 정신적인 혁신을 주장했기에 감동적이면서도 나를 난처하게 만드는 많은 편지들을 자주 받았다. 그 중 하나를 읽어보자. "저는 기적적인 체험을 한 적이 있습니다. 저는 암을 앓고 있었는데 기도로 그것을 고쳤습니다. 제가 의사에게 그 이야기를 했더니 그는 쉽사리 믿지 않고, 웃으면서 나의 병이 정말로 암이었던 것이 확실했느냐고 묻는 것이었습니다."

현대 문명은 과학만이 인간을 고대의 마술적 또는 종교적 생명관으로부터 해방시킬 수 있다고 믿는다. 우리는 모두 이러한 역사관을 학교에서 배워 흡수하였다. 학교는 공공연하게, 그렇지 않으면 암암리에 그러한 역사관을 공식적으로 가르치고 있다. 무신론자들은 그것을 공개적으로 언명하며, 그들의 과학적 활동에 박차를 한다. 그리하여 물리학자, 의사, 법률가, 경제학자들은 자기들이 몽상가나 시인이나 철학자나 설교자들보다 인류의 복지에 훨씬 큰 공헌을 하고 있다고 생각한다.

그렇다면 그리스도인들은 어떤가? 그 사실을 인정하지 않고도 때때로 이러한 견해를 함께 가지고 있지는 않은가? 그래서 반대론자들에게 머뭇거리는 모습을 보여 주는 것은 아닌가? 왜냐하면, 그들이 자라면서 받아 온 신앙이나 개인적 체험을 통해 받아들인 신앙과 이 견해가 마음속에서 잘 조화되기가 어렵기 때문이다. 그들의 반응은 방어적이어서 신앙적인 적용을 감정의 영역에만 국한시키려고 한다. 감정의 영역에서는 이성과의 갈등이 모두 면제될 것이다. 신앙은 묵상 생활에서는 꽃을 피우지만, 외부의 적극적인 생활과의 접촉에서는 조심스럽게 방어한다. 이러한 그리스도인들은 내적인 영적 생활에서는 전능하신 하나님과 깊이 교제하면서도 실제 삶의 행동에서는 불신자들과 똑같이 과학과 기술의 정확하고 객관적인 자료만을 의지한다.

그리하여 많은 그리스도인 의사들은 그들의 종교를 직업의 현장에서 분리해 둘 필요가 있다고 진지하게 믿고 있다. 그 둘을 혼합한다는 것은 어느 편에도 득이 될 것이 없다고 믿기 때문이다. 의학은 기술적인 사항이다. 의학의 과학적 지식은 객관적이며, 모든 의사에게 동등하게 유효하다. 그러나 그들의 종교는 의학과는 아무 관계가 없다고 생각한다. 그렇지만 환자를 대하는 자세에서는 복음서에 나오는 사랑의 이념을 따라 행동한다고 믿는다. 물론이다. 그러나 많은 비그리스도인 의사들도 자신의 환자에게 사랑과 헌신을 보여준다. 그들도 그리스도인 의사와 마찬가지로 환자에게 직업적 양심과 존경을 보인다.

분명 신앙이 감정의 영역에 협소하게 적용되고 있으며, 그 이상 의학에게는 줄 만한 것이 없게 되어버렸다. 의학은 의심없는 과학에 지배당했다. 이러한 생각을 가진 의사들은 우리의 연구 대상인 성경에 데해 종교적 경건 이상으로 생각하지 않으며, 개인적인 신앙으로 알며 묵상할 만한 가치가 있는 책이지만, 직업적 활동 영역 밖의 책으로 생각한다. 그에게 있어서 성경은 교훈적인 이야기와 시적 상징의 모음일 뿐이다. 이런 의사는 더이상 성경적 관점으로 사물을 볼 수가 없다. 모든 사물이 의미를 지니고 있다든지, 하나님이 모든 사건들 가운데 관여하신다는 생각은 그에 의하면 낡은 마술적 세계관의 유물이며, 오늘날에는 다행스럽게도 엄격하게 정해진 메커니즘의 과학적 개념이 그것을 대체하게 되었다.

이러한 시각으로 보면, 하나님이 홍해를 갈라놓는 일에 관여했다고 믿은 이스라엘 사람들이나, 폭풍 속에서 하나님의 음성을 들었다고 믿은 욥은 각각 자기들의 주관적 관점을 따른 것일 뿐이다. 그들은 성경의 모든 말씀을 다 믿을 필요는 없더라도 우리 가슴에 무언가를 말해주는 아름다운 말씀으로 그 기록들을 간직하자고 말한다. 우리는 요정 이야기를 읽는다. 그리고 그리스 신화도 읽는다. 그것들은 시적 상상 이상의 것이 아니지만 그 속에도 역시 깊은 진리가 포함되어 있다. 우리는 여기서 상징의 의미에 대해 다시 생각해야 한다. 그들은 성경적 기록은 여전히 대단히 귀중한 것이지만, 단지 시적 상징으로서만 존재한다고 생각하게 되었다. 이집트로부터의 탈출, 시내 산에서의 하나님과 모세와의 대화, 예수 그리스도의 기적적 탄생, 그의 치료 행위, 그의 죽음과 부활, 성찬식의 은혜, 그 모든 것이 현대적 의미에서는 단지 이미지로 존재하는 상징이 되었다.

그러나 만약 신화적인 것이 있다면, 그것은 과학에 의하여 인간이 해방된다는 주장이다. 그 주장은 객관적으로 검토하면 순식간에 무너질 것이다. 분명 과학은 인간을 공포로부터 해방시키지 못한다. 현대인들은 그의 미개한 조상들과 마찬가지로 마음에 공포가 가득하다. 이 점에 있어서는 모든 심리학자들이 동의한다. 오스카 포렐 박사는 '형이상학적 고민'이라는 문제가 오늘날에도 인간의 근본적인 두려움으로 남아 있다는 것을 솔직하게 언급한다.[3] 그러나 아무도 그를 기독교적 편견을 가졌다고 비난할 수 없다. 과학자들도 다른 사람들과 똑같이 공포감을 느낀다. 노벨물리학상 수상자이며 원자 폭탄 발명자의 한 사람인 해롤드 우레이[4] 박사는 다음과 같이 말한다. "나는 당신들을 두렵게 하기 위해 이 글을 쓴다. 나 자신도 두려움을 느끼는 하나의 인간이다. 내가 알고 있는 모든 과학자들도 다 두려워한다." 오늘날 점점 더 많은 과학자들이 과학의 한계를 분명히 자각한다. 즉 과학은 사물의 서술, 즉 실제적 영역에 가장 효과적인 서술 이상의 것이 아니다. 과학은 우리에게 사물 그 자체에 관해서는 아무것도 말해 주지 않는다. 더구나 과학은 그 연구의 주요 대상으로 삼는 물질 혹은 에너지에 대해서도 말하지 않는다. 그러므로 인간의 마음을 괴롭히는 문제들에 대해서는 결코 해답을 줄 수 없다.

정신분석학자들은 사물의 의미와 창조, 자연, 생명, 죽음, 그리고 영원성의 의미 같은 문제들이 환자의 마음에 고민을 안겨준다고 말한다. 과학 문명의 중심에서 이 문제들은 원시인의 마음을 괴롭힌 것과 같은 방식으로 현대인의 마음을 괴롭힌다. 융도 넓은 의미에서 종교는 여전히 모든 환자들의 지배적인 관심사라고 단정했다.

한 가지 차이점이 있다면, 현대인에게는 그 관심사가 무의식적인 것인데 반하여, 원시인에게는 그것이 의식적 사고 안에 가득 차 있었다는 것 뿐이다. 과학적 인간은 '형이상학적 고민'으로부터 해방되었다고 잠재의식 속에서 그 고민을 억압하는 것에 불과하다. 심리학을 연구하는 사람이라면 누구나 이처럼 억압된 관념이 훨씬 더 위험하다는 것을 알고 있다.

심층심리를 특별히 연구하지 않은 독자라 해도, 과학이 마술 신앙으로부터 인간을 해방했다고 말할 수 없음을 인정할 것이다. 그것은 이론이 아닌 증거이다. 공신력 있는 일간신문이나 가장 건전한 월간지를 보라. 주술이나 점성술에 대한 광고가 지면의 많은 부분을 차지하는 것을 발견할 것이다. 점치는 집에 가보면, 과학이 낡은 편견을 극복했다고 말하던 사람들이 진지한 표정으로 줄지어 기다리고 있는 것을 볼 것이다. 어떤 대학 강사가 나를 찾아와서 일을 좀 더 효율적으로 하기 위해 그의 점성술을 병용하는 것이 어떠냐고 제의한 일도 있다.

한번은 어떤 기술자와 상담을 했는데, 인간은 좀처럼 객관적이 되기 어렵기에 아무도 객관적일 수 없으며, 나 자신도 다른 누구보다도 객관적이라고는 말할 수 없다고 그에게 말했다. 그러자 그는 "객관적인 사람들이 오직 한 부류가 있는데, 그것은 우리 기술자들입니다. 왜냐하면, 우리 일은 둘에 둘을 보태면 넷이 된다는 것을 끊임없이 생각하게 해 주기 때문입니다." 그러나 잠시 후 자신이 오랫 동안 외도를 했던 이유는 자기 여자 친구가 미래를 볼 줄 아는데, 자기 아내가 얼마 후에 죽을 것이라며, 그렇게 되면 모든 것이 다 잘될 것이라고 예언했기 때문이라고 했다. 그는 그녀를 맹목적으로 믿고 있었다. 그 예언은 맞지 않았지만, 그는 계속해서 점성술에 관한 책들을 탐독하였다.

한 걸음 더 나아가서, 국가가 시행하는 복권 추첨이 어디서나 크게 성행하고 있음을 생각해 보라. 국가는 마술 신앙을 이용해 돈벌이하는 방법을 아는 것이다. 복권 추첨 광고에 널리 사용되고 있는 네잎 클로버라든지 검은 고양이 등의 마술적인 상징물들을 보라. 모든 광고 홍보업자가 그 슬로건과 함께 마술적 방식을 사용한다. 현대 인간이 활자화된 언어의 마술이나 기계의 마술, 국가의 마술, 혁명의 마술에 얼마나 지배되고 있는지를 곰곰이 생각해 보라. 인민을 종속시키고, 비판적인 정신을 막고, 폭도들의 당파적 격정을 방치하고, 그들의 망상적 열광주의를 구사하여 그들이 신격화하고 있는 독재자를 열렬히 환호하며 맞이하는 그것이 마술적 신앙이라는 사실은 부정할 수 없다. 그리고 역시 인간 상호간에 편견을 불어넣어 일체의 객관적 토론을 불가능하게 하는 것도 마술적 신앙이다.

그리고 마지막 기묘한 모순은 과학 그 자체가 마술적 위신을 자행하는 것이다. 무신론자들은 '과학의 기적'을 만족스럽게 이야기할 것이다. 내가 위에서 언급한 과학이 구세주라는 생각은 그 분명한 합리주의에도 불구하고, 마술에 대한 인간적 갈망의 결과에 불과하며, 신기한 것에 대한 인간의 염원, 구원을 요구하는 인간의 목마름에 불과하다.

과학은 또한 질병, 생명, 죽음 등의 의미에 대한 질문을 인간들의 마음으로부터 없애지 못했다. 과학적 의학은 사물에 대한 이러한 생각들을 단호히 추방함으로써 환자들을 더욱 고독하게 만들고 그들을 의문 앞에 무방비 상태로 방치해 두었다. 이 책의 서두에서 말한 나의 병든 동료를 회상해 보라. 그는 병원 침대에서 홀로 외롭게 고통을 당하고 있었으나 헌신적인 의사들은 혈액 배양에 대해서만 생각하고 있었던 것이다.

13 좋은 마술, 하나님과의 사귐

　현대인은 그 겉모습과는 달리 자신의 본성이나 동기에 대한 자각이 적고, 또 그가 그런 것에 직면했을 때 고독감을 느끼는 일이 비교적 많다는 사실이 명백해지고 있다. 우리는 신비롭고 위협적인 영들에 둘러싸여 있는 원시인을 가엾게 여기지만, 적어도 그들은 자기들의 공포를 자기 종족 모두와 함께 분담하고 있어서, 문명인들에게 너무나 흔한 무시무시한 정신적 고독감을 느끼지는 않았다. 그리고 원시적인 종족은 그것이 잘못된 것이라 할지라도 단정적으로 마술적 해석을 내리고 그것을 의심하지 않기 때문에 만족감을 느낀다. 그와 마찬가지로 자기가 속해 있는 당파의 모든 변명이나 표어를 주저 없이 받아들이는 현대의 광신자도 회의주의자보다는 행복하다. 그리고 이것은 오늘날에도 여전히 원시적인 사고방식이 존재함을 보여준다.

　불확실한 것은 오류보다도 견디기 어렵다. 이제 과학은, 과학이 해답을 주지 못하는 문제들을 배제함으로서 인간을 홀로 방치해 두었다. 과학은 사물의 의미에 있어서 전적인 불확실성 가운데 인간을 남겨 두었고, 그 질문들은 여전히 그를 괴롭히고 있다. 질병으로 고통받는 사람들은 자기의 질병에도 의미가 있는 것인지, 그리고 그 의미는 무엇인지에 대한 질문으로부터 결코 벗어날 수 없을 것이다.

　그리고 우리가 보아온 대로, 현대인은 이 문제를 임의대로 해석하여, 그것이 옳으냐 그르냐를 알지 못한 채, 자의적으로 해석하도록 방치하였다. 많은 동료 의사들이 나처럼 질병에 대한 아주 터무니없는 설명을 들은 적이 있을 것이다. 그것은 감정적인 요소가 가장 많이 차지하는 '금기시된' 주제이며, 해석적 메커니즘의 통제를 받는다. 자위행위에 대해 예를 들면, 수많은 환자들이 자기 자신이 현재 앓고 있는 질병의 진짜 원인이 자위행위 때문이라고 생각한다. 즉 지금의 질병이 젊은 시절에 자위행위에 굴복했던 나쁜 습관에 대한 하나님의 형벌이라고 생각한다. 실제로 나는 심장비대증 때문에 고통받는 한 환자로부터 받은 편지에서, 자신의 병이 자기가 전에 가졌던 자위행위 습관 때문이라고 말하는 것을 보았다. 그녀는 자기 주치의에게는 감히 물어볼 용기가 없어서, 그 문제에 관해 나의 의견을 듣고 싶다고 했다. 나는 그녀 자신에게 회복의 능력이 있다고 답했다. 종종 어머니들이 순간적으로 자녀들에게 "망할 자식! 꺼져버려!"라고 무자비한 저주를 퍼붓는 경우를 본다. 그런 자녀들 중 꽤 많은 환자들이 효과적인 치료에 실패하거나 돌팔이 의사의 희생양이 되는데, 그들은 환자가 저주에 빠졌거나 귀신에 사로잡혔다고 주장함으로서 그 실패를 덮어 버린다.

이 점에 대해서는 설명이 필요하다. 아마 귀신이라는 개념이 실제로 성경에 있지 않느냐고 이의를 제기할 것이다. 성경에서, 적어도 신약성경에는 귀신 이야기가 자주 언급된다. '병자를 고치는 일' 과 '귀신을 내쫓는 일' 을 같은 뜻으로 표현하기도 하고(마 9:34), 예수님께서 귀신에게 말씀하셨다는 기사도 볼 수 있다(마 17:18). 성경적 관점에서 악(惡)은 마귀들이 도덕적 악과 질병의 원인을 초래하는 것으로 보았기 때문에(계 18:2) 단순한 선의 결핍이거나 자연의 실패만이 아니다. 그것은 나름대로의 전투 대열과 작전을 가진 적극적인 인격적 힘이다. 질병과의 싸움에 있어서 많은 의사들은 수동적이지 않은 영리하고 교활한 적과 대면하고 있다는 느낌을 받을 것이다.

그러나 예수님의 시대에 흔히 어떤 질병과 연관시켜 사용되었던 '귀신'(devil)이라는 말은 내가 방금 이야기한, 치료에 실패하고 원통해하는 엉터리 의사의 경우에서 사용된 뜻과는 전혀 다른 의미로 사용되었다는 것을 주의할 필요가 있다. 엉터리 의사들이 환자에게 "당신은 귀신에게 사로잡혀 있다"고 말한다면 그 환자는 자기가 특별한 저주를 받고 있다고 느끼면서 물러갈 것이다. 나는 또한 성경에서는 귀신을 어떻게 생각하고 있느냐고 질문하는 환자들은 언제나 신경증 환자들이었다는 사실을 발견했다. 그들은 귀신을 다만 신경증으로만 생각하고 있었으며, 그러한 태도는 이 신경증이 어떤 사악한 것과 관련되어 있다고 생각하는 일반적인 생각과 일치한다. 성경은 정신적인 질병뿐만 아니라, 육체적 질병도 귀신으로 인해 생길 수 있다고 말한다.

그러나 자신이 앓고 있는 질병의 의미를 알려는 인간의 욕구에 대해 나는 다만 그 문제의 주관적인 측면만을 지적할 수 있다. 날로 증가하는 객관적이고 과학적인 관찰에 관한 많은 사례는 질병이 가지고 있는 내적 의미의 문제를 우리에게 제시한다.

이를테면, 결핵의 발병 원인에 관한 휴브슈만 박사의 연구[1]를 살펴보자. 그는 네 명의 환자를 대상으로, 감염원으로 생각되는 환경과 발병하도록 약화된 상태의 변화를 세밀하게 검토하였다. 그는 또한 병의 원인으로 추측되는 환경과 병이 나타나는 시기에는 일정한 기간이 있다는 것을 발견했다. 질병은 환자가 의식적 욕구와 무의식적 저항으로 분열되어 심각한 심리적 갈등으로 고민하게 될 때, 바로 그 때 발병한다는 것을 발견한 것이다. 육체적 질병 혹은 어린이의 죽음과 같은 사례까지도 그런 심리적 드라마를 분석해 준다. 그것은 마치 "심리적으로 건강한 사람이 육체적으로도 건강하다"라는 말처럼, '심리적 치유의 상태가 세포든, 조직이나 기관이든, 혹은 어린이든간에 몸의 일부분을 상실하는(희생하는!) 것' 처럼 느껴진다.

이것은 대부분의 의사들에게는 아직 익숙하지 않은 사고방식이지만, 의학에 대한 시야를 넓혀줄 것이다. 의사라면 누구든지 질병이란 차례차례 잇따라 증세를 일으킨다는 사례를 잘 알고 있을 것이다. 휴브슈만 박사가 말한 것처럼, 심리적 장애와 육체적 질병이 서로 번갈아가면서 일어나는 일도 있고, 혹은 여러 가지 육체적 질병이 차례차례 발생되는 경우도 있다. 이러한 여러 경우에 우리는 불가피하게 그 병의 '의미'를 생각하지 않을 수 없다. 그런 일들이 생겨나는 것은 순수한 우연의 일치라고 보기는 어렵다.

설명이야 어떻든 간에, 장기(organic)에 관한 질병일 경우에도 기계론자들의 이론처럼 그렇게 단순한 것이 아니라는 것을 분명히 이해했을 것이다. 심리학적인 측면에서, 이제 불안과 마술 신앙에 관한 샤를르 오디에 박사의 연구[2]로 다시 돌아간다. 신경증 환자를 지배하는 마술적 심리상태의 역할을 증명하고, 그러한 환자들과의 합리적인 토론이 전혀 쓸데없다는 것을 보여 주고 나서, 오디에 박사는 아래와 같은 실제적 결론을 끌어낸다. "하나의 마술은 또 하나의 마술로만 대적할 수 있다."

독자는 이 결론이 무엇을 의미하는지를 분명히 이해할 것이다. 과학이 합리적인 해석으로 인간을 마술적 심리상태로부터 해방시킨다는 주장을 부정하는 것이다. 마술적 심리상태는 처음부터 인간에게 주어진 고통의 짐이라는 것을 우리는 보았다. 또한 단순히 사물의 의미를 부정한다고 해서 과학이 인간을 그 짐으로부터 해방시킬 수 없다는 것을 보았다. 신경증이든 정치적 문제이든 최악의 질병은, 과학의 모든 진보에도 불구하고 그 집요한 심리적 요인에 뿌리박고 있다. 그러므로 다른 치료 방법이 필요하게 된다. 오디에 박사의 말대로, 우리는 '또 하나의 마술'을 필요로 한다. 이를테면, 마술적 사고방식 그 자체의 기반 위에 서서 그 사고방식에 응해주는 것, 즉 과학이 처리하지 못하는 '사물의 의미'를 찾아야 한다.

좋은 마술이라는 것이 존재할 수 있을까? 나는 이런 표현을 정신분석학자인 메데르 박사에게서 들었다. 그렇다면 이 '좋은 마술' 이란 대체 무엇일까? 그것은 원시적 심리상태의 터무니 없는 해석으로 잘못 표현된 답을 대신하는, 사물의 의미에 대한 진실한 답변이 될 것이다. 그리고 그것이 바로 성경이 우리에게 주고 있는 해답이다!

앞장에서 언급한 과학적 합리주의자들의 논지는 모두 중대한 오해에 근거를 두고 있다. 즉 마술과 성경과의 혼동, 원시인이 믿는 미신과 성경이 준 계시와의 혼동 등이다. 마술과 성경이 모두 사물에 의미를 부여하려고 하기 때문에, 많은 선량한 그리스도인들은 오늘날도 이 둘을 잘 혼동한다. 과학은 시대에 뒤떨어진 마술적 편견으로부터 인류를 반드시 해방시켜야 한다. 그런데 인간은 종종 성경과 마술적 편견을 같은 것으로 취급하는 오류를 범한다.

성경과 마술을 혼동해서는 안 된다. 이 두 가지는 가장 첨예하게 서로 대립되어 있다. 이 문제를 놓고 성경 전체를 다시 읽어 보라. 당신은 거기서 원시적인 마술의 태도가 계시를 통해 주어진 진정한 믿음의 태도와 어떻게 다른지를 분명하게 구분할 수 있을 것이다.

이스라엘인들은 마술적 신앙으로 가득 찬 나라인 이집트를 떠났다. 그들은 점쟁이와 마술사와 점성가들이 들끓는 미신적인 이방인들의 중심인 팔레스타인에 그들의 거처를 정했었다.

이집트로부터의 탈출은 하나님이 그 선택된 민족을 건강하지 못한 환경으로부터 끌어내어 해방하신 하나의 상징이다. 광야에서 보낸 40년의 기간 동안 많은 시련과 많은 투쟁, 그리고 많은 우여곡절을 통해 하나님께서 시내 산에서 계시하기 시작한 계명은 사물에 대한 참된 의미와 진정한 믿음을 발견할 수 있도록 그들을 이끌었다. 그 후 팔레스타인 토착민들과의 여러 차례의 싸움과 이교도들과의 결혼 금지, 그리고 외국의 영향을 받아 이스라엘에 도입한 이방 신들의 예배에 대한 예언자들의 치열한 투쟁, 이 모든 것은 진정한 믿음이 마술에 대항해 싸우는 끝없는 싸움의 일부인 것이다.

"너희는 … 술법을 행하지 말며 … 죽은 자 때문에 너희의 살에 문신을 하지 말며 무늬를 놓지 말라 … 너희는 신접한 자와 박수를 믿지 말며 그들을 추종하여 스스로 더럽히지 말라"(레 19:26, 28, 31). "접신한 자와 박수무당을 음란하게 따르는 자에게는 내가 진노하여 그를 그의 백성 중에서 끊으리니 너희는 스스로 깨끗하게 하여 거룩할지어다. 나는 너희의 하나님 여호와이니라"(레 20:6~7). "남자나 여자가 접신하거나 박수무당이 되거든 반드시 죽일지니"(레 20:27), "네 하나님 여호와께서 네게 주시는 땅에 들어가거든 너는 그 민족들의 가증한 행위를 본받지 말 것이니 그의 아들이나 딸을 불 가운데로 지나게 하는 자나 점쟁이나 길흉을 말하는 자나 요술하는 자나 무당이나 진언자나 신접자나 박수나 초혼자를 너희 가운데에 용납하지 말라 이런 일을 행하는 모든 자를 여호와께서 가증히 여기시나니 이런 가증한 일로 말미암아 네 하나님 여호와께서 그들을 네 앞에서 쫓아내시느니라"(신 18:9~12).

이스라엘 백성의 전 역사는 그 민족이 끊임없이 빠져 들어간 마술적 행위에 반대하는, 참 하나님을 섬기는 예언자들의 위대한 투쟁으로 가득 차 있다. "어떤 사람이 너희에게 말하기를 주절거리며 속살거리는 신접한 자와 마술사에게 물으라 하거든 백성이 자기 하나님께 구할 것이 아니냐 산 자를 위하여 죽은 자에게 구하겠느냐 하라"(사 8:19). 성경에서는 마술에 대한 싸움과 이방 신에 대한 싸움을 똑같이 다룬다. 므낫세 왕은 다른 많은 왕들과 함께 "여호와 보시기에 악을 행하여 … 점치며 사술과 요술을 행하며 신접한 자와 박수를 신임하여 여호와 보시기에 악을 많이 행하여 여호와를 진노하게 하였으며"(대하 33:2, 6)라는 비난을 받는다.

마술을 의지하는 것은 하나님으로부터 등을 돌리는 일이요, 하나님의 도우심이 아닌 다른 것을 구하는 일이다. 정신적 질병으로 고통받던 사울왕은 하나님으로부터 응답이 없자 '신접한 여인'에게 물었다(삼상 28:7). 의사를 경시한 것처럼 보이는 역대기의 한 구절도 동일한 의미로 해석될 수 있다. "아사가 왕이 된 지 삼십구 년에 그의 발이 병들어 매우 위독했으나 병이 있을 때에 그가 여호와께 구하지 아니하고 의원들에게 구하였더라. 아사가 왕위에 있은 지 사십일 년 후에 죽어 그의 조상들과 함께 누우매"(대하 16:12~13). 크레스만 박사가 말한 바와 같이[3] 여기서 말하는 의원이란 당시의 마술사이다. 따라서 그들을 의지하는 것도 역시 참 하나님으로부터 등을 돌리는 것과 같은 일이다. 이 구절은 의학을 비난하는 것은 아니다. 그것은 하나님으로부터 떠나 하나님을 거역하는 의학, 그 효과로 사람들을 하나님으로부터 등 돌리게 하는 의학, 즉 신격화된 의학을 비난하는 것이다. 크레스만 박사는 이를 '마술적 의학'이라 부르고 '예언적 의학'과 구별한다. 예언적 의학은 하나님의 권위 아래에 있는 의학이며, 하나님의 은혜의 도구로서 환자를 하나님께로 인도하는 의학이다.

아사의 시대에도 지금 시대에도 이러한 논쟁은 모든 시대에 걸쳐서 계속된다. 그것이 마술사의 술법이든 현대 과학의 수법이든 간에, 성경은 하나님을 대신한다고 주장하고 인간이 하나님을 추구할 필요가 없다고 주장하는 의학을 비난한다.

신약성경도 구약성경과 마찬가지로, 성경은 참 하나님과 마술이 상반된다는 것을 동일하게 보여준다. 나는 이 문제에 관해 사도 바울이 한 말을 이미 인용하였다(갈 5:19). 바울은 한 귀신들린 여자가 그를 찬양했는데도, 그녀에게서 마술적인 영을 내쫓았다. 그로 인하여 그녀를 이용하던 그 주인을 매우 노하게 하였다(행 16:16~19). 우리는 사도 바울이 마술사인 바예수와 대결한 일을 알고 있다. 그는 지방 총독

서기요, 바울에 대한 자기의 영향력을 잃을까 두려워서 바울의 설교를 방해하였다(행 13:6~12). 사도 바울은 그를 논파하며 소경이 되게 했다. 천리안을 약화시켜 소경이 되게 한 일은 참으로 상징적이다. 고린도의 그리스도인들에게 바울은 "여러분은 주님의 잔을 마시고, 아울러 귀신들의 잔을 마실 수는 없습니다. 여러분은 주님의 식탁에 참여하고, 아울러 귀신들의 식탁에 참여할 수는 없습니다"(고전 10:21)라고 말했다. 바울은 이 편지를 쓸 때 교회에서 성찬식에 참여하는 이들을 생각하며 쓴 것이다. 그런 다음에는 이교도의 우상 예배에 나아가 우상에게 드렸던 고기를 먹은 사람들을 향하여 편지를 썼다.

이것은 인상적인 구절이다. 독자들은 우리가 위에서 '좋은 마술'에 관해 이야기한 사실을 기억할 것이다. 인간이 필요로 하는 선량한 마술이 있고 우리가 그것을 '좋은 마술'이라고 부를 수 있다면, 그것은 하나님과의 사귐일 것이다. 이것이 진정한 성경적 대답이다. 그것은 예수 그리스도와의 일치이며 하나님과의 현실적인 사귐이다. 바울은 이 사귐이 이교도적 마술과 공존할 수 없음을 분명하게 선언하고 있다. 사도 바울은 갈라디아에서 예수 그리스도와의 이런 일체화를 생생하게 설명한다. "그리스도께서 내 안에서 살고 계십니다"(갈 2:20). 이것은 합리주의자들이 주장하는 단순한 시적 상징 같은 것이 아니다. 그것은 영혼을 살찌우는 살아 있는 실재이다. 합리주의는 인간의 이러한 신비한 갈망을 채워주지 못하며, 의식적이든 무의식적이든 인간을 합리주의라는 마술로부터 시작된, 그리고 그것을 포함하는 여러 가지 거짓된 마술로 몰아넣고 있다.

14 마술은 쉬지 않고 우리를 유혹한다

우리는 십계명의 제일계명을 잘 알고 있다. "너는 나 외에는 다른 신들을 네게 두지 말라. 너를 위하여 새긴 우상을 만들지 말고 또 위로 하늘에 있는 것이나 아래로 땅에 있는 것이나 땅 아래 물 속에 있는 것의 어떤 형상도 만들지 말며 그것들에게 절하지 말며 그것들을 섬기지 말라"(출 20:3~5). 마술은 우리에게 거짓 신들을 따르도록 유혹한다. 즉 피조물을 창조주인 하나님의 위치에 올려놓고 숭배하도록 유혹한다. 나는 임상 경험에서 실제로 그런 실례를 끊임없이 경험한다. 그것은 '모성 고착'의 모든 경우에서 볼 수 있는데, 어머니를 신격화 하는 유아기의 기분이 어른이 되어서까지도 그대로 이어지는 것이다. 그 어머니는 모든 미덕의 구현자처럼 생각되고, 그 아이가 어른이 되어서까지도 최고 권위로 남아 있다. 그래서 모든 문제에 대하여 어머니의 의견이 으레 규범이 된다. 그 아들(때로는 딸)은 어머니를 숭배하고 있으므로 자기 자신의 삶을 실제로 자기가 통제할 수 없다. 많은 남편들이 자기 아내를 신격화하고 있으며, 그 반대로 아내들도 남편을 신격화한다. 나는 절망에 빠져 있는 한 미망인으로부터 매우 감동적인 편지를 받았다. 그러나 그녀의 시련은 이미 열매를 맺고 있었으며, 그 시련을 통하여 자신의 마음을 진단하게 되었다. "나는 지금까지 내 남편을 신으로 섬기고 있었습니다." 그녀는 오랫 동안 남편을 하나님의 자리에 앉혔는데, 이제 다시 하나님을 찾고 싶어했다. 우리는 또한 부모가 자녀를 신처럼 섬기고 있는 사례도 흔히 본다.

우리는 어떤 저명인사가 그들의 고용주를 신처럼 숭배하며, 그의 사상을 전부 노예처럼 받아들이는 모습도 본다. 그보다 더 흔한 경우는, 초신자가 자기를 신앙으로 인도해 준 사람에게 의존하는 모습이다. 그래서 그들은 어떤 갈등으로 그 사람과 헤어져야 할 상황이 되면 그들의 신앙까지 잃어버릴 위기에 직면하게 된다. 나는 어떤 여성 정신요법 의사에게 모성 고착 증세를 치료받고 신앙을 가지게 된 한 젊은이를 알고 있다. 그 청년은 굉장한 해방감을 맛보았다. 그러나 그는 얼마 안 되어서 자기의 주치의요 신앙의 지도자인 그 여성이 자기 어머니가 일찍이 차지했던 것과 동일한 지위를 차지하고 있다는 것을 깨닫게 되었다. 그는 자신이 그녀에게 의존하고 있음을 느끼고 나를 찾아왔다. 왜냐하면 이 관계를 하나님께 드려서 앞으로는 오직 하나님께만 의존하기를 원했기 때문이었다.

또 한 환자는 상담을 통해 삶의 결정적인 순간에 내가 그녀에게 도움이 되어 주었고, 그 후 꾸준히 연락을 하며 지냈는데, 그녀는 때때로 나를 만나러 왔고 편지도 가끔 교환했다. 그런데 그녀는 자기가 느끼는 모든 것 가운데서, 또 삶의 모든 부분에서 끊임없이 나를 생각했고, 그것을 나에게 이야기하고 싶어했으며, 나의 충고를 듣고자 했다. 어느 날 그녀가 그 일을 곰곰이 생각하다 자신이 나에 관한 생각에 지나치게 열중하고 있다는 사실을 깨달았다고, 마지막으로 나를 만나러 와서 그 사실을 솔직하게 고백했다. 그리고 며칠 후에 나는 그녀의 마지막 편지를 받았다. 거기에는 앞으로는 결코 나를 다시 만나러 오지 않을 것이며, 전화도 걸지 않고, 편지도 쓰지 않을 것이며, 나에게서 받은 편지들을 전부 불태워 버리기로 결심했다는 내용이 써 있었다. 정말 다행스러운 일이다! 이로써 그녀는 완전히 그녀 자신이 되었고, 진정한 인격체가 된 것이다.

빛에는 그림자가 있기 마련이다. 우리는 어떤 사람의 영혼을 위한 일이라고 생각하는 모든 일에서, 하나님의 자리를 자신이 차지해 버리는 오류를 범할 수 있다. 환자가 의사에게 지나치게 의존해 그 의사에게서 강제적으로 분리시킬 수밖에 없었던 환자를 상담한 경험이 종종 있다. 그러나 그런 경우에 내가 그 환자를 참 신앙으로 인도하는 데 성공하지 못한다면, 나도 그 동료 의사와 똑같은 위기에 놓이게 된다. 참 신앙을 가지게 되면, 그 환자는 오직 하나님만을 의지하게 될 것이다. 다른 길이 없다. 우리가 참 하나님을 발견하지 못하면 거짓 신으로부터 다른 거짓 신으로 계속 전전할 뿐이다.

성경은 언제나 심리적으로 나쁜 영향을 미치는 거짓 신들, 즉 돈, 사랑, 과학, 국가, 본능, 예술, 사업, 도덕, 또는 자기 자신과 같은 것들이 다 하나님으로부터 온 선물이라고 명시하고 있으며, 그런 것을 하나님이 계셔야 할 우리 마음의 중심에 두는 것은 금하고 있다. 주님은 "한 종이 두 주인을 섬기지 못한다"고 말씀하신다(눅 16:13).

이것과 관련하여 신명기에 주목할 만한 구절이 있다. "너희 가운데 예언자나 꿈으로 점치는 사람이 나타나서, 너희에게 표적과 기적을 일으킬 수 있다고 말하고, 실제로 그 표적과 기적을 그가 말한 대로 일으키면서 말하기를 '너희가 지금까지 알지 못하던 다른 신을 따라가 그를 섬기자' 하더라도, 너희는 그 예언자나 꿈으로 점치는 사람의 말을 듣지 말아라. 이것은 주 너의 하나님이, 너희가 정말 마음을 다하고 정성을 다하여 주 너희의 하나님을 사랑하는지를 알고자 하셔서, 너희를 시험해 보시는 것이다"(신 13:1~3). 이처럼 성경은, 만약 하나님의 말씀에 대적하는 일이라면, 그 일이 기적같은 성공을 이룰지라도 그 성공을 인정하지 않을 것이다. 이 성경 구절을 읽으며 과학에 대한 지나친 숭배와, 과학의 '경이'에서 인류의 구원이 발견될 수 있다고 주장하는 사람들을 떠올리게 된다.

자기 자신을 위하여 거짓 신들을 만드는 일은 아주 흔하게 볼 수 있는 마술의 유혹이다. 더 나아가 좀 더 교묘한 유혹도 있다. 그리스도가 광야에서 받은 유혹의 이야기는 적절한 예가 될 것이다. 30세가 되어 예수님은 사역을 시작하려고 한다. 그분은 자신이 메시아임을 알고 계셨다. 이스라엘 민족이 예수님께 로마 제국의 지배로부터 벗어나는 메시아의 위대한 업적을 이루시기를 기대하고 있다는 것도 알고 계셨다. 예수님은 자신이 하나님의 능력을 부여받았음을 느끼셨다. 그렇다면 이 능력을 어떻게 사용할 것인가?

예수님은 광야로 가서 금식하고 묵상하셨다(마 4:1~11). 그러나 사람이 묵상에 잠길 때 하나님뿐만 아니라, 사탄도 만날 수 있다. 그렇다면 두 음성을 어떻게 분별할 수 있는가? 특히 사탄이 자기의 유혹을 정당화하기 위하여 성경을 인용할 때, 그의 충고가 하나님의 목적을 달성하려는 듯이 보일 때, 하나님의 음성과 사탄의 음성을 어떻게 분별할 것인가? 실제로 사탄은 예수님에게 성전 꼭대기에서 뛰어내려 보라고 말한다. 하나님의 보호를 믿고 뛰어내리면 모든 사람들이 예수님을 하나님의 아들로 인정하게 될 것이라는 시편의 한 구절을 인용한다. 즉 "그가 너를 위하여 그의 천사들을 명령하사 네 모든 길에서 너를 지키게 하심이라. 그들이 그들의 손으로 너를 붙들어 발이 돌에 부딪히지 아니하게 하리로다"(시 91:11~12)라고 기록되지 않았느냐고 유혹한다.

이것은 참 하나님과 거짓된 마술의 신과의 싸움이 아님은 분명하다. 그것은 예수 그리스도가 어떻게 자기의 신성한 사명을 성취하는가에 관한 문제이다. 이것은 하나님의 목적을 달성하는 데 있어서 악마적 방법을 사용하여 마술적 성공을 거두게 하려는 사탄의 가장 교묘한 유혹이다. 예수님은 이를 거부하고 그 유혹자에게 "너희의 하나님 여호와를 시험하지 말고"(신 6:16)라고 대답하셨다.

마술은 이중의 유혹, 즉 노골적인 유혹과 교묘한 유혹을 사용하고 있음을 보았다. 후자의 경우는 하나님 자신의 선물, 하나님 자신의 약속, 그가 우리에게 주신 신앙, 그가 우리에게 허락하신 여러 가지 경험, 하나님이 영감을 주신 성경, 그리고 하나님이 계시하신 교리 등을 마술적으로 사용하려는 데서 생긴다. 방금 위에서 인용한 성경에 사용되었던 것도 하나님의 약속이다. 사탄은 성경을 인용하여, 예수님으로 하여금 군중을 지배하기 위해 자기가 가지고 있는 힘을 이목을 끄는 방법으로 보여준다는, 언뜻 보아서 매우 정당한 야심을 시험하였다. 그러나 예수님은 그것이 하나님을 시험하는 것이 될 것이라고 대답하셨다.

나는 앞에서 제일계명을 언급했다. 여기서 우리는 그리스도의 말씀을 십계명의 그 다음 계명과 연관시켜 생각할 수 있다. 즉 "너는 네 하나님 여호와의 이름을 망령되게 부르지 말라"(출 20:7)는 말씀이다. 이 말씀은 보통 맹세를 금하는 말씀으로 이해된다. 그러나 나는 좀 더 깊은 의미가 있다고 생각한다. 그것은 마술의 교묘한 유혹, 즉 하나님의 이름으로 마술을 행하고자 하는 유혹을 막아주는 것이다. 사도행전에서 우리는 마술사들이 마술을 행할 때에 자기들의 주술 방법을 사용하는 대신에 사도 바울을 흉내 내고 예수 그리스도의 이름을 불렀기 때문에 일어난 혼란을 볼 수 있다(행 19:13~16).

예수 그리스도가 유혹을 받으신 사건으로 다시 돌아가 보면, 예수님이 십자가에 돌아가시기 전에도, 틀림없이 자기를 십자가로 인도할 신앙의 길을 선택하고, 마술을 거부하신 것을 우리는 잘 알고 있다. 겟세마네 동산에서 그가 잡히시던 밤, 그의 가장 성급한 제자인 시몬 베드로는 칼을 빼어 대제사장의 종의 오른편 귀를 쳤다(요 18:10). 예수님은 그 사람을 치료해 주시고 그의 제자를 꾸짖으시며 이렇게 말씀하셨다. "내가 내 아버지께 구하여 지금 열두 군단 더 되는 천사를 보내시게 할 수 없는 줄로 아느냐?"(마 26:53)

나는 어렸을 때 왜 예수님이 그렇게 하시지 않았는가, 왜 자기를 체포하려고 한 반역자의 계획을 좌절시키지 않으셨는가 하고 마음속 깊이 유감스럽게 여겼던 일을 기억한다. 돌아보면 예수님의 마술적 승리를 상상했던 것이다. 그러나 예수님께서는 그것을 거부하셨다. 하나님을 불러서 마술적 승리를 확보하는 대신 예수님은 십자가의 죽음에 이르기까지 하나님의 뜻에 순종하셨다. 마술과 참 신앙 사이의 극명한 차이를 이 이상으로 분명하게 입증하는 것은 없다.

마술이란 본질적으로 무엇인가? 그것은 영적인 힘을 지배하려는 욕망이요, 스페리가 기록한 것처럼¹ 하늘과 땅과의 불순한 혼합물이다. 그것은 하나님의 능력과 하나님의 약속, 그리고 그분의 은혜를 마술적으로 사용하려는 욕망이다. 그리고 그것은 하나님의 뜻조차 마술적으로 사용하려는 욕망이기도 하다. 그것은 하나님의 권위 아래 자기 자신을 두는 대신 하나님을 자기를 위해 부리려는 일이다. 마술은 하나님의 비밀을 꿰뚫었다고 주장한다. 이 사실은 제비를 뽑아서 사도 맛디아를 선택하였다는 성경의 사건에서도(행 1:26) 분명히 나타난다. 그 사건이 우리를 이 마술 연구로 인도해 주었다.

그리스도는 언제나 이 유혹을 거부하셨다. 그러나 그는 여러 가지 기적에서, 병 치료에서, 죽은 자를 살리는 놀라운 사건에서 초자연적 능력의 사용을 주저하지 않으셨다. 더구나 공공연하게 이러한 일을 자신이 하나님의 아들이라는 증거로 하나님께 요청까지 하셨다. 세례 요한이 자기의 제자들을 예수님께 보내어 그가 정말로 메시아인지를 물었을 때 예수님께서는 요한의 제자들에게 다음과 같이 대답하셨다. "가서 너희가 듣고 보는 것을 요한에게 알리되, 맹인이 보며 못 걷는 사람이 걸으며 나병환자가 깨끗함을 받으며 못 듣는 자가 들으며 죽은 자가 다시 살아나며 가난한 자에게 복음이 전파된다 하라"(마 11:4~5). 예수님은 자기를 비난하는 바리새인들을 다음과 같이 책망하셨다. "내가 행하거든 나를 믿지 아니할지라도 그 일은 믿으라. 그러면 너희가 아버지께서 내 안에 계시고 내가 아버지 안에 있음을 깨달아 알리라 하시니"(요 10:38).

그러나 군중이 이러한 기적에 열광하게 되고 마술적인 힘에 들떠서 "자기를 억지로 붙들어 임금으로 삼으려는 줄 아시고"(요 6:15) 예수님은 그들을 피하여 홀로 산으로 올라가셨다. 그리고 몇몇 율법학자들과 바리새인들이 예수님께 와서 표적을 요구하였을 때 이를 거절하셨다(마 12:38~39). 이러한 성경의 기사와 그 밖의 다른 많은 사건을 상고해 보면서 우리는 마술 문제의 해결책은 하나님께 완전히 순종하는 것임을 깨닫게 된다. 예수님은 자신이 하나님께 인도함을 받아서 기적을 행한다고 느낄 때에 기적을 행하셨고, 하나님의 뜻에 맞지 않는다고 느끼셨을 때에는 기적을 거부하셨다.

이와 관련된 또 하나의 흥미로운 이야기가 성경에 있다. 사사 엘리는 98세였다. 이스라엘에는 도처에 우상 숭배가 성행하고 있었으며, 이로 인해 사회가 혼란스러웠다. 그로 인한 결과는 군사적 패배였다. 블레셋인들은 에벤에셀에 진치고 있던 이스라엘군을 격파하여 4천 명을 죽였다(삼상 4:2). 그 때에 마술의 유혹이 왔다. 그들은 모세가 하나님과 그 백성 이스라엘과의 계약의 상징으로 만든 언약궤를 가져오게 했다. 언약궤가 운반되어 오자 "온 이스라엘이 큰 소리로 외치매 땅이 울린지라"(삼상 4:5). 왜냐하면 그들은 그 언약궤의 마술적인 능력으로 승리는 당연한 것이라고 생각했기 때문이다. 그것이 바로 마술이다. 그것은 하나님의 능력을 소유하고 있다는 주장이며, 안이한 군중의 열광이다. 회개도 없고, 생활의 개선도 없으며, 아무런 봉헌도 없다. 그것은 저 종려주일에 예수님께서 예루살렘으로 입성하실 때의 군중들의 함성을 연상하게 한다(눅 19:37).

그러나 이스라엘인들의 아우성은 오히려 블레셋인들을 흥분시켰다. 그들은 이스라엘을 향하여 진격하였고 보다 큰 패배를 이스라엘에게 안겨 주었다. 3만의 이스라엘군이 죽임을 당하고 언약궤는 빼앗겼다(삼상 4:10~11). 이 소식을 듣고 늙은 엘리는 "자기 의자에서 뒤로 넘어져 문 곁에서 목이 부러져 죽었다"(삼상 4:18).

하지만 하나님은 그의 백성을 버리지 않으셨기에 그 승리는 블레셋 사람들에게 아무 이익도 주지 못했다. 그들이 하나님의 언약궤를 빼앗아 간 이후로(삼 5:6) 질병과 불행으로 굉장한 고통을 받았고 결국은 자진해서 예물과 함께 그 언약궤를 이스라엘에 돌려 보냈다(삼상 6:10~16). 그 때 젊은 예언자 사무엘은 자기 백성들이 안이한 열광으로부터 진정한 회개로 돌아오도록 도와 주었다. "너희가 전심으로 여호와께 돌아오려거든 이방 신들과 아스다롯을 너희 중에서 제거하고 너희 마음을 여호와께로 향하여 그만을 섬기라"(삼상 7:3). 그리하여 이스라엘은 블레셋인을 미스바에서 격파했다(삼상 7:11).

그런데 여기에는 상반되는 두 가지의 오류가 있다. 하나는 마술을 두려워하는 나머지 모든 종류의 대담하고 놀라운 행위를, 하나님이 그런 것을 요구하시는 때에도 멀리하는 것이다. 그러한 추세는 요즘 교회 안에 너무 흔하게 되어, 그것 때문에 오늘날 교회는 하나님의 능력이 매우 빈약해졌다. 그리고 반면에 또 하나의 오류는 하나님의 능력을 과시하려는 열심 때문에 하나님이 그것을 원하지 않으시는 때에도 세상을 깜짝 놀라게 하는 일에 지나치게 몰두하여, 그 결과 마술에 빠지는 것이다. 이러한 오류는 흔히 나타난다. 복음서를 보면, 회의주의자들은 갈릴리에서 기적과 십자가의 죽음을 비웃고 있다. "그가 남을 구원하였으니, 정말 그가 하나님의 그리스도이고, 택하심을 받은 자이거든, 자기나 구원하라지"(눅 23:35). 기적도, 십자가도 복음에서 빼놓을 수 없다. 십자가가 없으면 복음은 왜곡될 수밖에 없다.

의료 행위도 이와 동일하다. 의사는 겁 많은 사람과 무모한 사람, 둘 다를 잘 알아야만 한다. 그는 자기가 하는 일이 하나님의 목적에 부합한다고 느낄 때 어떻게 이 대담한 기술을 위험을 무릅쓰고라도 행동에 옮길 것인가를 알고 있어야만 한다. 그러나 그와 동시에 의사는 의료 기술에 유혹 받지 않도록 해야 한다. 그것은 의사가 어떤 기술적 방법을 선택할 때에 하나님의 인도를 받아야 한다는 뜻이다.

문제는 우리가 예수 그리스도만큼 하나님의 뜻을 잘 헤아리지 못한다는 사실이다. 그래서 우리가 스스로 하나님의 뜻을 알고 있다고 자만하는 순간 큰 위험에 빠지는 경우가 많다. 그 순간에 우리는 하나님의 비밀을 꿰뚫어 보고 있다고 주장하면서 이미 마술의 오류에 빠져들어가고 있는 것이다. 하나님께서 우리에게 요구하시는 것이 무엇인지 미리 알 수는 없다 할지라도, 우리는 하나님의 뜻을 겸손히 찾는 일을 결코 멈추어서는 안 된다. 이것은 우리의 소명을 수행하는 데 있어서 가장 먼저 해야 할 일이다.

성경의 모든 인물들은 끊임없이 하나님의 음성을 들었다는 사실을 우리는 자연의 의미와 관련해서 이미 살펴보았다. 그들은 하나님의 인도하심을, 단지 영감을 받은 묵상을 통해서만이 아니라, 자연의 사건을 통해서도 찾는다. 우리 의사들에게 있어서 이러한 '사건들'이란 진료 행위에 있어서 환자에 대한 객관적 검사로서, 그의 질병의 역사, 상세한 병력 안에 포함되어 있는 정보이며, 혹은 그의 마음의 상태를 깊이 이해할 수 있는 모든 것이기도 하다.

예수님께서 광야에서 유혹을 받은 것처럼, 우리에게도 진정한 하나님의 음성과 마술의 유혹하는 소리가 늘 함께 따라다니며 또한 대립한다. 나는 이것과 관련하여 보베 박사의 저서[2]에 사용된 훌륭한 예증을 빌려오고 싶다. 그것은 마치 라디오와 같다. 아주 사소한 다이얼 회전만으로도 우리는 순간적으로 다른 채널의 음악으로 안내되는 것이다. 특히 민감한 단파 수신의 경우에 더욱 그러하다. 우리는 너무도 흔히 주파수를 잘못 맞추게 되는 것을 인정할 수밖에 없다.

예를 들어, 나는 어떤 환자에게 하나님의 인도하심이라는 매우 평범한 질문을 던져서 그 질문이 급소를 찌르는 효과를 거둔 적이 있었다. 그 환자는 병의 의미와 그 병에 연관된 개인적 문제를 이해할 수 있었고, 그 문제를 해결할 수 있었다. 그 후 나는 이와 비슷한 환자에게 같은 경험을 인위적으로 재현시켜 보려는 유혹을 받았다. 질문을 되풀이해 보았으나, 이번에는 순간적인 영감이 아니라 냉철하고 이성적으로 질문을 던진 것이다. 즉 마술에 굴복하고 있었던 것이다. 하나님께서 암시하는 특별한 경우에 해야 하는 신의 능력을 내 의지로 전기불 켜듯 켤 수 있는 마술의 주문처럼 다루었던 것이다.

여기서 내가 깨달은 것은 라디오 다이얼만 돌리면 한 음악 방송국에서 다른 음악 방송국으로 주파수가 맞춰지는 것처럼, 자유롭고 진정한 하나님의 영감에 그 질문을 사용했다는 것이다.

비슷한 예로, 어떤 신학자는 칼 바르트의 책을 읽으며 갑자기 무언가를 깨달았다. 그 때까지 신학이 가르쳐 주지 못했던 하나님의 위대함과 인간의 나약함을 새롭게 발견한 것이다. 그는 인류 역사상 최대의 사건은 하나님이 인간에게 말씀하신다는 믿기 어려운 사실을 다시금 깨달았다. 또 이 '하나님의 말씀'과 인간의 말은 천지 차이라는 것을 실감했다. 하지만 칼 바르트가 강조하려던 것이 인간의 무능력으로는 문제를 해결할 수 없다는 사실이었는데 반하여, 그는 이 '하나님의 말씀'이라는 표현을 마치 모든 문제를 해결할 수 있는 마술 주문인 것처럼 사용하려는 위험에 빠지게 되었다.

어떤 부인이 어떤 어려운 문제에 봉착해, 되는 대로 성경을 펼쳤는데, 자기 문제에 딱 들어맞는 구절이 나와서 그 성경 말씀이 하나님께서 자기에게 주

신 말씀이라고 생각했다. 그런데 다른 곤란한 때에
도 항상 이와 같은 방법으로 선택된 성경 구절에서
하나님의 응답을 발견할 수 있다고 생각한다면, 그
녀도 역시 마술의 위험에 빠진 것이다.

어떤 젊은이가 '옥스포드 그룹' 의 모임에 참석하면서 묵상을 기록
하는 것이 중요하다는 것을 깨달았다. 그는 적어둔 것을 그대로 행했
고, 그것이 참으로 가치 있는 것임을 발견했다. 그는 이렇게 적어놓
은 명령들을 잘 수행하여, 그 결과로 그의 삶이 변화되었다. 그러나
만일 그가 그 방법으로 하나님의 비밀을 꿰뚫고 있다고 주장한다면,
그는 묵상에 마술적 가치를 부여하는 위험에 빠지게 될 것이다.

또 한 사람은 오순절 운동 집회에 가서 자기 교회가 '성령의 은사'
(고전 12:1~11), 특히 신유의 은사를 무시하고 있다고 느꼈다. 그래서 그
는 적극적으로 병자를 위해 기도하는 일에 종사하고, 초대 그리스도
인들이 했던 것처럼 병자들에게 안수를 했다. 그가 병든 사람들을 고
치는 일을 더 열렬히 신봉할수록 마술의 유혹은 점점 커질 수 있다.

우리는 이제 마술 신앙이 우리 마음속으로 교묘히 파고드는 법을
보았다. 그것은 우리의 가장 건실한 영적 경험의 자취를 따라서도 스
며든다. 우리가 특수한 경험을 일반화 하는 순간, 즉 우리가 그 경험
이 우리를 참 신앙에 이르게 하는 피할 수 없는 필수조건이라고 주장
하자마자 마술 신앙은 그 고개를 쳐드는 것이다. 우리는 신앙과 마술
사이의 경계선, 겸손과 교만 사이의 경계선, 하나님을 찾으려는 겸손
한 추구와 그분을 소유했다는 교만한 주장 사이의 경계선을 명확히
정의하기가 어렵다는 것을 알았다. 이것이 그리스도인들을 분리시키
며 대립시키고 있는 모든 분쟁의 심리적 요인이다. 이러한 분쟁은 비
극적이며 헛된 것이다. 왜냐하면 양쪽 다 자기 자신의 체계를 지지하
기 위하여 그 체계의 기초가 되고 있는 산 체험을 의지하고 있는데,

체험과 체계 사이에 한 파장에서 다른 파장으로, 즉 신앙에서 마술로 가는 미묘한 스위치가 있는 것을 보지 못하기 때문이다.

이러한 모든 체계들은 오직 하나님으로부터 받은 진리를 대신하는 우상의 모습을 보인다. 종종 개신교 신자들은 천주교가 성찬식이나 성직이나 교리나 교회에 소위 마술적 가치를 부여한다고 비판하지만, 정작 자신들도 체계화와 진정한 체험을 혼동하는 오류를 자주 범한다. 체계화는 진정한 체험에 기초하여 만들어지는 것이다. 그러나 너무도 많은 그리스도인들이 마술에 대한 공포 때문에 진정한 체험을 포기해버리고 만다.

현대인은 그가 미신적 요소를 좋아하건 좋아하지 않건, 심지어 그리스도인들 조차도 미신에 발 담그고 있는 경우가 많다. 이것은 매우 중요한 문제이다. 우리 그리스도인이 스스로 느끼지 못하면서도 진정한 신앙과 마술 사이의 경계를 넘나드는 것은 진정한 신앙과 마술을 동일시하고, 그것들이 함께 합리주의적인 과학적 세계관에 대적하는 것이라고 규정했기 때문이다. 그러나 진정한 신앙과 과학은 완전하게 조화되는 것이며, 그 둘은 인간을 마술의 유혹으로부터 해방시키기 위해 힘을 합해야 한다.

인간이 이성을 택할 것인가, 혹은 마술과 신앙의 혼합을 택할 것인가 하는 양자택일의 문제일 뿐이라고 생각하는 한, 우리는 딜레마에 빠져버리게 된다. 즉 신비주의적인 갈망을 억누르고 합리주의자가 되든, 그의 이성의 소리를 지워버리고 신비주의자가 되든, 둘 중의 어느 하나를 억제해야만 하는 것이다. 인간의 연역적 기능과 귀납적 기능이 조화롭게 결합되려면 진정한 딜레마, 즉 마술이든 유일한 참 하나님에 대한 신앙이든 둘 중 하나를 선택해야 한다.

인간의 마음은 놀랍도록 크신 하나님을 다 알기에는 너무도 작은 것 같다. 그래서 하나님의 속성 가운데 한 가지, 하나님의 선물 가운데 하나에 매달려 그것의 중요성이 전부인 것처럼 확대 해석해서 그 위에 삶의 체계를 세우려고 한다. 성경과 교회, 교리, 경험, 명상, 의식, 영적 선물, 그리고 자연의 선물, 이러한 모든 것들은 가치가 있다. 그렇지만 우리는 결국 이 틀 안에 하나님을 제한시킬 수 없다.

"나는 결코 그리스도를 독점할 수 있다고 믿지 않는다"고 모리악은 기록했다.

인간, 하나님의 부르심으로 인격이 되다 15

이제 앞서 언급한 종교적 사례로부터 직업적인 사례로 관심을 돌려 보자. 의학에 있어서 마술적 생각은 예를 들어, 어떤 특정 치료법의 효과를 과장해서 마치 그 질병에 대한 만병통치법처럼 대하는 것이다. 심지어 모든 질병에 그런 마술적 방법을 처방하려는 유혹에 그런 사상이 배어 있다. 임상 검사, 엑스레이, 그리고 여러 가지 식이요법에 관련된 마술도 있다. 척주교정요법, 정신 분석, 비타민, 충격 요법 등의 마술도 있다. 그러한 유행은 원시적인 인간의 열망에 뿌리를 두고 있다. 이 원시적인 마음은 효과적인 만병통치약이나, 어둠 속에서 비틀거리면서 방황하는 우리를 도망치게 해줄 만한 확실하고도 널리 응용될 수 있는 행동 체계를 발견하려는 욕구의 형태로 우리 안에 여전히 남아 있다.

나의 옛 은사인 로크 박사는 제27회 프랑스 의학회 총회의 개회식 연설1에서 이 현대적 모순에 대해 다음과 같이 말했다. "진단 방법이 이처럼 완벽하고 풍부했던 적이 여태까지 없었으며, 그 결과가 이렇게 확실하고 명료했던 적도 없었다. 또한 이처럼 많은 효과적 치료 방법을 가졌던 적도 없었으며, 국가에 의한 의무교육이 각 나라에 이처럼 널리 보급된 적도 없었다. 그럼에도 불구하고 우리를 슬픔에 잠기며 경악하게 하고, 때로는 격렬한 분노에 휩싸이게 하는 사실은 돌팔이 의사들이나 여러 가지 현대적 무녀의 어리석은 주술 행위가 오늘날처럼 대중들에게 보급되어 있던 시대도 일찍이 없었다는 점이다." 바로 얼마 전 나는 세계보건기구(World Health Organization)의 본부와 의사단이 있는 제네바에서 인슐린 주사 맞기를 거부하고, 죽어도 상관 없다고 고집하는 당뇨병을 앓는 한 부인을 보았다. 그녀는 인슐린 주사를 맞지 않는 대신 정원 한 모퉁이에 어떤 의식을 따라 노끈 뭉치를 묻고 있었다.

이와 같이 과학은 이웃 하층민들에게 빛을 던져 주지 못했으며, 또한 그 환자들은 그의 의사들과 동정적이고도 심지어 신비스러운 관계를 맺기 원한다고 생각한다. 환자는 친절하게 하나의 인격으로 대우받고 싶어하며, 단순한 카드 번호로 취급받기를 원하지 않는다

돌팔이 의사의 마술이 될 수도 있고, 과학이 마술적 효능을 가지고 있다고 평가될 수도 있다. 그러나 종교적 영감을 구하는 의사도 같은 위험에 처할 수 있음에 주의하자. 나의 환자 중 많은 사람들이 "저는 선생님과 같은 그리스도인 의사만 신뢰할 수 있어서 선생님을 찾아 온 겁니다" 라고 말한다. 무척 기분 좋은 말 같다. 그렇지 않은가? 그러나 그것은 전적으로 잘못된 판단이다. 그리고 만약 내가 '기독교적 의학' 이 마술적 매력을 가지고 있다는 그들의 생각을 보여줌으로써 그들의 그릇된 생각을 깨우쳐 줄 수 없다면, 우리의 관계는 시작부터 왜곡될 것이다.

이런 사람들은 내가 마술사이기를 기대한다. 그들은 내가 가진 종교의 힘으로, 그리스도인이 아닌 다른 의사들에게는 부족한 통찰력이나 능력을 내가 '소유하고 있다' 고 생각한다. 영적 능력을 '소유하고 있다' 는 이러한 생각이 곧 마술 신앙을 나타내는 징표이다. 이러한 사람들은 그들을 위한 하나님의 목적이 무엇인지를 내가 말해줄 것이라고 생각한다. 또 내가 그들의 어려운 문제를 단번에 해결하여 그들이 많은 노력을 하지 않아도 멍에로부터 자유롭게 해주며, 인간 생활에 언제나 따라다니는 오류나 걸림돌이나 고통이나 어두움으로부터 그들의 어려움을 말끔하게 해결해줄 것이라고 상상한다.

우리가 이미 11장에서 본 것처럼 여기서도 유아적 태도, 즉 레비-브륄이 서술한 원시적 심성이 현대인 속에, 그리고 그리스도인 속에까지도 뿌리 깊이 남아 있음을 본다. 의사의 가장 중요한 임무는 사람들로 하여금 운명을 받아들이도록 돕는 일이다. 즉 자기들의 역할을 수행하는 인격이 되는 것을 돕는 일이다.

그렇다면 인격이란 무엇인가? 인격이란 하나님께 의존함으로 자기 자신으로부터 자유롭게 되며, 하나님 앞에서 스스로 책임을 지는 어른이 되는 것이다. 성경은 이러한 사람을 소개하고 있으며, 나는 그것이 의학에 있어서 인간의 의미임을 강조하며, 그 사실을 보이고자 한다.

성경적 관점에서 인간은 동물들 중 가장 진화된 피조물은 아니다. 인간은 단지 하나의 육체적, 정신적 기계가 아니며, 하나님의 형상과 모양대로 창조되었으므로(창 1:26) '영과 혼, 그리고 육체'를 지닌 존재이다(살전 5:23). 그리고 또한 성경의 하나님을 다른 모든 종교의 신들과 구별할 수 있는 것은 하나님이 인격적인 신이어서 인간에게 친히 말씀하시고 인간을 부르시는 분이라는 점이다(창 3:9~10). 나는 이미 "인간을 창조하신 것은 하나님의 부르심이다"라고 말한 시벽 교수의 말을 인용한 바 있다. 성경 전체를 통하여 우리는 인간을 부르시고, 그들이 빠져 있는 원시적 정신세계로부터 그들을 끌어내시는 하나님을 발견한다. 원시인은 한 인격으로서의 자신을 의식하지 못하며, 자신을 그의 종족과 동일시한다. 그는 또한 자연에 신비롭게 관여함으로 자신을 자연과 동일시한다. 그들은 자기 자신인 소우주와 이 세계인 대우주를 구별할 수가 없다.

"여호와께서 아브람에게 이르시되 너는 너의 고향과 친척과 아버지의 집을 떠나 내가 네게 보여 줄 땅으로 가라"(창 12:1). 하나님은 아브람을 그의 종족으로부터 데리고 나옴으로써 환경에 의해 매여 있던 그의 비인격적 실존을 이끌어 내셨다. 그리고 하나님은 아브람에게 인격적인 명령에 인격적으로 복종하게 함으로써 그를 한 인격자로 만드신다. 인격적인 하나님께서 사람을 한 인격으로 만드시는 것이다. 성경적 관점에서 하나님과 인간의 유대 관계는 인격과 인격의 관계이다. 이 유대 관계야말로 인간을 완전한 존재로 만들고, 하나님 앞에서 스스로 책임을 지는 존재로 만든다. 그래서 그들은 더 이상 동물과 같은 습관적인 삶을 살지 않고 인격이 되는 것이며, 예언자(성경적 의미의 예언자일 뿐만 아니라 베르그송이 말한 것과 같은 철학적 의미의 예언자)가 되는 것이다. 이것은 이를테면 사물의 참된 의미를 분별해서 그것을 다른 사람들에게 가르치며, 죄로부터 자유롭고 성숙하며, 창조적인 인간이 되는 일이다.

하나님께서 모세에게 말씀하신다. "내가 이름으로도 너를 앎이니라"(출 33:17). 또 고레스에게 말씀하신다. "이스라엘 하나님이 너를 지명하여 불렀다는 것을 알게 될 것이다"(사 45:3). 이러한 말씀들은 성경의 인격주의의 본질을 표현한다. 우리는 성경을 읽으면서, 한 사람 한 사람의 이름이 중요시되고 있음을 발견하고 놀라게 된다. 어떤 장은 전체가 긴 계보의 소개로 되어 있다. 나는 젊은 시절에 그런 장들은 성경에서 빼도 좋지 않을까 하고 생각했었다. 그러나 그 후 이러한 사람의 고유한 이름들을 나열한 것은 성경적 관점에 있어서 인간이 물건이나 추상적인 것이 아니고, 종이나 관념도 아니며, 마르크스주의자들처럼 인간을 대중의 한 작은 조각으로 보는 것도 아니라는 것과 인간은 실로 하나의 인격이라는 사실을 증명해 준다는 것을 깨닫게 되었다.

고유한 이름은 한 인격의 상징이다. 만일 내가 환자의 이름을 잊어버리고 그냥 "아, 이 사람은 내가 얼마 전에 진찰한 담낭염 환자이며, 폐결핵 환자다"

라고 말한다면, 나는 인격으로서의 그들보다는 그들의 담낭이나 폐에 더 많은 관심을 가지고 있는 셈이 된다. 환자는 이것을 금방 알아챈다. 물론 그는 인간의 기억력에 한계가 있다는 것을 이해할 것이다. 그러나 내가 만일 환자의 이름을 잊고 있다면, 구실을 붙여가면서까지 환자의 명부에서 그를 찾아내려고 하기보다는 솔직하게 그에게 이름을 묻는 편이 낫다. 문제는 환자에 대한 나의 신실한 태도이다. 만일 내가 환자를 진정한 한 인격으로 본다면, 성경에서 고유한 이름을 중요시한 것과 같이 그의 이름도 중요하게 여길 것이다.

그렇게 되면 환자는 나에게 있어서 단순히 하나의 일상적인 사례가 아니라, 신체적·심리적 현상을 다 포함한 하나의 인격이 되는 것이다. 그를 한 인격자로 치료함으로 나는 그가 인격이 되도록 돕는 것이다. 삶의 기계화와 사회의 대중화에 의해 매우 비인격화된 자신을 발견하게 되는 오늘날에 의사의 이런 태도는 특별한 중요성을 가진다.

오늘날 의학 자체는 놀라울 정도로 기계화되어 있다. 환자와의 진정한 인격적 접촉은 침착함과 시간을 요한다. 한 환자를 열 번, 스무 번, 혹은 그 이상 보더라도, 한 번에 몇 분 정도 보면서, 피상적인 수준 이상의 아무런 대화의 기회도 가지지 못하는 의사가 얼마나 많은가? 좀 더 깊은 대화를 나누게 되면, 환자들에 대한 새로운 이해가 형성될 수 있을 것이다.

사람들은 마치 공장에서 생산을 위한 일률적이며 단순한 무명의 도구처럼, 영화나 라디오나 정치에 의해 획일화된 집단적 사고에 의해 좌우되는 비인격적인 대중으로 취급된다. 그들은 이미 인간이 아니다. 무엇보다도 그들은 다시 인격화될 필요가 있다.

그들이 진찰을 받으러 오면 접수처의 사무원은 큰 서류 케비넷에서 그들의 카드를 꺼낸다. 만일 그들이 처음 온 사람일 경우에 사무원은 누구에게나 하듯이 똑같은 질문을 한다. 즉 "독신입니까?", "결혼했습니까? 부친 불명, 자녀 8명…" 등등. 그런 모든 것으로 자동적으로 처리된다. 마치 해야 할 모든 것은 그 색인 카드의 빈칸을 메우기 위한 것처럼 되고 있다.

그 환자의 차례가 오면 그의 카드는 의사에게 전해지고, 의사는 거기에 기록되어 있는 이름은 거의 읽지 않는다. 그도 역시 일률적으로, 또는 서둘러 일함으로써 비인격적인 관리자의 정신을 따르는 위험에 빠지는 것이다. 그의 모든 과학적 훈련은 인격으로서의 환자가 아니라, 하나의 임상 사례로서의 환자에 집중되는 경향이 있다.[2] 리용대학의 딜로어 교수는 '인격적인 병원'의 설립을 위한 그의 호소[3]에서 이와 같은 문제에 관심을 기울이고 있다.

물론 사회보험 의사는 일반 개업의나 외과의와 마찬가지로 정신과 의사처럼 환자 한 사람 한 사람에게 장시간을 소비할 수는 없다. 그러나 다만 몇 마디의 말로라도 의사가 환자를 한 인격으로 치료하고 있다는 것을 보여줄 수는 있으며, 진찰의 분위기도 충분히 바꿀 수 있다. "당신은 북쪽 지방의 이름을 가지고 계시군요. 이 남쪽에서는 오래 사셨습니까?" 이러한 단순한 질문으로 환자의 인격적인 생활 전체가 진찰 안으로 들어오게 될 것이다. 성경에서와 같이 하나님으로부터의 한 마디의 말씀이 삶을 변화시키고, 그 삶 속에서 한 인격을 창조하시며, 그 안에서 섬김의 길이 열리는 것이다.

위대한 신학자였던 사도 바울은 교회에 편지를 써 보낼 때 결코 무명의 회중에게 쓰는 것 같이 하지 않았다. 그의 편지의 난해한 논쟁 뒤에는 이 사람 저 사람의 소식이 따랐고(고전 16:12~20), 이 사람 저 사람에 대한 특별한 인사가 뒤따랐다(골 4:10~17). 바울은 편지를 좀 더 인격적으로 만들기 위해 친필로 서명하였다(골 4:18). 비인격성의 대명

사인 타자기는 그 때 존재하지 않았으나, 바울은 시력이 약했는지 짐작하건대 보통 자기 편지를 구술해서 받아 쓰게 했다.

마찬가지로, 복음서는 일반적이고 추상적인 이론으로 사물을 설명하지 않는다. 복음서에는 살과 피를 가진 존재, 분명히 묘사된 개인, 고유한 성격을 지닌 각 개인의 예수와의 인격적인 만남이 가득하다. 언제나 예수님의 제자들은 이름을 기록하는 데 유의하고 있다. 이름을 변경하는 일(아브람을 아브라함으로(창 17:5), 야곱을 이스라엘로(창 32:28), 시몬을 베드로로(마 16:17~18), 사울을 바울로(행 13:9) 등)은 성경에서 중요한 위치를 차지하고 있으며, 가끔 설명되고 있는 고유한 이름의 상징적 의미도 중요한 문제로 다루고 있다.

고유한 이름이 그 사람의 인격을 상징한다는 사실은, 인격이라는 것이 육체에 영혼과 마음을 추가한 것이 아니라 그 자체가 하나의 완전한 실재로 이해되어야 하는 것을 분명하게 보여준다. 성경적 관점은 이런 점에서 실존주의자의 철학과 근본적으로 다르다. 하나님께서는 창세기에서 인간으로 하여금 모든 피조물에게 이름을 지어 주도록 하셨다(창 2:19). 앞에서도 말한 것처럼 그것은 과학의 기초가 되는 것이며, 또한 인간의 창조적 능력을 보여준다. 즉 인간이 각각의 사물에 고유한 이름을 부여함으로써, 그 사물은 실재가 되고, 두드러진 것이 될 수 있다.

이에 대한 매우 감명깊은 이야기가 있다. 스위스에서는 연방형법의 예외적인 사례로 엄격한 의학적 관리 하에 치료적인 차원에서의 낙태를 허가하고 있는데, 이것을 위해 각 주에서는 전문의를 임명하였다. 그 중 한 사람인 플래트너 박사는 베른 근방에 사는 정신과 의사인데, 최근의 경험을 나에게 이야기했다. 어떤 한 임산부가 낙태하기 위해 그에게 동의를 요청해 왔는데, 그녀는 가끔 자기 뱃속에 있는 아이를 '세포들의 작은 집단'으로 생각한다고 말했다는 것이다. 이러한 개념은 과학이 우리에게 준 것이다. 과학은 태아를 '세포의 작은 집단'으로, 성인을 '세포의 대집단'으로 생각하게 만들었다. 어느 날 플래트너 박사는 이 부인에게 다음과 같은 질문을 했다. "만일 그 아기가 태어난다면 아이의 이름을 무엇이라 지을 것입니까?" 그랬더니 대화의 분위기가 즉시 바뀌었다. 그 부인은 입을 다물었다. 그녀가 마음속으로 그 아기에게 이름을 주게 되자 그 아기는 더 이상 '세포의 작은 집단'이 아닌 한 사람의 인격이 되었다는 것을 느낀 것이었다. "그것은 과연 놀라운 사건이었지. 나는 마치 창조의 대업에 관여하고 있는 것 같은 느낌을 받았다네"라고 플래트너 박사는 말을 맺었다.

이렇게 성경적 관점에서 성경적 인간관을 받아들인 의사는 결과적으로 인격적인 의사가 된다. 그는 더 이상 인간을 세포 집단으로 보지 않고, 하나님께 인격적으로 부름 받은, 무한한 가치가 부여된 영적 존재로 인간을 보게 되는 것이다. 잃어버린 양의 비유(눅 15:3~7), 탕자의 비유(눅 15:11~32), 선한 사마리아인의 비유(눅 10:30~37)는 모든 인간에 대한 하나님의 인격적인 돌보심을 보여 주고 있으며, 성경 전체가 그것을 반영한다.

인격에 대한 영적 세계관을 회복하자 16

　인격의학이란 무엇인가? 그것은 두 차원을 가진 의학이다. 다시 말해서, 이 책의 서두에서 이야기한 바 있는 '두 가지 진단'에 관련된 차원을 가진 의학이다. 그것은 우리가 마음대로 구사할 수 있는 과학적, 기술적 방법을 모두 사용하여 질병을 치유하는 동시에, 그 사람 안에 조화롭게 발달된 하나의 인격을 창조해 내려는 의학을 말한다. 나는 환자들이 스스로 어떤 창조적인 행위를 할 수 있는 충분한 자신감을 가지게 된 후에 병세가 호전되는 것을 여러 번 경험했다. 모든 발달 장애와 내적 부조화는 건강을 위태롭게 만든다. 인격의학의 이러한 두 가지 차원은 구별되면서도 서로 밀접하게 결합되어 서로 보충하면서 작용한다. 그리고 인간이란 하나님과의 교제 안에서만 참 인격이 되는 것이므로 인격의학을 하고자 하는 의사들은, 그들이 성경적 계시를 기반으로 하고 있다는 것을 알고 있다. 보르도우대학의 푸얀 교수는 "진정으로 통합된 의학의 열쇠는 기독교 교리에서 발견된다"[1]고 말한다.

　오히려 세 차원의 의학을 말해야 하는지도 모른다. 왜냐하면, 인간의 성장과 인격의 탄생 사이에는 융이 '통합'이라는 용어로 묘사한 또 하나의 다른 점이 있기 때문이다. 그것은 융의 심리학에서 알려지지 않은 힘을 암시하는 '성령의 힘'이다. 사실 나는 인격의 탄생이란 예수가 교양 있는 니고데모에게 말씀하셨던 '물과 성령에 의한' 새로운 탄생이라고 믿는다(요 3:5). 나는 늘 왜 예수님께서 그냥 '성령으로'라고 말씀하시지 않고 '물과 성령으로'라고 하셨을까 궁금했다. 물은 화학적 화합물로 par excellence, 즉 물질의 상징이다. 인격의 통합으로서의 새로운 탄생은 단순히 영적일 뿐 아니라, 육체적 또는 심리적으로 다시 태어남을 의미한다. 인격의학은 '영적 의학' 이 아니라, 삼차원, 즉 육체적, 심리적, 영적 차원을 가진 의학이다.

여기서 마술 문제에 대해 다시 한번 돌아가서, 취리히의 정신과 의사인 알로이스 폰 오렐리 박사의 견해를 간단히 설명해 본다.[2]

12장에서 현대 지식인들 사이에 널리 성행되고 있는 학설을 제시하였다. 그것은 인류의 역사를 두 큰 시기로 나누어 원시적이고 마술적인 시대와 근대적이며 과학적인 시대로 보는 견해이다. 인간의 정신에는 귀납적이고 직관적인 기능과 연역적이며 합리적인 기능이 있다. 전자는 내적인 감정과 관련되고, 후자는 지능적 지식과 결부되어 있다. 전자는 주관적이고, 후자는 객관적이다. 전자가 철학자들이 '제1원인' 이라고 부르는 것이라면, 후자는 철학자들이 '제2원인' 이라고 호칭하는 것이라 할 수 있다.

원시인은 귀납적이고, 직관적이며, 마술적인 기능으로 세계를 이해하려 한다. 스스로 하나님의 계시를 찾을 수가 없는 원시인은 마술신앙의 잘못된 해석과 징조에 의한 궤변에 따라 방황한다.

그런데 우리는 또한 사물의 의미를 탐구하는 직관적이며 마술적인 기능이 이 과학적 시대에 있어서도 인간의 마음에서 사라지지 않은 것을 보았다. 그것은 다만 우리의 무의식이나 잠재의식 안에 억압되어 있을 뿐이지, 과학이 해답을 줄 수 없는 고민거리들 속에 여전히 남아 있다. 그래서 이성적 기능이 아무리 팽배해도 이 마술적 기능을 소멸시킬 방법은 없다. 이성적 기능은 막대한 지적 지식으로 인간을 풍부하게 하지만, 인간의 직관적 능력을 억압함으로 그의 내적 생명을 빈약하게 한다. 베르그송이 보여준 것처럼, 참된 창조는 직관적 능력이기 때문에 인간이 이성적 기능에 의존하면 할수록 내적 생명은 점점 더 빈약해지며, 그 결과로 인간은 창조자이기보다는 차라리 기술자가 되어버린다.

그러므로 인간 문제의 참된 해결은 이 두 가지 기능의 '통합'에서 발견될 것이다. 이것이 폰 오렐리 박사의 이론이다. 오렐리 박사는 위의 두 역사적 기점에 제3의 시기를 첨가하여, 우리가 바로 제3기의 과도기에 서 있다고 주장한다.

그는 첫 번째 시기를 신비적 참여의 시기, 두 번째 시기를 과학적 세계상의 시기, 세 번째 시기를 영적 세계관의 시기라고 부른다.

원시인은 아직 자의식을 가지고 있지 않다. 그들은 세계와 융합되어 있고, 세계의 힘이 자기 안에서 활동하고 있는 것으로 생각한다. 그는 종족이나 자연 속에 신비주의적 경험으로 참여하는 상태이다. 두 번째의 시기에서 자의식이 생겨난 인간은 자신을 자연으로부터 분리시킨다. 그는 한 관찰자가 되고 자연은 그가 관찰하는 외부 대상이 된다. 그 자신이 관찰 대상이 되기도 한다. 이제 세계는 인간이 멀리서부터 응시하는 그림이 된다. 즉 거대한 비인격적인 메커니즘으로서의 과학적 세계상이 된다. 이리하여 인간은 자연 또는 공동체와 결부시켰던 유대 의식을 상실하고 한 개인이 되는 것이다. 이러한 진보는 르네상스와 그 뒤를 계승한 위대한 과학적 발전을 통해 이루어졌다.

그러나 이러한 진보는 현대인을 고독하고 고뇌에 빠지게 했다. 즉 인간의 마술적 기능에 대한 억압으로 생긴 내적 부조화로 인하여 고민하고, 공동체 의식을 다시 한번 되찾으려는 간절한 열망으로 인한 고뇌 때문에 고독하다. 세 번째 시기는 인격 통합의 시기이다. 이를테면 그것은 두 개의 기본적 기능, 즉 귀납과 연역, 사물에 대한 의미의 자각과 사회와 자연에 우리를 묶어 주는 연결 고리, 자신에 대한 자각과 사물의 메커니즘에 대한 자각 등이 통합되는 시기이다.

그러므로 그것은 미개한 원시적 정신세계로 퇴행하는 것이 아니라, 세계에 대한 영적 비전으로 이끄는 인격의 보다 완전하고 조화로운 발달이다. 영적 비전은 이미 단순한 세계상이 아니다. 왜냐하면 세계 상이라는 것은 관찰자인 인간으로부터 분리되어 있고 그에게 있어서 외적인 것이지만, 영적 비전은 인간이 인격적으로 그 안에 몸 담고 사는 것이기 때문이다. 그리고 끝으로 영적이라는 것은 이 통합이 인간 스스로 성취될 수 없다는 이야기이다. 즉 인간은 통합하는 원동력인 성령을 필요로 하며 초자연적 인도와 성경적 계시를 필요로 한다.

자연적 상태에서 인간은 자신의 힘에 의지하여 마술적 기능이든 합리적 기능이든 자유롭게 통제할 수 있어야 한다. 인간은 신비적 참여를 하거나 비인격적인 세계상에 의존하게 된다. 이 두 개념은 서로 환원될 수 없고 서로 용납되지 않아서 통합이 불가능하다. 인간은 전자든 후자든 어느 한 쪽을 억누르므로, 그 두 가지를 함께 충족시킬 수는 없다.

이 '영적 비전'이라는 것이 도대체 무엇이며, 과학과 종교가 우리에게 가르쳐 주는 것, 즉 우리가 사물의 메커니즘을 지식적으로 아는 것과 사물의 의미를 직관적으로 느끼는 것을 어떻게 조화시킬 것인가를 명확하게 알 수는 없다. 이제까지 우리는 이 두 기능을 별도로 발전시켜 왔으며, 이제 겨우 전인적인 인간에 대해 생각하기 시작했다. 그러나 우리는 이 탐구가 절박하다는 것을 잘 알고 있다. 인간의 인격에 대한 올바른 개념을 찾아내는 것이 오늘날 가장 큰 문제라는 것을 자각하고 있는 것이다. 그리고 또한 확실한 지침이 없이는 이 탐구에 착수할 수 없다는 것도 느끼고 있다.

사실상 우리는 앞에서 언급한 나쁜 마술과 좋은 마술을 구분하는 문제로 다시 돌아왔다. 나쁜 마술은 원시인과 같은 인간이 자기 마음대로 상상하여 붙인, 사물의 의미에 대한 잘못된 해석으로 이루어지며, 좋은 마술은 하나님의 목적으로서, 하나님에 의한 계시가 그에게 있을 때에만 발견될 수 있는 사물의 참된 의미이다. 융의 말처럼, 우리 안에 자리잡고 있는 원시적 인간을 억압하는 대신 그것을 다시 일깨워야만 한다. 그러나 융은 우리 안에 있는 원시인을 어떻게 야만인이나 현대의 신경증 환자들이 하는 것 같은 잘못된 해석에 빠지지 않고 다시 일깨울 것이냐에 대해서는 아무 말도 하지 않고 있다. 우리 안에 이런 통합을 가져오도록 하나님께 구하는 일 외에 다른 해법을 발견할 수가 없다.

우리는 원시인의 직관이 마술적 정신 세계의 잘못된 생각과 혼동되어 있기는 하지만, 그것이 모두 잘못된 것은 아님을 염두에 두어야 한다. 최근에 YWCA 대표들이 모이는 세계 회의에서 두 번의 강의를 했다. 거기서 아프리카의 흑인종 대표들, 그리고 아시아의 황색인종 대표들과 트리니다드섬을 포함한 먼 곳으로부터 온 많은 사람들의 역할을 보고 큰 감명을 받았다. 골드 코스트에서 온 흑인 소녀는 선교사들이 원주민들을 대할 때, 마치 자기들이 원주민들에게 모든 것을 가르칠 뿐 원주민들에게서 아무것도 배울 것이 없는 것처럼 경멸하는 태도를 취한 것은 큰 잘못을 저지른 것이라고 당당하게 이야기했다. 그녀는 계속해서, 그 반대로 많은 회심한 아프리카인들은 성경에 비추어 자기들의 종족이 지닌 전통과 전승되어 온 어떤 습관이나 직관이 주는 참된 의미를 발견하고 있다고 덧붙여서 말했다.

자 이제, 의학으로 돌아가자. 폰 오렐리 박사는 과학적 의학의 개척자로 여겨지는 위대한 파라셀서스(Paracelsus: 16세기 스위스의 의학자, 신학자이며 연금술사 – 역자 주)를 인용하기를 좋아했다. 그 당시에 의학은 여전히 마술적이었다. 파라셀서스 안에 두 사람, 즉 사물의 상징적 의미를 직관적으로 탐구하는 옛날의 전통을 이어받은 연금술사와 새로운 시대의 막을 여는 과학자가 있었다. 그 이후로 정통 의학은 이 두 종류의 연구를 함께 추진시킬 수가 없게 되었다. 정통 의학은 전적으로 과학적이 되고, 마술적 의학은 보조의학으로 숨어버렸다.

나는 독자들에게 파라셀서스의 연금술로 돌아가자고 하는 것도 아니요, 현대의 과학적 방법과 병행되고 있는 근대 마술의 체계 중 하나를 채택하자고 강조하는 것도 아니다. 또한 어떤 의사들처럼 인도에서 비롯된 어떤 영적 개념 같은 것을 의학에 도입할 생각도 없다.

마술적 기능을 의학 안으로 통합시키는 일은 지적인 작업만은 아닐 것이다. 그것은 이론적으로 배울 수도 없고, 실증적으로 학습되지도 않는 일이다. 이런 방법은 허풍쟁이와 같은 돌팔이 의사들의 흥미를 끌 뿐이다. 그것은 우리 의사들에게 우리 자신의 인격을 통합해야 함을 알려준다. 예수 그리스도가 광야에서 받으신 유혹과 관련시켜 마술의 유혹을 연구하면서, 우리는 참 하나님의 음성을 거짓된 마술의 소리로부터 구별하는 일이 얼마나 어려운 일인지를 보았다. 이 두 가지는 언제나 함께 존재하며, 계시 이외에는 이 둘을 분간할 수 있는 객관적 기준이 없다. 그러나 계시를 해석할 때조차도 우리는 끊임없이 망설인다. 만일 우리가 자신의 삶 속에서 사물의 의미에 대한 진정한 감각을 탐구하지 않는다면, 어떻게 사물의 의미에 대한 참된 감각을 되찾도록 도움을 줄 수 있겠는가?

오직 예수 그리스도만이 마술의 유혹으로부터 하나님의 음성을 구별해 낸다. 오직 우리가 예수님과의 사귐 속에 있을 때에만 세계와 사물에 대한 진정한 영적 세계관에 접근할 수 있다. 플래트너 박사가 인격 의학이 무엇보다도 의사의 인격과 연관되어 있다고 쓴 것은 바로 그런 이유 때문이다.[3] 우리는 인간에 대한 어떤 교리(비록 그것이 성경적 이해라 할지라도)를 적용함으로써 진정한 영적 세계관에 접근할 수 없다. 오직 예수 그리스도를 인격적으로 체험하고, 그의 영감을 열심히 추구함으로만 도달할 수 있다. 우리를 인격적인 의사로 만드는 것은 우리가 환자에게 말하는 내용도 아니고, 하나님에 관한 이야기를 하는 것도 아니며, 함께 기도하는 것도 아니다. 그것은 우리의 삶 속에서 일어나며, 우리 삶의 문제들을 해결하는 것이며, 우리 자신의 인격을 통합하는 것이다. 아픈 사람에게 삶의 진정한 의미를 발견하도록 간곡하게 권고하는 것보다 우리 자신의 경험을 나누는 것이 더 도움이 된다.

그러므로 주님의 본을 따라 우리의 삶 속에 하나님과의 친밀하고 개인적인 교제를 나눌 수 있는 하나의 큰 공간을 마련하도록 하자. 의사와 환자 모두를 위한 인격의 통합은 묵상에서 달성된다. 왜냐하면 묵상하는 일은 하나님에 의해 우리 자신을 발견하도록 인도받는 일이기 때문이다. 묵상은 많은 시간을 필요로 하므로 신경을 많이 써야 하는 우리의 삶에서 결코 쉬운 일이 아니다. 그러나 우리는 늘 자기가 가장 중요하다고 판단하는 일을 위해서는 시간을 할애한다. 우리 자신의 문제들, 그리고 우리가 관심을 갖고 이해해 준다고 느끼게 될 때 우리에게 털어놓는 그들의 문제들, 그런 문제들의 해결책을 찾으려고 하나님의 목적을 성실하게 추구하는 시간처럼 우리 삶을 가치 있게 하는 것은 없다. 그러나 그 일이 결코 쉬운 일은 아닐 것이다.

이 점에 있어서도 성경은 현실적이다. 성경은 하나님께서 그들에게 분명히 말씀하실 때, 용기로 가득 찬 인물들을 우리에게 보여준다. 그러나 또한 종종 하나님이 침묵하실 때 주저하고 당황하는 모습을 보여 주시기도 한다. 이사야는 "진실로 주는 스스로 숨어 계시는 하나님이시니이다"(사 45:15)라고 외쳤다. 또 모세나 기드온이나 이사야나 예레미야가 하나님의 소명을 확실하게 수행하기 위해 얼마나 많은 대가를 치렀는지 성경은 보여준다. 예수님 자신도 사역을 위한 하나님의 뜻을 분명히 알기 위해 광야에서 40일을 보내셨다(눅 4:2). 사도 바울은 회심한 3년 동안 멀리 떨어져 있었다(갈 1:18). 그는 교회를 박해하는 것이 하나님께 순종하는 일이라고 진실로 믿고 있었다고 고백한다(행 26:9). 성경은 개종한 이방인에 대한 하나님의 뜻을 해석함에 있어 예루살렘 교회와 의견을 달리 한 사실(행 15:6), 그리고 바울이 자기의 오랜 동역자 바나바와 의견의 차이를 나타낸 사실(행 15:39)을 보여준다. 결국 바울은 자기의 망설임(살전 2:18)과 자기에게 주신 모든 소명 중 어떤 것을 선택해야 할까 고민하고 있음을 고백한다(롬 1:13~15). 그리스도의 형상이 변하셨을 때에 베드로가 마술의 유혹에 빠져 어리석은 제안을 했던 것을 우리는 본다. 성경은 덧붙여서 설명한다. "자기가 하는 말을 자기도 알지 못하더라"(눅 9:33).

그러나 우리가 증거로 삼는 것은 이런저런 예보다는 성경 전체라는 점을 다시 한번 말해 두고 싶다. 성경은 우리에게 하나님의 목적을 이해하기를 열정적으로 구하는 성령의 사람들을 보여준다. 그러나 그것은 많은 실수의 대가를 치루면서 아주 천천히 수고스럽게 발견됨을 본다. 그들은 그 때문에 고통을 당하며 그 고통 중에서 하나님께 부르짖는다. "원하건대 주는 하늘을 가르고 강림하시고"(사 64:1). 그리고 베들레헴에 하나님이 강림하셨을 때 그 하나님의 모습은 믿는자들이 기대했던 모습과는 너무도 달랐기 때문에 성경이 몇 번이나 반복해서 말하고 있는 것처럼, 그분을 볼 수 있는 눈을 가지고 그분의 음성을 들을 수 있는 귀를 가진 사람들만 하나님을 알 수 있었다(마 13:14~16).

하나님의 뜻을 찾으려 할 때 자기 혼자서만이 아니라 다른 사람들과 함께 성경을 연구하고 같이 묵상하며 그들과 더불어 기도하는 일이 또한 중요하다(마 18:20). 사도 바울도 안디옥 교회에서 함께 기도할 때에 성령님으로부터 명령을 받아 위대한 선교 사역을 시작하였다. "안디옥 교회에 선지자들과 교사들이 있으니 곧 바나바와 니게르라

하는 시므온과 구레네 사람 루기오와 분봉왕 헤롯의 젖동생 마나엔과 및 사울이라. 주를 섬겨 금식할 때에 성령이 이르시되 내가 불러 시키는 일을 위하여 바나바와 사울을 따로 세우라 하시니 이에 금식하며 기도하고 두 사람에게 안수하여 보내니라"(행 13:1~3). 또 모세의 경우도 마찬가지이다. 그는 깊은 영감을 받고 그의 장인의 지혜로운 권고를 청종하여 말씀대로 행한 것이다(출 18:24). "자네가 하는 일이 그리 좋지는 않네. 이렇게 하다가는, 자네뿐만 아니라 자네와 함께 있는 이 백성도 아주 지치고 말 걸세. 이 일이 자네에게는 너무 힘겨운 일이어서, 자네 혼자서는 할 수 없네"(출 18:17~18). 많은 의사들도 모세처럼 자기들에게 지워진 책임의 중압감에 눌려 위험에 부딪칠 때 그들의 아내들이 하는 말을 들을 것이다. 그러나 그들은 자기 아내들의 충고를 모세가 장인의 충고를 들을 때처럼 겸손하게 받아들이지 않는다.

성경이 우리에게 무엇보다도 먼저 보여 주는 것은, 하나님을 더 잘 이해하려면 하나님께 복종해야 한다는 사실이다. 성경은 이스라엘 백성이 그들의 반항적인 불평과 불복종의 결과로 길고 고난에 가득 찬 광야의 방랑 생활을 계속해야만 했다는 것을 보여준다. 예수님께서는 말씀하셨다. "하나님의 뜻을 따르려는 사람은 누구든지, 이 가르침이 하나님에게서 난 것인지, 내가 내 마음대로 말하는 것인지를 알 것이다"(요 7:17). 그러나 지성인들은 복종하기 전에 먼저 알려고 하며 확인하려고 한다. 성경의 관점은 그 반대이다. 우리는 먼저 자신의 삶 속으로 명령을 받아들여, "그러므로 하늘에 계신 너희 아버지께서 완전하신 것 같이 너희도 완전하여라"(마 5:48)는 주님의 요구에 응답하도록 하자. 우리는 이 세상에서 실제로 완전해질 수는 없을 것이다. 그러나 우리가 굳게 결심하고 노력할 때 그만큼 자유로운 인간, 한 인격이 되는 것이다.

크레스만 박사는 "의학의 목적은 무엇인가?"라고 묻고,[4] 계속해서 말하기를 "우리의 행위가 충분히 효율적이라면 우리의 활동이 자유로워야 한다. 즉 그것을 방해하는 모든 사슬로부터 삶을 자유롭게 해야 한다. 이 말은 가능한 한, 사람들을 괴로움으로부터 자유하게 하는 것을 의미한다. 그러나 그것은 또한 사람들을 외로움과 염려, 양심의 가책과 반항, 그리고 그들의 육체적, 심리적, 또는 영적 건강을 위태롭게 하는 모든 속박으로부터 자유롭게 하는 것을 의미한다.

그리고 다시 바룩 박사는 이사야서의 성경 구절을 의사의 전적인 소명으로 본다.[5] "주 여호와의 영이 내게 내리셨으니 이는 여호와께서 내게 기름을 부으사 가난한 자에게 아름다운 소식을 전하게 하려 하심이라. 나를 보내사 마음이 상한 자를 고치며 포로된 자에게 자유를, 갇힌 자에게 놓임을 선포하며"(사 61:1). 또 무리콴드 교수는 의사를 '고뇌를 제거하는 사람'이라고 부르기도 했다.

이 고뇌는 사물의 의미, 삶과 죽음과 질병의 의미, 그리고 우리에게 일어나는 모든 일에 드리워져 있는, 우리를 불안하게 만드는 비밀스러움에서 발생한다. 그것은 사람들의 마음에 마술적인 그릇된 해답을 제시하며, 그것으로부터 자유로워야 하는 새로운 노예 상태를 만드는 것이다. 그러한 자유는 의사로서의 자신의 인격, 그리고 환자들의 인격의 통합으로 얻을 수 있다. 그것은 모든 거짓된 신앙과 모든 종류의 유아적 퇴행, 자기 삶과 책임으로부터의 도피 등에서 해방되는 것을 의미한다. 이제 생명과 죽음, 그리고 질병과 치료의 참된 의미를 성경 안에서 찾아내기 위해 성경 연구를 계속해 나가기로 하자.

생명, 하나님의 부르심으로 깨어나다 17

"하나님은 생명을 좋아하신다. 왜냐하면 하나님께서 생명을 창조하셨기 때문이다!" 나는 내 친구 로저 포레가 곧잘 하던 이 말을 잘 기억한다. 그는 1940년 6월 포병 중대의 선두에 서서 프랑스를 위해 생명을 바쳤다. 그는 자신의 얼굴을 밝히는 환한 미소를 지으며, 이런 말을 하곤 했다. 그의 죽음 자체가 이 진리를 확인해 준다. 왜냐하면 수많은 사람들을 죽음으로 몰고가는 전쟁은 하나님의 뜻을 거스르는 인간의 모든 불순종으로 인한 결과이기 때문이다.

그렇다. 하나님은 생명을 좋아하신다. 하나님께서 생명을 창조하셨기 때문이다. 성경 전체를 통하여 생명이라는 사상은 하나님과 연관되어 있다. 그것은 창조주로부터 온 피조물이 살아 숨쉬게 하는 힘으로 묘사되어 있다. 생명은 하나님의 부르심에 의해 깨어났다. 창조 신화 전체를 통하여 우리는 "하나님이 이르시되"(창 1:3)라는 문구를 볼 수 있다. 모든 것에 생명과 존재를 부여하는 것은 하나님의 말씀이다.

우리가 구별할 수 있는 유기물의 세계와 무기물의 세계 사이의 근본적인 구별은 성경에서 찾아보기 어렵다. 성경에는 하나의 세계만이 존재한다. 창조의 기사 가운데 같은 형식의 용어가 운율적으로 반복되는 것은, 성경적 관점에서 세계가 본질적으로 하나라는 것을 말해 주는 것이다.

어둠에서 빛이 구분되어 나온 최초의 분리에 대해 성경이 보여주는 것처럼 모든 분리는 생명의 한 표현이다(창 1:4). 하나님이 없다면 모든 것은 무(無)이며, '혼돈과 공허' 이다(창 1:2). 하나님의 부르심에 따라 모든 것이 움직이고 생명을 얻는다. 별들을 운행하게 하시는 분도 하나님이시며, 별들의 무한한 운동은 하나님의 생명에 대한 능력을 보여 준다. 성경의 기자들이 브라운 운동, 화학적 친화성, 우주선, 방사능 물질, 전자, 중성자, 양자 등이나 그 밖에 물리학이 앞으로 발견할 모든 것을 알고 있었다면, 그들은 그런 모든 것들 중에서도 역시 하나님으로부터 나온 생명력의 표현을 보았을 것이라고 확신한다.

성경은 하나님이 전 우주에 부어 주시는 삶의 풍성함을 매우 강조한다. 시편 기자는 "손을 펴사 모든 생물의 소원을 만족하게 하시나이다"(시 145:16)라고 노래한다. 그러나 창조의 기사에서 보는 바와 같이, 거기에는 일종의 등급이 있다. 하나님은 인간을 "하나님의 형상대로 지음 받은"(창 1:27) 존재로 만드셨다. 말하자면, 인간의 생명에는 하나님의 것과 비슷한 자의식을 부여하신 것이다. 그리고 완벽하고 완전한 생명은 예수 그리스도 안에서 성육신화 되었다. "아버지께서는 모든 충만으로 예수 안에 거하게 하시고"(골 1:19).

그러나 인간을 관찰해 보라. 이를테면 절반쯤 표현되고 있는 잠재의식을 생각해 보라. 그리스도인이라 할지라도 그 잠재의식에는 하나님과 생명이 대립하고 있다. 그 결과, 하나님을 생명을 억압하는 장애물처럼 여기기도 한다. 그리하여 마치 하나님이 우리 삶을 방해하는 존재인 것처럼 생각하고, '자신의 삶을 마음대로 살' 권리를 주장하고, 권리라는 이름으로 하나님의 구속적 권위에 대항하기도 한다. 실제로 우리는 오직 하나님에 의해서만 충만한 삶을 누릴 수 있는데도 말이다!

이러한 생각은 하나님을 그 자녀들에게 기쁨과 생명의 환희를 주는 것을 고의적으로 금지하는 부모처럼 보이게 한다. 그런 종류의 왜곡된 생각은 보통 부정적 교육의 결과로 생겨난다. 나의 환자 중 한 사람은 이러한 교육의 희생자였는데, 그는 어느 날 이렇게 외쳤다. "부모님이 내게 가르쳐준 기본적인 모토가 '인생을 즐기는 것을 금한다' 는 말이었다는 것을 이제 알았습니다. 실제로 그렇게 말하지는 않았지만, 그것은 내 일부가 되어버렸고, 나는 그것 때문에 완전히 무기력하게 되었습니다."

한 젊은 부인과의 상담 후에 나는 이렇게 말했다. "원하는 대로 살 수 있음을 허가합니다!" 나는 젊은 부인이 자기의 과거로 인해 무척 억압되고 내성적으로 변했다는 인상을 받았고, 그것이 어느 정도 깊이 뿌리 박혀 있는지 가늠조차 할 수 없었다. 그녀는 아직까지도 자신이 '원하는 대로 살 수 있는 허가'를 얻는 데 성공하지 못했다. 이 사실은 내 의사 인생에서 가장 고통스러운 실패였다. 그녀는 늘 나를 만나러 올 때마다 자기가 입어야 하는 갑옷에 대하여 이야기했다. 한 번은 그녀가 그 갑옷은 나를 방어하기 위해 입는 것이 아니라 자기 자신을 방어하려고 입는 것이라고 설명했다. 그 생명이 폭발할 것을 두려워한 나머지, 혹시나 자유로 도피하고 싶은 마음이 생겨날 경우를 대비해서 그녀의 억압된 생명에 걸어 놓은 일종의 맹꽁이 자물쇠(반타원형의 고리와 몸통의 두 부분으로 되어 있으며 열쇠로 열면 고리의 한쪽 다리가 몸통에서 떨어져 나온다―역자 주)라는 것이었다.

사실상 우리는 모두 자신에 대한 두려움과 내면에서 느끼는 생명력에 대한 두려움, 그리고 그것이 넘쳐흐르지 않을까 하는 두려움을 가지고 있다. 마치 물이 흘러넘쳐 둑이 터지듯이, 그것은 신성한 생명의 법칙을 깨뜨리는 것이 될 것이라는 것을 알고 있다. 그래서 우리는 생명력이 하나님과 대립하는 것이라고 생각하기에 이르게 된다. 생명을 우리에게 주신 이가 하나님인데도 말이다. 생명을 자물쇠로 잠가 두는 것은 분명 답이 아니다. 우리의 생명을 하나님께 맡기고, 힘이 넘치는 생명의 강력한 방향으로 직접 인도해 달라고 그분에게 간구하는 것이 해결책이다.

우리는 흔히 유기물과 무기물의 세계를 구별하지만, 성경은 그것들 사이를 거의 구별하지 않는다. 엘룰 교수에 의하면[1], 성경은 생물학적 생명과 영적 생명을 비교하는 것에 비중을 두지 않는다. 성경에서 생명이란 세계와 모든 피조물들에게 활기를 불어넣으시는 하나님으로부터 온 힘이다. 하나님으로부터 온 동일한 힘, 동일한 하나님의 말씀, 즉 성령은 인간에게 도덕적 양심을 부여하고, 인간의 내면에 있는 영적 생명을 깨닫게 해준다. "생명과 은혜를 내게 주시고 나를 보살피심으로 내 영을 지키셨나이다"(욥 10:12)라고 욥은 말한다.

"여호와 하나님이 땅의 흙으로 사람을 지으시고 생기를 그 코에 불어넣으시니 사람이 생령이 되니라"(창 2:7). 여기서 생기라는 말을 주목하자. 성경은 생명에 대하여 결코 정적으로 표현하지 않는다. 생명은 강제적인, 인도하는 힘으로 기록되어 있다. 성경은 영적 생명을, 생물학적 생명과 마찬가지로 그 자체가 별개의 존재를 가진 것으로 생각하지 않는다. 영적 생명은 우리의 마음에 생기를 부어주며 인도해 주시는 하나님으로부터 오는 운동력이다.

그리하여 에스겔은 하나님께 부르심을 받고 예언했다. "… 생기야 사방에서부터 와서 이 죽음을 당한 자에게 불어서 살아나게 하라"(겔 37:9). 예수님 자신도 성령을 바람결에 비유해서 말씀하셨다(요 3:8). 부활하신 후에 그리스도는 제자들에게 생기를 불어넣어 주시며 말씀하셨다. "성령을 받으라"(요 20:22). 예수님께서 야이로의 딸을 어떻게 다시 살리셨는지를 서술할 때 누가는 "그 아이의 영이 돌아왔다"고 기록한다(누가 8:55). 바울은 지성적인 아덴 사람들에게 자기가 전파하는 하나님을 설명하기 위하여 "우리는 하나님 안에서 살고, 움직이고, 존재하고 있습니다"(행 17:28)라고 말했다.

폰 바이제커 교수는 생명이란 생리학이 우리에게 보여 주는 것 이상이라는 것을 우리는 직관적으로 느끼고 있다고 기록했는데,[2] 이 점에 대해 저 위대한 실험의학의 창시자 클라우드 베르나르와 의견이 일치한다. 베르나르의 "우리가 생명에 대하여 알고 있는 모든 것은 죽음이다"라는 격언은 유명하다. 이 격언은 실험실에서 과학적인 방법으로 결코 생명의 신비를 발견할 수 없다는 사실을 의미한다. 그러나 클라우드 베르나르는 실험실에서 그의 귀납적 능력을 억압하지 않으면서 훌륭한 방법으로 발전시켰다. 그에게는 과학자와 동시에 과학과 아무런 갈등이 없는 생명의 철학자가 함께 존재하고 있음을 알 수 있다. 그는 말한다. "생명력은 그것이 산출하지 않은 여러 현상을 통제하며, 물리적 힘은 그것들이 통제하지 않는 여러 현상을 일으킨다."

우리는 여기에서 '인도하는 힘'에 대한 성경에서 발견되는 생명의 개념을 분명히 볼 수 있다. 동시에 클라우드 베르나르의 이 주장은 두 가지 진단과 관련시켜 이야기한 실제적인 현실의 두 가지 양상 사이의 밀접한 관계에 대한 명확한 표현이다. 물리·화학적 메커니즘으로부터 창조된 생명, 그것은 이러한 메커니즘을 이끌며, 그들의 분명한 목적을 특별히 발전시킬 수 있도록 그들과 의사 소통하는 살아 있는 생명이다.

완벽한 과학자의 모범을 보여준 클라우드 베르나르는 생명에는 목적이 있다는 생각을 지지한다. 그는 과학적으로는 이해할 수 없는, 우리를 인도하시는 어떤 뜻이 과학의 메커니즘을 연구하는 사람의 여러 사건들에 어떤 의미를 부여한다는 사실을 인정한다. 하이델베르크대학의 시벡 교수도 그와 유사하게 과학의 한계와 과학이 생명을 이해할 능력이 없음을 지적했다. "과학적 방법은 분석적이다. 그것은 자체 생명 가운데서 단일한 과정을 뽑아낸다. 다시 말하면, 그 한계를 한눈에 파악할 수 있는 단일한 과정들을 지배하는 법칙을 발견하려고 한다. 그러나 생명의 전체적 심오함은 그렇게 해서 추측할 수가 없다. 왜냐하면 그것을 분석하면 생명의 진정한 본질이 사라지기 때문이다."[3] 르콩트 드 누이는 그의 여러 가지 연구에서 시벡 교수와 비슷한 관점을 전개했는데,[4] 또한 과학적 방법으로는 생명의 본질을 밝힐 수 없음을 입증했다. 그는 생명의 본질은 '조직체' 안에 존재한다고 말한다. 즉 조직의 모든 현상들이 조화롭게 함께 일하는 가운데, 생명은 우리 마음에 '우연이 없다' 는 개념과 '인도하는 힘' 의 개념을 보여준다는 말이다.

 이와 비슷하게 루쥬몽 박사는 세포의 영양 섭취와 같은 가장 초보적인 생물학적 현상에서도 선택이 있다는 것을 주목했다.[5] 세포는 그 주위에서 자신이 동화될 수 있는 것을 선택하고, 그 이외에는 모두 거부한다. 여기서 선택은 목적을 암시한다. 짱크 박사는 '선택' 이라는 동일한 말을 사용하여 그 선택 없이는 생명을 이해할 수 없다고 말한다.[6] 그리고 마치 태초에 우리의 과학으로 이해하기 어려운 어떤 지혜가 생명 현상에 어떤 특정한 방향에 대한 충동을 부여한 것과 같은 일들이 생물학에서 일어난다고 말한다. 그 생명 현상은 예정된 계획에 따라서 전개되고 있는 것이다. 마우리스 베르네 박사도 생명에 관한 유사한 학설을 전개했다.[7] 그는 생명체 안에서 일어나는 물리 · 화학적 현상을 통제하는, 모든 생명체의 기본적 능력을 '유기적 민감성' 이라 부르며, 살아 있는 유기체를 특징지어 주는 것은 생물학적 불변성이라고 말한다(예를 들어, 혈액의 구성이나 온혈동물의 체온이나 혈압과 같은 것들이다). 이러한 불변성에는 어느 것에나 어떤 범위 내에서의 정상적인 동요가 있다. 그것은 배가 파도에 의해 좌현으로나 우현으로 밀리기도 하면서 그 진로에서 약간 벗어나는 것에 비교될 수 있을 것이다. 그러나 진로에서 벗어나는 것을 시정하여 그 배를 바른 진로에 돌아오게 하는 자동 항해 장치와 같이,

이 유기적 민감성도 몸이 지속적으로 균형을 유지하도록 안전하게 지켜준다. 질병은 그 정상의 범위를 벗어난 하나의 동요이며, 죽음은 그 조정 장치를 상실하는 것이다.

우리는 생명에 대한 이들 생물학자들의 설명이 성경에서 말하는 생명관과 완전히 일치하는 것을 본다. 우리가 인도하는 힘이라는 말을 사용하든, 조직 · 선택 · 의식 · 유기적 민감성 등의 말을 사용하든, 그 말 속에 의지, 목적, 의미를 내포해야만 한다. 그리고 그것은 우리가 보아온 대로, 성경적 관점의 핵심 원리이다.

우리의 영적 삶 또한 언제나 곧은 길로만 가지는 않으며, 끊임없이 동요를 일으킨다. 나는 이런 사실을 받아들이기 어려워 하는 그리스도인들을 가끔 만난다. 하지만 우리의 영적 삶도 조정 장치를 가지고 있다. 여기서 유기적 민감성의 역할을 담당하는 것은 하나님의 음성이다. 우리 안에 있는 이 하나님의 음성을 '영적 민감성'이라 불러도 좋을 것이다. 우리의 영적 삶 가운데도 의심과 유혹이라는 동요가 흔히 일어난다. 또 하나님에 대한 불순종, 곧 죄의 좀 더 격렬한 동요도 일어난다. 이러한 동요는 조정 장치를 가동시킨다. 즉 양심의 외침이 우리를 신앙과 순종으로 돌아오게 한다. 옛말에 '행복한 실패'(felix culpa)라는 말이 있다. 행복한 실패는 우리를 겸손으로 인도해 주고, 우리를 하나님께로 안내하며, 정확한 방향으로 이끌어 준다. 그것은 우리 안에 있는 은혜의 행위이다.

다시 성경으로 돌아가 보자. 하나님께서 인도하신 성경의 인물들도 오류를 범하고 동요하기도 했다. 그러나 그들은 실수를 범했지만, 그 실수를 통하여 하나님을 이해하는 법을 배웠다. 이 하나님에 대한 지식, 즉 실패를 통해서까지도 하나님의 뜻을 새롭게 이해하면서 끊임없이

<u>그분을 재발견하는 일이 바로 생명의 의미이다. 동</u>
<u>요 없는 삶은 없다.</u> 끊임없이 실수하고 그 행위를 바로잡는 과
정이 생명을 유지한다. 이 타락한 세상에서 영적 생명이란, 죄와 은
혜, 의심과 신앙, 그리고 하나님으로부터 등을 돌리는 것과 하나님을
재발견하는 것의 순환이다. 칼빈은 "인간의 목적은 무엇인가? 역시
하나님을 아는 것이다"[8]라고 하였다. 그리고 곧바로 이 말을 덧붙였
다. "인간의 행복은 무엇인가? 그것도 역시 하나님을 아는 것이다."
위에서 말한 것처럼 하나님의 인도하심 아래 있는 생명은 방향에 대
한 실수로부터 우리를 보호하는 것은 아니지만, 이러한 실수가 하나
님을 보다 더 잘 알도록 도와준다. 이런 삶이야말로 의미를 가진 유
일한 삶이며, 진정으로 행복한 삶이다. 그것은 우리의 삶 전체에 의
미를 부여하는 일이다. 모든 생각, 모든 감정, 특히 모든 행위에 의미
를 부여하는 일이다. 사도 바울이 "그런즉 너희가 먹든지 마시든지
무엇을 하든지 다 하나님의 영광을 위하여 하라"(고전 10:31)고 말한 것
과 같다.

우리의 '영적 민감성'은 우리가 하나님께 불순종하는 순간 의심과
망설임, 그리고 고통에 빠지게 한다. "네가 만일 이 책에 기록한 이
율법의 모든 말씀을 지켜 행하지 아니하고 네 하나님 여호와라 하는
영화롭고 두려운 이름을 경외하지 아니하면 … 네 생명이 위험에 처
하고 주야로 두려워하며 네 생명을 확신할 수 없을 것이라"(신 28:58,
66). "의심하고 먹는 자는 정죄되었나니 이는 믿음으로 따라 하지 아
니하였기 때문이라. 믿음을 따라 하지 아니하는 것은 다 죄니라"(롬
14:23).

환자 가운데 한 사람이 내게 늘 하는 말이 있다. "전 정말로 살아 있
는 것이 아닌 것 같아요. 제 삶이 요구하는 바를 받아들이기를 스스
로 허락하고 있지 않기 때문이에요." 그러한 요구를 수용하는 것은

자신에 대한 책임을 받아들이는 것이며, 하나님의 뜻을 구하는 일이며, 또 구하는 일에 잘못을 범할 위험을 감수하는 것이며, 그것은 우리에게 생명을 회복시켜 주시는 겸손과 은혜를 수락하는 일이다.

18 치유의 힘, 생명력

사물과 몸, 그리고 영혼을 움직여 그것들을 일정한 방향으로 이끄는 생생한 힘이 생명이다. 그리고 성경은 우리에게 모든 생명은 하나님으로부터 나온다고 말한다. 내가 진료했던 환자 가운데 어느 대가족의 막내딸이 있었는데, 그녀의 아버지는 딸을 부양하는 것을 힘들어 했다. 어느 날 그녀는 아버지가 투덜거리는 절망적인 말을 듣고 말았다. "저 애만 생겨나지 않았더라면 좀 괜찮았을 텐데!" 여러분은 '네가 없었더라면 좋았을 것. 너는 살 가치가 없는 존재야'와 같은 부모의 말이 주는 충격을 짐작할 수 있을 것이다. 이 막내딸은 심각한 고민에 빠졌다. 몇 년 후 그녀가 세례를 준비하고 있을 때 그녀는 목사님에게 "하나님이 원하시지 않아도 아이가 이 세상에 태어날 수 있나요?"라고 질문했다. 그 목사는 "그런 걱정은 할 필요가 없단다. 친구들과 함께 나가서 뛰어 놀아라"라고 대답했다.

그러나 바로 나가서 노는 것이야말로 그녀가 바로 할 수 없는 일이었다. 왜냐하면 자기가 다른 사람들과 다르다고 느끼고 있었기 때문이다. 그녀는 아무도 자기를 원하지 않는다고 믿고 있었다.

세상에는 자기가 쓸모없는 존재라고 느끼는 사람들이 많다. 사생아들 가운데도 그런 경우가 가끔 있고, 또 사실이든 아니든 자기가 다른 형제자매들보다 부모에게 사랑받지 못했다고 생각하는 사람들도 그런 사례에 속한다. 또한 그들의 반응이나 비행, 또는 실패로 부모들을 몹시 화나게 하는 문제아들의 경우가 그렇다. 부모가 말로 하지 않아도, 아이들이 부모에게 무거운 짐이 된다는 것을 느끼게 하는 일은 흔히 있다.

자녀들은 하나님이 우리 마음속에 정해주신 사랑의 열매이다. 우리가 자녀를 낳은 사랑은 하나님이 그 자녀를 낳게 하신 사랑의 반영이다. 그것은 우리가 맡은 중대한 책임이다. 자기 부모의 사랑을 의심하는 아이는 하나님의 사랑도 의심한다. 부모가 자신을 원하지 않는다고 생각한 아이는 하나님도 자신을 원하지 않는다고 생각한다.

이러한 감정이 그 아이의 생명력, 즉 심리학자들이 리비도(libido)라고 일컫는 생명에 필요한 활동력에 어떠한 영향을 일으키는지 쉽게 상상할 수 있을 것이다. 이것이 자포자기적 신경증이라고 설명되어 온 신경증 저변에 깔린 원인이다. 최근에 이런 형태의 신경증에 걸린 한 젊은 여성이 내게 다음과 같이 말했다. "나는 성경을 읽을 수가 없어요. 왜냐하면 성경에는 생명의 약속, 즉 영원한 생명에 관한 약속이 가득하기 때문이죠. 하지만 저는 생명을 증오합니다. 그래서 영원한 생명은 상상만 해도 견딜 수가 없어요." 그러나 그것은 심리학적으로뿐 아니라, 육체적인 생명력도 억제하는 결과를 가져왔다.

이 문제에 대한 유일한 해답은 성경에서 찾을 수 있다. 즉 모든 생명은 하나님으로부터 왔다는 사실이다. 이처럼 고민하는 사람들에게 자신감을 회복시키고, 자기 생명에 무한한 가치가 있다는 사실을 느끼게 하려면 그들의 생명을 하나님께서 원하신다는 확신을 주어야만 한다.

그 아이가 비록 어느 날 밤 술에 취해 서로 모르는 두 남녀가 경솔한 성관계를 가진 결과로 생겨났다 하더라도, 이 두 사람 사이에 태어난 아이도 역시 하나님의 자녀이다. 이 아이의 생명은 부모에 의하여 생겨났을 뿐 아니라, 창조력을 인간에게 주신 하나님에 의하여 생겨난 것이다. 그리고 예수 그리스도는 이 아이를 위해서도 죽으셨다. 이 아이는 불쌍한 사람들을 향하신 하나님의 특별한 관심의 대상이기도 하다.

그리고 그가 정신요법 의사로부터 발견한 사랑은, 그가 비록 그리스도인이 아니더라도, 그의 병을 치료하는 필수적인 요인이 될 것이다. 왜냐하면 그 사랑은 그를 위한 하나님 사랑의 반영이기 때문이다. 이와 같이 생명에 대한 부정적인 태도가 하나님에 대한 부정적인 태도를 필연적으로 수반하는 것과 마찬가지로, 하나님에 대한 긍정적인 태도는 생명에 대한 긍정적인 태도를 수반한다.

　모든 생명은 하나님으로부터 온다. 그러므로 생명은 신성하며 침범할 수 없는 것이다. 무신론자들조차 그 사실을 이해하고 있다. 무신론자들이 부켄발트 포로수용소 입구 위에 "여기는 신이 없다"라고 써서 걸어 놓은 것이 그 때문이다. 인류 최초의 살인이 있은 후에 하나님은 가인에게 말씀하셨다. "네가 무엇을 하였느냐 네 아우의 핏소리가 땅에서부터 내게 호소하느니라"(창 4:10). 또 하나님은 노아에게 이렇게 말씀하셨다. "다른 사람의 피를 흘리면 그 사람의 피도 흘릴 것이니 이는 하나님이 자기 형상대로 사람을 지으셨음이니라"(창 9:6). 하나님께서는 사내아이가 나오면 죽이라는 애굽 왕의 명령에 굴복하지 않은 히브리 산파들을 칭찬하셨다(출 1:15~17). 또 시내산 꼭대기에서 하나님은 모세에게 "살인하지 말라"(출 20:13)는 계명을 주셨다. 그리스도는 하나님의 계명을 되풀이하여 그 계명에 완전한 의미를 부여하셨다(마 5:21~24). 즉 성내는 일과 미워하는 것은 하나님으로부터 받은 생명을 모독하는 것이며 살인의 근원이라고 선고하셨다.

　성경은 또한 인간 생명의 신성한 기원이 사회적인 법률 제정의 기초가 됨을 보여준다. "맷돌은, 전부나 그 위짝 하나라도, 저당을 잡을 수 없습니다. 이것은 사람의 생명을 저당잡은 것과 마찬가지이기 때문입니다"(신 24:6). 나는 여기서 약한 자의 삶을 보호하고 옳은 자를 지지하는 모세 율법의 모든 조항을 인용하여도 좋으리라 생각하면서 의학에 적용해 본다.

성경적 관점으로 보면 생명은 하나님과의 사귐이요, 죽음은 하나님과의 이별이다. 예수님은 "내가 진실로 진실로 너희에게 이르노니 내 말을 듣고 또 나 보내신 이를 믿는 자는 영생을 얻으리라"(요 3:16)고 하셨다. "내가 곧 길이요 진리요 생명이니"(요 14:6). 나는 이 말씀의 영적 의미보다 의학적 의미에 관심을 갖고 싶다. 하나님으로부터 오는 이 생명이란, 의식적이든 무의식적이든, 인간이 하나님과의 사귐 안에 있을 때 솟아나는 것인데, 이 생명은 인간의 영적 생명이면서 동시에 육체적 생명력과 정신적 에너지이기 때문이다.

육체적 생명력이란 개념은 매우 이해하기 어려운 개념이다. 그것은 기질에 관한 개념과 혼동되기 쉬운데, 이 기질은 생명의 표면적이고, 가시적인 표현에 불과하다. 우리 의사들은 진료 중에 의외의 일들을 자주 만난다. 즉 외관상으로는 튼튼하게 보이고 생명이 넘쳐흐르는 사람이 어떤 하찮은 병에 걸려서 완전히 쓰러져 버리는 수가 있다. 그런 사람들에게는 어떤 치료도 효과가 없어서, 끔찍한 무기력감에 휩싸인 채 죽음의 나락으로 떨어지는 환자의 모습을 그냥 지켜볼 수밖에 없다. 이와 반대로, 허약하고 부실해 보이며 바람만 한번 불어도 쓰러질 듯한 사람들이 늘 병을 앓기는 하면서도 뜻밖의 저항력을 보이는 경우도 있다.

성경적 관점에서 우리는 그 자신을 지키는 생명력이 하나님의 뜻으로부터 나온다는 것을 고려해야 한다. 물론 그것이 그 환자의 신앙을 가늠하는 척도라고 주장하는 것은 아니다. 신앙은 질병에 대한 보험도 아니며, 생명력에 대한 보증도 아니다. 또 신앙이란 회복을 위하여 없어서는 안 될 것도 아니다. 그렇지만 하나님의 뜻과 무관한 회복은 없다. 하나님과의 영적 사귐을 다시 확립함으로써 분명한 육체적 생명력의 회복이 일어나는 일이 흔히 일어난다.

신데렐라와 같은 어린 시절을 보낸 한 젊은 여성이 있었다. 어린 나이에 그녀는 모든 집안 일을 떠맡아 노예처럼 부림을 받아야 했다. 심리적으로 지독한 갈등이 생겼고 그로 인해 그녀의 육체적 저항력까지도 소모되어 버렸고, 그 결과로 병이 들었다. 그러나 그녀의 부모는 무정하게도 전혀 관심을 갖지 않았고, 오히려 고통을 호소하면 게으르게 핑계를 찾아내려 한다고 책망했다. 결국 차마 볼 수 없었던 이웃 사람들이 그녀를 의사에게 데리고 갔는데, 그녀는 중증의 폐결핵에 걸려 있었다.

그녀는 요양소에서 담당 의사가 간호사에게 그녀의 병세에 관해 매우 비관적으로 말하는 것을 듣고 말았다. 그날 밤, 뜬눈으로 지내며 침대에 누워 있었는데, 그 때까지 삶 속에 종교가 아무런 역할도 하지 않았던 그녀에게 아무도 기대하지 못한 방법으로 하나님께서 찾아오셨다. 마침 달이 떠올라 그 빛이 그녀의 맞은편 창으로 비쳐 왔다. 갑자기 그녀는 "하나님은 나를 사랑해 주신다"라는 저항할 수 없는 확신이 넘치는 것을 느꼈다. 이 확신은 이를테면 그 자체의 불가결한 또 하나의 확신, 즉 '나는 나을 것이다' 라는 확신을 가져왔다. 이튿날 아침 일찍 그녀는 그 때까지 몇 달이나 식욕이 없어서 먹지 않던 음식을 맛있게 먹었다. 의사는 깜짝 놀랐다. 그녀는 의사에게 "저는 선생님이 어제 내가 회복되기 어려울 것이라고 말씀하시는 것을 들었습니다. 그러나 어젯밤 하나님께서는 제가 나을 것이라는 확신을 주셨습니다"라고 말했다. 담당 의사는 "그렇습니까? 그러면 이제부터 내가 시키는 대로 해야 합니다"라고 대답했다. 그녀에게 순종은 조금도 어려운 일이 아니었다. 그리하여 그녀의 병세는 매우 놀랍게 호전되었다.

이런 사건은 드물지 않다. 내가 처음으로 그런 사건들을 몇 가지 발표한 이후 많은 동료들이 자신들이 경험한 동일한 사례를 이야기해 주었다. 예를 들면, 동료 의사가 몇 달 동안 치료를 했는데도 별 효과가 없었던 빈혈증을 앓고 있던 소녀가 있었다. 최후의 수단으로 그 의사는 그녀를 요양소에 보낼 허락을 얻기 위해 그녀가 일하고 있던 지역 보건소장에게 그녀를 보냈다. 일주일 후 그 환자는 보건소장의 응답을 가지고 돌아왔다. 그는 환자의 입소를 허가해 주었지만, 다음과 같은 말을 첨부하였다. "혈액을 검사한 결과 써 보내신 것과 같은 증세는 아무것도 찾아내지 못했습니다."

나의 친구는 약간 멍했으나, 즉시 새 혈액을 채취하여 임상 검사실로 달려갔다. 그런데 확실히 백혈구와 적혈구의 수 상태가 갑자기 변해버린 것이었다. "만일 내가 주의깊게 임상 검사를 하는 사람이 아니었다면, 그리고 만약 내가 이 환자가 올 때마다 검사한 결과를 기록해서 대조해 본 일이 없었다면, 실수였다고 생각했을지도 모른다"고 나의 친구는 말을 이었다.

그는 그 환자에게 가서 물어 보았다.

"이전에 여기 왔던 이후 무언가 평소와는 다른 일이 있었습니까?"

"예, 특별한 일이 있었지요. 제가 기분 나쁘게 원한을 품고 있었던 어떤 사람을 갑자기 용서할 수 있게 되었습니다. 그랬더니 마침내 삶에 대하여 '예'라고 말할 수 있을 것처럼 느껴졌답니다" 하고 그녀는 대답했다.

삶에 대하여 "예"라고 하는 것은 하나님에 대하여 "예"라고 하는 것과 전적으로 동일하다. 얼마나 많은 사람들이 삶에 대하여 실제로 "예"라고 할 것인가? 삶에 대한 우리의 개인적인 태도가 긍정적이든 부정적이든 간에 질병에 대한 저항력에 영향을 끼친다는 것은 분명하다. 정신분석을 하는 의사들은 신경증의 사례에서 이러한 증거를 풍부하게 가지고 있다. 취리히의 메데르 박사는 이러한 치유의 힘에 관한 이야기를 책으로 출간했다.[1] 이 치유의 힘은 모든 병자 안에 잠재되어 있다. 그것을 일깨워서 그 힘이 성공적인 치유를 가져오도록 주어진 역할을 다하게 하는 것이 정신분석의의 일이라고 메데르 박사는 말한다.

그러나 이 치유의 힘은 장기적 질환을 가지고 있는 환자에게 있어서도 마찬가지로 중요하다. 내가 아는 어느 결핵 환자는 치유의 고백을 하면서 이렇게 말했다. "나는 10년 동안에 걸쳐 계속 사는 것을 두려워했습니다. 그러는 내가 어떻게 병이 나을 수 있었겠습니까?" 의사들은 환자들에게 살려는 의지를 강력하게 일깨워 주어야 한다. 안네시의 의학회에서 이전에 환자였던 장 구우지 씨가 자기가 입원했던 요양소의 의사와 처음 상담했을 때의 이야기를 했는데, 우리에게 큰 감동을 주었다. 그 의사는 솔직하게 오래 입원을 해야 한다고 말해 주었다. 그러나 그는 애정어린 말을 덧붙여서 치유의 가능성을 발견하게 해주었다. 그 환자는 감탄하여 마음 속으로 이렇게 외쳤다. '아, 내가 살고 싶어한다는 것을 알아주는 사람이 있구나!'

아픈 사람이거나 건강이 좋지 않은 사람이거나, 그의 인생사를 얘기해줄 때 마음 속으로 다음과 같은 질문을 하게 된다. '이 사람의 삶의 원동력이 되고 있는 힘은 무엇일까?' 사실상 얼마나 많은 사람들이 자신에게 이런 질문을 할까? 우리가 알지 못하지만 계속되는 본능의 충동이 그 답일까? 그것은 대립과 보복의 기계적인 반응에 불과한 것이 아닌가? 또는 단지 외부 환경의 힘일까? 그래서 우리는 키를 잃은 배처럼 이리저리 밀려가는 것일까? 얼마나 많은 사람들이 각종 흥분제를 필요로 하는가를 보게 되면, 그들의 진정한 내적인 힘이 얼마나 결핍되어 있는지를 알 수 있다.

어느 여의사가 나에게 다음과 같은 글을 써 보냈다. "제가 살아 있는 기독교 신앙을 찾았던 그 순간부터 저의 위산과다증은 완전히 나았고, 얼마 안 되어 체중이 6킬로그램이나 늘었답니다." 간질병 발작으로 여러 해 고생하며 모든 종류의 치료를 받았으나 낫지 않은 한 부인이 나를 찾아왔다. 우리는 그녀의 발작 이야기는 거의 하지 않았다. 그녀를 검사했던 신경과 전문의가 나보다 과학적 진단은 훨씬 더 잘했기 때문이다. 그러나 그녀는 그때까지 아무에게도 결코 말한 적이 없었던 문제를 내게 솔직히 털어 놓았다. 그녀는 매우 엄격한 종파의 교인이었는데, 그 윗사람과 의견을 달리하여 논쟁을 벌였다. 그때 그리스도인으로서 복종하는 심정으로 양보를 했지만, 그녀의 양심 깊은 곳에 자기가 하나님께 불순종했다는 감정이 남아 있었던 것이다. 몇 달 후에 그녀는 나에게 다음과 같은 편지를 보냈다. "선생님을 방문한 뒤 한두 번 발작이 재발했지만, 그 후로는 전혀 일어나지 않았습니다. 정말 놀라운 일이예요." 또 그로부터 1년 후에 그녀는 완쾌되었고, 곧 결혼할 것이라는 소식도 보내왔다.

"하나님의 은혜는 정신에서 육체로 흐른다"고 성 토마스 아퀴나스는 말했다. 생명력, 곧 자연 치유력은 신앙의 척도는 아니지만, 하나님과의 올바른 관계가 다시 세워졌을 때 매우 놀랍고 많은 사례들을 여기저기에서 볼 수 있다. 솔로몬의 지혜가 보여주는 것과 같이!

내 아들아 내 말에 주의하며

내가 말하는 것에 네 귀를 기울이라

그것은 얻는 자에게 생명이 되며

그의 온 육체의 건강이 됨이니라(잠 4:20, 22).

이와 관련된 예수님의 특히 흥미로운 치유 사건이 있다. 그것은 혈루증(피가 엉키고 뭉쳐서 굳어지는 병─역자 주)으로 고생하던 여인의 사건이다 (막 5:25~34). 그녀는 예수의 옷만 만져도 나으리라고 생각했기 때문에 군중 속에 끼어 들어와 뒤에서 예수님의 옷을 만졌다. 그 순간 "출혈이 그치고 병이 나은 것을 몸으로 느꼈다." 예수님께서도 즉시 자기에게서 능력이 나간 것을 아시고 무리를 둘러보시며 "누가 내 옷을 만졌느냐?"고 말씀하셨다. 이 사건은 그 때에 예수님으로부터 육체적 생명력, 즉 치유의 힘이 구체적인 형태로 빠져 나간 것을 느끼셨음을 보여준다.

플로렌스의 라카넬리 박사는 치유의 은사를 받아 모든 종류의 신경증 환자들에게 안수를 해주었는데, 치유가 일어날 때 치유의 힘이 자기 속에서 활동하며, 자기 손을 통해 나가는 것을 매우 강력하게 느낀다고 말했다.[2] 그로 인해 그의 환자들이 병세가 호전되어 안정감을 느끼는 반면, 자신은 매우 피곤해지기 때문에 이런 형태의 치료를 행할 때에는 자신의 힘이 소진되지 않도록 할 수 없이 엄격히 절제하는 생활을 하게 된다고 했다.

우리가 이 문제를 토의하고 있을 때 플로렌스에서 온 다른 의사가 나에게 말했다. 그도 역시 이런 종류의 치료를 실시해서 성공을 거둔 일이 있었다. 그러나 자기는 그 치료에 너무 민감하였기 때문에 그것을 단념할 수밖에 없었다고 했다. "말하자면, 나의 환자가 협심증을 앓고 있으면, 이러한 치료로 그는 자신의 질병이 즉시 사라지는 것을 느끼지만, 나 자신은 즉시 동일한 발작으로 고통을 받게 되는 것이었습니다"라고 그는 말했다. 이 일을 아내에게 말하면서, 우리 부부도 다른 부부 사이의 화해를 도와줄 수 있었던 그날 밤에 부부싸움을 한 적이 있었던 것을 깨닫게 되었다. 나치 체제가 몰락한 후 칼 융이 상기한 복음서의 한 구절을 떠올리게 된다.[3] 즉 마귀가 쫓겨나면 또 다른 곳으로 옮겨가는 것이다(마 8:28~34).

이런 일은 의심할 여지 없이 신비 속에서 계속될 것이다. 그러나 그런 것들은 내가 이 책에서 몇 번 지적한 점과 일치한다. 즉 성경적 관점은 성육신에 대한 관점으로, 그것은 단지 순전히 영적 영역에만 속하는 것이 아니라, 자연 안에서 물질적으로도 활동하는 것이다. 아마도 언젠가 우리는 그 자연적 은혜의 소산물들을 발견할 수 있는 방법을 가질 수 있을 것이다.

그리스도의 기적을 다 '설명'하는 것이 나의 목적은 아니다. 예를 들어 이미 부패한 시체가 다시 살아났다고 하는 나사로의 부활은 자연의 순리에 위배되는 일이다. 그러나 많은 경우에 자연적인 방식으로 치료가 가능하고 의사로서 우리는 거기서 생겨난 것이 어떤 것이었는지를 이해하려는 시도를 할 수 있다. 국제적인 한 연구회의 모임에서 나의 동료 의사는 예수 그리스도로부터 오는 생명의 힘이 생물학적 치유 과정을 극도로 촉진시킬 수 있다고 주장했다. 예를 들어 르콩트 드 누이 박사는 상처가 아무는 속도는 화학적 반응으로서 동일한 법칙을 따른다는 것, 즉 일정한 연령에서 체온이 4도 올라가면 상처 치유 속도는 2배가 된다는 것을 보여 주었다. 영적 힘이 그와 유사한 상황을 촉진하거나 가속화시킬 수도 있음을 추측할 수 있다. 예수님께서 행하신 치유 사역 중 어떤 것은 즉각적으로 일어나지 않았다는 것을 주목해야 한다. 열 사람의 문둥병자의 경우(눅 17:12~14)와 나면서 소경된 사람의 경우(요 9:6~7)가 그런 것이다.

19 생명, 하나님의 축복

　생명은 하나님으로부터 온 선물이며, 하나님으로부터 오는 힘이다. 성경적으로 볼 때 그것은 또한 축복의 징표이다. 성경은 하나님으로부터 축복받은 인물들이 놀랄만큼 장수했다는 것을 고지식하다고 느껴질 정도로 상세하게 강조한다. 우리에게 전해진 대로 볼 때, 아담은 930세(창 5:5), 아브라함은 175세(창 25:7), 이삭은 180세(창 35:28), 야곱은 147세(창 47:28), 요셉은 110세(창 50:22), 여호수아도 110세(수 24:29)를 살았다. 또 다윗은 "그가 나이 많아 늙도록 부하고 존귀를 누리다가 죽으매"(대상 29:28)라고 기록되었고, 욥은 병이 나은 후 140년을 살며 아들과 손자 4대를 보았다(욥 42:16).

　성경은 많은 부분에서 장수를 인간이 하나님의 율법에 순종한 데 따르는 보상으로 기록한다. "내 아들아, 들으라. 내 말을 받으라. 그리하면 네 생명의 해가 길리라"(잠 4:10). 시편에서는 하나님을 사랑하는 사람에 대하여 다음과 같이 말씀하신다. "내가 장수하게 함으로 그를 만족하게 하며 나의 구원으로 그에게 보이리라 하시도다"(시 91:16). 위에 열거한 장수한 사람들 외에도 창세기 5장에 열거되어 있는 많은 사람들이 있다. 그들 한 사람 한 사람에 대하여 각각 반복해서 사용한 "살고 죽었더라"(창 5:5)라는 간단한 표현에 주의를 환기시키고 싶다. 이러한 말들은 성경이 흔히 사용한 대로 '나이가 찬' 노인의 '정상적인' 죽음을 연상하게 한다.

　나는 늘 노인을 좋아했다. 그런 심리학적 요인은 내가 노인의 아들이었다는 사실에서 비롯된다. 나의 부친은 내가 태어날 당시, 게난(창 5:12)이나 아브라함의 아버지 데라(창 11:26)와 같이 70세였다. 나는 수년 동안 연로한 부인들을 위한 가톨릭 기관의 의사로 섬긴 적이 있는데,

사람들을 방문하는 일은 나의 특별한 기쁨이었다. 동료 의사들은 나에게 말할 것이다. "나는 자네를 이해할 수가 없네. 노인들을 돌보는 일이란 그다지 흥미로운 일이 못되지 않나. 자네가 그들을 위하여 해줄 수 있는 일은 그다지 많지 않을 걸세." 나는 활동적인 일보다는 인간관계에서 더 많은 즐거움을 느끼고, 노인들과 깊은 인간관계를 맺곤 했다. 노인들은 하나님과 더 가깝고 친밀한 관계를 맺고 있는 것 같다. 그 나이가 되면, 친구들은 세상을 떠나서 점점 사라져 가고, 이 세상의 부귀영화도 퇴색되고, "우리의 겉사람은 낡아지나 우리의 속사람은 날로 새로워지도다"(고후 4:16)라는 말씀처럼, 속사람이 더욱 성장하게 되는 것이다. 노년이 되면 자신의 성격이 더 분명하게 드러난다. 이기적인 사람은 심술궂은 고집쟁이가 되고, 마음이 따스한 사람은 평온함을 얻는다.

융 교수는 인간의 나이 먹는 방법에 관한 책을 썼다.[1] 그는 나이가 들면서 인생의 목적이 바뀌는 것을 받아들이는 일이 얼마나 중요한지를 보여준다. 즉 무엇을 할 것인가에 강조점을 두는 대신 점점 자신이 누구인가에 강조점을 두어야 한다는 것을 보여 주었다. 그러나 현대 사회는 '누구인가(being)?' 보다 '무엇을 하는가(doing)?'를 훨씬 중요시한다. 노인들은 때때로 그가 병들거나 허약하지 않은데도, "삶은 나에게 무거운 짐입니다. 나의 기력은 다했고, 세상은 더이상 나를 필요로 하지 않습니다. 저는 어서 날 불러주시라고 하나님께 기도한답니다"라고 말한다. 이런 노인들에게 문명이 제시하는 잘못된 가치를 부정하라고 답하고 싶다. 장수는 하나님의 축복이다.

그러나 자녀는 장수보다 더 큰 하나님의 축복이라고 성경은 말한다. 이 주장은 산아 제한이라는 큰 문제와 관련되어 있으므로, 의학적으로 매우 중요하다. 하나님은 그들을 축복하시며 말씀하셨다. "생육하고 번성하여 땅에 충만하라"(창 1:28). 성경에는 불임이 일종의 저주라는 생각으로 가득 차 있다. 성경은 어머니가 되려는 갈망이 여인들을 어떤 극한의 상황까지 몰고 가는지를 현실적으로 보여준다. 롯의 두 딸은 어머니가 되지 못한 채 죽는 것을 너무도 싫어한 나머지 그들의 아버지를 술에 취하게 하여 동침하였다(창 19:31~34). 성경은 아브라함의 아내 사라가 받은 모욕과, 그녀의 시녀 하갈이 자기가 임신한 것을 알고 사라를 멸시하는 모습을 보여준다(창 16:1~4). 하나님은 사라가 잉태하게 하겠다고 아브라함과 사라를 축복하셨다. 그 때 사라의 나이는 90세였으므로, 그녀가 아들을 낳게 되리라고 말씀하셨을 때 아브라함은 웃음을 터뜨리고 말았다(창 17:15~17). 그리고 하나님의 축복과 약속은 이삭이라는 아들을 남겼다.

불임을 불명예로 여긴 이런 생각은 신명기에도 나타난다. "형제가 함께 사는데 그 중 하나가 죽고 아들이 없거든 그 죽은 자의 아내는 나가서 타인에게 시집 가지 말 것이요 그 남편의 형제가 그에게로 들어가서 그를 맞이하여 아내로 삼아 그의 남편의 형제 된 의무를 그에게 다 행할 것이요 그 여인의 낳은 첫 아들이 그 죽은 형제의 이름을 잇게 하여 그 이름이 이스라엘 중에서 끊어지지 않게 할 것이니라"(신 25:5~6). 우리는 앞에서 지적한 바 있는 이름의 중요성을 다시 본다.

성경에서 최초로 질병과 치료에 대해 언급한 기사는 아비멜렉의 아내와 그 여종들이 하나님에게 불임증을 치료받았다는 내용이다(창 20:17~18). 그 사건에서 주목할 만한 점은, 그 저주가 무의식적인 죄, 그것도 저지르지도 않은 죄에 대한 형벌로 기록되어 있다는 사실이다. 그랄의 왕 아비멜렉은 사람을 보내 아브라함의 아내 사라를 불러들였다. 그 죄에 대한 책임은 실제로 아브라함에게 있었다. 아브라함이 죽임을 당할까봐 지레 겁먹고 사라를 자기 누이라 하고 아비멜렉에게 보냈기 때문이다. 하나님께서 꿈으로 아비멜렉에게 경고하셨고 (창 20:3), 거기에 대한 아비멜렉의 반응은 훌륭했다. 그는 아브라함에게 그의 아내를 돌려보냈을 뿐 아니라, 선물까지 주었다. 그리고 그 나라 안에서 아브라함이 좋아하는 곳이면 어디서든지 살 권리를 주었다(창 20:14~15).

여기서 우리는 하나님의 축복에 대한 중요한 성경적 개념을 더 자세히 관찰해 보자. 비록 아브라함에게 죄에 대한 책임이 있었고, 아비멜렉은 사라를 건드리지도 않았으며, 하나님의 경고에 그처럼 충실하게 응답하였음에도 불구하고, 하나님이 아비멜렉의 아내와 그 여종들에게 내리셨던 불임을 고치신 것은 아브라함의 기도를 통해서였다. 그것은 아브라함이 하나님께 선택되어 하나님과 언약을 맺고 있었기 때문이었다. 그에게 하나님의 축복이 있었으며, 그 축복은 그의 행위와는 전혀 무관했다. 즉 아브라함이 죄를 지었을지라도 축복은 끝나지 않았으며, 다른 사람들에게 그 축복을 전달할 능력도 가지고 있었다.

물론 수많은 성경 구절이 인간의 순종에 대한 보상으로서 하나님의 축복을 보여 주는 것이 사실이다. "내가 오늘 복과 저주를 너희 앞에 두나니 너희가 만일 내가 오늘 너희에게 명하는 너희의 하나님 여호와의 명령을 들으면 복이 될 것이요"(신 11:26~27). 그러나 성경에서 이 순종이란 도덕보다는 신앙과 연관되어 있다. 아브라함은 그의 신앙 때문에 하나님의 부르심을 받고 하나님의 축복을 얻었다(창 12:1~3). 그리고 하나님의 대리인으로서 하나님의 축복을 전달하는 능력도 가질 수 있었다. 아브라함은 여러 가지 결함을 가지고 있었는데도 이 능력을 행사할 수 있었다. 그러나 뒤에서 또 언급하겠지만, 성경이 무엇보다도 강조하는 것은 축복하는 사람을 선택하시는 절대적 주권을 하나님께서 가지고 계시다는 점이다.

우리가 좋아하든 싫어하든 축복과 저주에 대한 이 성경적 개념은 여전히 인간의 마음속 깊이 뿌리 박고 있어, 종교가 없을 경우에는 마술의 형태를 띠고 재빨리 표면에 나타나, 온갖 마술적으로 왜곡된 그릇된 해석을 가져온다. 이런 일은 신경증에서 흔히 일어난다. 그런 경우에 환자는 자기 자신이 어떤 악한 세력에 사로잡혀 있다는 느낌을 받는다. "내 삶을 엉망으로 만들고 있는 느낌입니다. 나는 하는 일마다 실패합니다. 도대체 내가 왜 이런 저주를 받아야 하는 겁니까?"

이런 사람들은 그들의 유아 시절에 경험한 부정적 결과로 인해 우리가 앞서 말한 바 있는 생명에 대한 부정적 태도를 가지고 있으며, 또한 하나님이 자기들에 대해 적대감을 가지고 계시다고 생각한다.

자신이 하나님으로부터 저주를 받고 있다고 마음속 깊이 느끼는 젊은 부인이 있었다. 나는 그녀에게 손을 얹고 하나님의 축복을 간절히 기도했다. 그녀는 자기가 굳게 결심하고 신앙심을 다지는데도 불구하고 계속해서 다시 죄를 짓고만다는 사실이 자기가 하나님으로부터 저주를 받고 있는 증거라고 주장했다. 그녀뿐 아니라 우리도 똑같은 상황에 놓여 있지 않은가! 내가 그녀에게 "그처럼 저주받고 있다는 생각을 어렸을 때도 가지고 있었습니까?"라고 물었을 때 그녀는 그렇다고 대답했다. 그것은 심리적 콤플렉스가 저주받고 있다는 생각을 만드는 역할을 한다는 하나의 분명한 실례였다.

이것은 한 사람의 전 생애에 영향을 주는 심각하고 어려운 문제이다. 이런 신경증 환자들은 근본적으로 심리적인 원인으로 발생한 장애를 종교적 원인의 탓으로 돌린다. 그 환자는 실제로 어린 시절에 입은 단순한 심리적 충격의 희생자로 자기가 하나님의 저주 아래 있다고 믿게 되고 만 것이다. 특히 본질상 이런 문제일 경우에는 신앙적 사역자와 의사의 협력이 필요하다.

아이를 출산하는 일이 하나님이 내려주신 신성한 축복의 징표라는 성경적 관점이 또한 인간의 마음 깊숙이 자리 잡고 있다. 결혼 전에 임신하여 낙태했거나, 결혼한 후 얼마 안 되어 낙태한 부인들이 그 후 여러 가지 치료를 받았으나 임신할 수 없는 상태가 된 사례를 나는 많이 보아왔다. 또한 신혼 초기에 아이를 원하지 않아서 피임법을 사용했는데, 그 후 어린아이를 낳고 싶어도 임신되지 않아서, '이럴 줄 알았으면 임신할걸' 하고 후회하는 사람들도 보았다.

이러한 부부들은 고민이 무척 많을 것이다. 의사들은 지금 막 결혼한 신혼부부가 정당한 이유 없이 어린아이를 낳는 신성한 명령을 피하는 것이 위험하다는 것을 충분히 일러주어야만 한다.

낙태는 일종의 살인이다. 그것은 의심할 여지가 없다. 그것은 성경과 교회의 계율일뿐 아니라 인간의 마음 자체에 새겨져 있는 것이다. 나는 이 문제에 대해 너무도 많은 고백을 들어 왔으며, 그 모두가 감정에 무거운 짐을 지우는 일임을 보아왔기 때문에, 어떤 사람도 낙태를 당당하게 할 수는 없다고 확신한다. 이런 억눌림으로 인한 내적 갈등은 심각한 심리적 불안을 유발할 수 있다. 제네바에 있는 프로테스탄트 연구센터의 의학팀은 법률가, 산부인과 의사, 정신과 의사, 그리고 천주교와 개신교 양쪽 신학자들로부터 보고를 들은 후에 낙태 문제에 대해 논의했고, 몇몇 결의안은 만장일치로 승인되어 의학 전문가와 행정 당국에 보내졌다. 스위스 연방정부와 제네바 주정부는 연방 형법으로 낙태가 합법화된 이래 해마다 낙태가 늘어나고 있다는 사실에 실제로 관심을 표명했다. 그 결의안 가운데 하나는 다음과 같다. "기독교적 관점에서 아이는 하나님의 선물이며, 여섯째 계명은 확실히 살인을 금지하고 있다(출 20:13). 그러므로 모든 임신은 존중되어야 한다. 아이의 생명은 수정과 함께 시작된다. 생명이 임신 기간 중 특정한 기간에 시작된다고 정하는 것은 그럴싸해 보이는 억측에 불과하다. 낙태는 임신한 후 어느 시점에 행해지든지 간에 생명에 대한 중대한 공격임에 틀림없다. 따라서 낙태는 하나님의 뜻과 계명을 파괴하는 일이다. 하지만 기독교는 그리스도인이 자기 신앙에 충실하기 위해 행하는 엄격한 훈련, 성 생활 전체를 통제하는 훈련, 그리고 국가가 그 책임을 자각하고 공중위생을 지키고 질서를 유지하기 위해 사회 전체에 부과하는 법률을 확실히 구별한다. 그리스도인은 극히 예외적인 경우를 제외하고는 낙태를 거부해야 하지만, 국가가 전 국민에 대해서 엄격하게 법을 제정할 수 없음을 인정한다. 교회는 행정 당국이 공익을 목적으로 하고, 방종과 부도덕을 조장하지 않으며, 낙태가 은밀히 행해지는 일이 없도록 하는 법령을 공포할 것을 요구한다."

나는 불임이 심각한 심리적 장애로 이어지는 것을 보아왔다. 내가 아는 한 부인은 그녀의 남편이 함께 가야 하는 지역이 임신하면 매우 불편한 곳이라는 이유로 그녀에게 피임법을 사용하여 임신을 보류하도록 설득시켰다. 그 곳에서 무사히 돌아왔지만, 그녀는 불임이란 끔찍한 고통의 피해자가 되었다.

이 중대한 문제를 다룸에 있어 미혼 여성들에게도 해주고 싶은 말이 있다. 사도 바울은 독신도 소명이라고 말한다. 즉 그녀는 하나님을 섬기는 일에 헌신하도록 하나님으로부터 부르심을 받은 것이다. 사도 바울은 이렇게 썼다. "시집 가지 않은 자와 처녀는 주의 일을 염려하여 몸과 영을 다 거룩하게 하려 하되 시집 간 자는 세상 일을 염려하여 어찌하여야 남편을 기쁘게 할까 하느니라"(고전 7:34).

이 말씀에서처럼 독신 생활도 어머니의 생활과 마찬가지로 풍요로운 생활일 수 있다. 왜냐하면 하나님이 인간에게 주신 창조의 힘은 아이 낳는 일에 한정되어 있지 않기 때문이다. 예수님은 말씀하셨다. "나를 믿는 사람은 내가 하는 일을 그도 할 것이요 또한 이보다 큰 일도 하리니"(요 14:12). 또한 이런 포기를 대가로 독신 여인은 진정한 가족을 발견할 수 있다. 실제로 저들은 주님의 약속에 동참할 수 있을 것이다. "내 이름을 위하여 집이나 형제나 자매나 부모나 자식이나 전토를 버린 자마다 여러 배를 받고 또 영생을 상속하리라"(마 19:29).

독신이었던 사도 바울이 그가 설립한 교회들을 향하여 얼마나 아버지답게 말했는지 생각해 보라. "그 밖의 것은 제쳐놓고서라도, 모든 교회를 염려하는 염려가 날마다 내 마음을 누르고 있습니다. 누가 약해지면, 나도 약해지지 않겠습니까? 누가 넘어지면, 나도 애타지 않겠습니까?"(고후 11:28~29). 또 그가 디모데에게 '사랑하는 아들'(딤후 1:2)이라고 부른 그 부드러운 말씨가 어떠했는지를 생각해 보라.

그리고 성경이 우리에게 보여 주는 것처럼 그 모든 충만함과 영광 안에 있는 생명이란, 하나님과의 영적 교제이며, 예수 그리스도와의 사귐이다. 히스기야 왕은 병 고침을 받은 후에 이렇게 외쳤다. "주님, 주님을 섬기고 살겠습니다. 주님만 섬기겠습니다. 저를 낫게 하여 주셔서, 다시 일어나게 하여 주십시오 … 오직 살아 있는 사람만이 주님을 찬양할 수 있습니다"(사 38:16, 19). 나는 교통사고에서 간신히 죽음을 면한 후에 이런 느낌을 강하게 받았는데, 하나님이 내게 생명을 주신 것은 오직 하나님을 섬기기 위해 더 온전히 헌신하라는 것임을 깨달았다.

"여호와는 나의 빛이요 나의 구원이시니 내가 누구를 두려워하리요 여호와는 내 생명의 능력이시니 내가 누구를 무서워하리요 … 즐거운 제사를 드리겠고 노래하며 여호와를 찬송하리로다"(시 27:1, 6).

20 죽음, 하나님과의 분리

생명이 하나님과의 교제를 의미한다면 죽음은 하나님으로부터의 분리를 의미한다. 성경은 영적 생명을 육체적 생명과 대립된 것으로 보지 않으며, 그 둘을 구별하지 않는다. 죽음 또한 죄로 인한 하나님과의 영적 분리이자 생리학적 죽음의 의미로 차별 없이 사용한다.

영적 죽음에 대해서는 후에 다시 나눌 것이다. 죽음에 대해 우선 골로새인들에게 보낸 사도 바울의 편지를 통해 이야기를 나눠 보도록 하자. "여러분은 세례로 그리스도와 함께 묻혔고, 또한 그분을 죽은 사람들 가운데서 살리신 하나님의 능력을 믿는 믿음으로, 그리스도 안에서, 그리스도와 함께 살아났습니다. 또 여러분은 죄를 지은 것과 육신이 할례를 받지 않은 것 때문에 죽었으나, 하나님께서는 여러분을 그리스도와 함께 살리시고, 우리의 모든 죄를 용서하여 주셨습니다"(골 2:12~13). 그런데 이 말씀은 요한계시록에서도 나온다. "너는 살아 있다는 이름은 있으나, 실상은 죽은 것이다"(계 3:1). 이처럼 성경 기자들에게는 인간이 육체적 또는 정신적으로 살아 있음이 생명과 무관할 수도 있다고 말한다. 기질적으로는 원기왕성한 사람이라도 창조적 생명이 결여되어 경직되고 화석화되어 버린 사람들을 흔히 볼 수 있다.

그러나 성경에서 말하는 죽음이 단지 영적 죽음을 의미한다는 것은 '심령술사'들의 주장에서 나온 잘못된 생각이다. 성경이 말하는 죽음은 의사들이 매일 직면하는, 실제적으로 육체적인 죽음이다. 심장마비같은 위급한 병세에서 의사가 이를 막아보려고 노력하는 그 죽음이며, 자살할 우려가 있는 우울증 환자를 놓고 정신과 의사가 그를 보호하고 지키는 그 죽음인 것이다. 성경이 우리에게 중요한 이유가 바로 그것이다.

성경은 고대의 스토아학파들이나 현대의 동양 종교처럼 죽음의 중요성을 과소평가하지 않는다. 성경은 죽음을 엄숙하게 생각한다. 성경은 사람들이 죽음에 직면했을 때의 고뇌, 그리고 압도적인 죽음의 비극적 종말을 가슴이 찢어지는 듯한 묘사로 서술한다. 그러나 사도 바울이 "이는 내게 사는 것이 그리스도니 죽는 것도 유익함이라"(빌 1:21)고 말한 것처럼 죽음은 신앙의 또 다른 승리이기도 하다. 그러나 가장 생기 있는 신앙이라 하더라도 인간을 죽음의 불안에서 벗어나게 하지는 못한다.

2년 전 나는 가까운 친척을 잃었다. 그녀는 생애의 전성기에 겨우 2, 3일 앓다가 죽음을 맞이했다. 그녀는 일반적인 감기에 걸렸다가 급속히 폐충혈로 진전되어, 미처 예상하지 못한 불의의 심장 쇠약을 일으켰다. 그녀는 병원으로 즉시 달려가 디곡신(digoxin : 디기탈리스 잎에서 추출한 강심제_ 역자주) 주사를 맞았다. 이틀 후 그녀의 맥박은 아직 정상으로 돌아오지는 않았지만, 나는 위기를 모면했다는 희망을 가지기 시작했다. 그녀가 마음을 열고 자기가 지금까지 겪은 내면적 위기에 대해 이야기한 것은 바로 그 때였다. "나는 죽음이 눈앞에 임박하고 있다는 것을 느꼈을 때 좌절감과 반항심을 느꼈어요. 나는 속으로 부르짖었어요. '안돼, 나는 죽을 수 없어. 이 나이에 죽다니…' 동시에 나는 이런 분노를 폭발시킨 스스로를 책망했답니다. 나와 같은 그리스도인 여성은 죽음을 전혀 다른 태도로 받아들여야 한다고 생각했지만, 그 감정은 너무나도 견디기 힘들더군요. 나는 젖 먹던 힘까지 동원하여 죽음에 저항하고 있습니다."

나는 그녀에게 내 생각을 말했다. 즉 성경은 어디까지나 인간적이다. 성경은 죽음에 직면했을 때 생명의 필연적인 공포를 이해하고 함께 하므로, 결코 그 공포심을 나무라지 않는다. 성경은 죽음을 '공포의 왕'(욥 18:14)이라고 부르고 있으며 죽음을 최대의 적으로 간주하고 있다. 예수님께서도 십자가 위에서 "나의 하나님, 나의 하나님, 어찌하여 나를 버리셨나이까?"(마 27:46)라고 부르짖으신 사실을 숨기지 않고 우리에게 보여준다.

우리는 함께 죽음에 대해 많은 이야기를 나누었다. 성경에서 죽음은 신앙의 확실성을 가져다 주지만, 우리가 통과해야 할 고통을 없애야 한다고는 주장하지 않는다. 성경은 실제적이며 현실적이다. 죽음의 공포심을 느낀다고 신앙이 결핍된 것은 아니다. 나는 이 문제에 관해 많은 환자들로부터 수많은 편지를 받았다. 신앙을 지속한다는 것은 초인적인 사람이 되는 것이 아니며, 인간이 더 이상 공포에 지배받지 않는다고 공상하는 것도 아니다. 신앙은 오히려 인간의 자연스러운 반항을 허용하고 그것을 고백하는 것을 의미하며, 그 후에 이 반항을 극복할 초자연적 능력을 받을 수 있는 것이다. 그녀는 이것을 다 이해하고 큰 위로를 얻었다.

그리고 이 이야기를 나눈 다음날 나는 병원으로부터 급한 호출을 받았다. 그녀의 심장이 다시 쇠약해지고 있었다. 병상 옆에 두 시간 동안 머물면서 그녀의 손목에 손가락을 대고 맥박이 다시 살아나기를 기대했으나, 시시각각으로 맥박이 더욱 악화되어가는 것을 느낄 뿐이었다. 나는 몇 대의 주사를 놓았다. 병실 담당 간호사가 귓속말로 말했다. "선생님, 그녀를 더 이상 괴롭힐 필요가 있겠습니까?" 나는 이런 경우 간호사들의 의견이 의사들의 생각보다 훨씬 현실적이라는 것을 느끼곤 한다. 그러나 나는 다소 무뚝뚝하게 "우리는 언제나 최선을 다해야만 합니다"라고 대답했다.

그러나 이 단계에서 내가 할 수 있는 일은 아무것도 없었다. 대화조차 나누지 못했다. 그 두 시간 동안 환자와 나 사이에 한 마디의 말도 오고가지 않았다. 우리는 서로 상대방의 눈을 바라보았다. 그리고 이해심 많은 아주 단순한 미소를 서로 조용히 교환했다. 그녀는 내가 그녀를 이해하고 있다는 것을 확실히 알고 있었고, 대화로 표현할 수 있는 것보다 더 많은 의미를 눈으로 담고 있었다. 그녀의 눈에는, 이를테면 전날 그녀가 말한 공포가 서려 있었다. 그녀는 "폴, 아시죠? 죽음이 다시 내 앞에 다가왔어요"라고 말하는 것 같았다. 그것은 내가 답할 수 없는 질문이었다. 그러나 또한 동시에 그 눈빛에는 갑자기 저 세상으로 떠나간 순간까지 더욱 평온해 보인, 깊은 평안함도 깃들어 있었다.

죽음의 공포는 모든 사람에게 존재한다. 우리는 마음을 죽음으로부터 떼어내면서 전 생애를 보낸다고 파스칼은 말했다. 때로 사람들은 잠깐이나마 죽음의 공포를 억누르고 자기 자신을 속일 것이다. 그러나 융과 같은 정신분석의들은, 우리의 의식 깊숙한 곳에 여전히 죽음의 공포가 도사리고 있다고 말한다. 고대 사람들은 "생명의 중심부에 죽음이 있다"고 말했다. 의사를 만나러 오는 모든 환자들은 죽음의 공포를 다시 한번 더 깨닫게 되는 과정에 서 있는 것이다.

죽음의 공포는 대다수의 환자들, 특히 가장 강하다고 생각되는 환자들에게 더 크게 다가온다. 환자가 죽음의 공포를 말할 수 있게 된다면 그것은 정말 위대한 일이 될 것이다. 또 우리 의사가 죽음의 공포에 대하여 환자에게 말할 수 있게 된다면 그것은 또한 우리에게도 매우 소중한 일일 것이다. 그런데 이러한 일은 좀처럼 일어나지 않는다.

무거운 생각 속에 늘 처참한 기분을 느끼는 한 노인이 있다. 그분을 몇 주 동안 진찰하면서, 나의 치료가 그에게 별로 도움이 되지 않는다는 것을 느꼈다. 그는 언제나 자신의 고독과 쇠퇴해가는 기력에 대해 똑같은 불평을 늘어놓았다. 그리고서 스스로 비극적인 말을 덧붙인다. "저는 늘 사람들의 잘못을 파헤쳐 비난했습니다. 나는 사람들에게 사랑받기를 원했지만 늘 사람들에게 고약하게 굴었지요." 한번은 오랜 침묵 끝에 갑자기 그가 느끼는 죽음의 공포에 대해 말하기 시작했다. "저는 전 생애를 통하여 계속해서 죽음이라는 공포에 사로잡혀 왔습니다. 제가 어렸을 때 공동 묘지에 대해 매이곤 했는데, 영구차가 지나가는 것을 보면 감정적으로 압도되어 숨으면서도, 그러나 그 영구차에 빠져 바라보곤 했습니다. 나이를 먹은 지금, 그 두려움은 이전보다 훨씬 심해집니다."

그가 이야기하고 있을 때 마음속 깊은 곳에서 작은 소리가 들려왔다. "너는 오늘 그와 함께 기도해야만 한다." 그러나 나는 주저했다. 그가 나의 제안을 어떻게 받아들일 것인가? 그는 지금까지 교회에 대한 온갖 불평을 털어놓고 자신에게 상처를 입힌 목사의 험담을 늘어놓아 신앙에 대한 온갖 종류의 반론을 펴고 있었다. 그런 사람에게 '당신은 기도하는 것이 좋으니 기도합시다' 라는 말을 어떻게 한단 말인가!

그러나 나는 그 제안을 했고 그는 이렇게 대답했다. "정말 그것을 원하고 있었습니다. 그러나 저는 감히 선생님께 기도를 청할 용기가 없었습니다. 앞서 말씀드린 것처럼, 저는 무신론자입니다. 며칠 전 왕진을 오신 후에 성경을 펴 보았다가 읽은 대목이 제게 반발심을 불러일으켰습니다. 그 후 일요일에 라디오로 주일 예배 설교를 들으려고 했더니 목사의 설교가 구역질이 나서 라디오를 꺼버렸습니다. 그러나 저는 괴로움에 휩싸여 있습니다. 네, 정말 감사합니다. 선생님, 저와 함께 기도해 주십시오."

나는 이 글을 조심스러운 마음으로 써 내려가고 있다. 죽음의 문제에 대해서는 우리가 침묵하는 편이 나을 수도 있다. 우리는 죽음에 대해 설명하려고 애쓰기보다 오히려 하나님의 신비로 존중하는 데서 믿음을 느끼게 될 것이다. 그리고 우리는 성경을 읽으면서 우리 스스로 하나님께 가르침을 구해야 한다. 왜냐하면 우리가 비록 죽음에 관하여 환자에게 아무 이야기를 하지 않을지라도, 죽음은 그들에게 매우 중요하기 때문이다.

그러므로 나는 불가불 죽음에 관한 성경적 관점을 여기에 써보도록 하겠다. 자크 쿠르보아지에 교수는 「기독교 계시와 임상 의학」¹에서 "기독교의 교리로 보면, 죽음이란 하나의 정상적인 종말이 아니라 처음부터 잘못되어 있는 사태의 결과로 묘사되어 있다"고 말한다. 창조자에 의해 만들어진 질서는 생명에 있어서 절대적으로 필요한 것이다. 그러므로 그 질서를 무너뜨린 인간의 범법 행위는 필연적으로 인간을 죽음으로 인도했다. 그러나 하나님은 그분의 긍휼로 그 결과를 지연시키셨다. 하나님은 인간을 도우려고 오셨다. 그분은 인간의 상처를 치유하신다. 그분은 인간 스스로가 빠져들어간 위험일지라도 그 위험으로부터 우리를 보호하고 지켜주신다. 간단히 말해 하나님은 인간에게 유예 기간을 주셨으며 우리의 생명은 그 유예기간 안에 존속되는 것이다. 의사는 그가 그리스도인이 아닐지라도 이런 의미에서 하나님의 동역자이다. 그는 죽음을 지연시키며 이 '은혜에 의한 유예기간'을 연장하는 일에 협조하고 있는 것이다. 그 유예 기간 안에 예수 그리스도를 발견할 수 있으면 우리는 그 믿음을 통하여 용서와 죽음을 이기는 승리와 부활의 약속을 받을 수 있다.

여기서 첫 번째 강조점은 하나님께서 창조하신 세계가 완전하다는 사실이다. 창조 기사의 마지막에는 "하나님이 지으신 그 모든 것을 보시니 보시기에 심히 좋았더라"(창 1:31)라고 기록되었다. 시편 19편에서 시인은 자연의 경이를 노래한 뒤에 "여호와의 율법은 완전하여…"(시 19:7)라고 덧붙인다. 나는 이 율법이 단순히 도덕적 법칙만이 아니라, 태초에 하나님께서 자연 가운데 제정하신 질서도 의미한다고 생각한다. 성경의 중심 사상은 이 태초의 질서가 인간의 불순종으로 인해 뒤집혀져서 우리가 살고 있는 이 세계와 우리 자신의 본질이 질서를 벗어버렸고, 그 결과 우리는 영속되지 못하고 운명적으로 죽게 되었다. 하나님이 다시 개입하셔야만 이 질서가 다시 세워질 수 있으며, 하나님께서 자신의 목적을 따라 역사 안에서 이 일을 수행하시는 것이다. 즉 하나님의 개입은 이스라엘 백성과 하나님의 언약에서 시작되어 예수 그리스도의 사역과 죽으심과 부활 가운데 계속되고, 교회 역사 안에 존속되고 있다. 또한 그것은 예수님의 재림으로 완성될 것이다.

자연 질서가 혼란스럽다는 생각을 자연주의자는 하지 못한다. 그리고 그런 생각의 결여가 자연주의자를 고지식하게 만들어 자연에 예속되게 하였다.

우리가 살고 있는 이 세계는 하나님이 창조하신 그 완전한 세계와는 매우 다르다. 이 세계는 타락하고, 부패했으며, 병들었다. 이 사실은 창세기에 잘 기록되어 있다. 그것은 성경 전체를 통해 일관되게 나타난다. "주 하나님이 사람을 데려다가 에덴 동산에 두시고, 그 곳을 맡아서 돌보게 하셨다. 주 하나님이 사람에게 명하셨다. 동산에 있는 모든 나무의 열매는, 네가 먹고 싶은 대로 먹어라"(창 2:15~16). 이처럼 태초의 질서에서는 하나님이 인간에게 일과 식물을 주셨다. 이 두 가지는 다 인간의 생명에 유익하고 기본적이며 필수적인 것이다.

그 이야기는 계속된다. "선악을 알게 하는 나무의 열매는 먹지 말라. 네가 먹는 날에는 반드시 죽으리라 하시니라"(창 2:17). 우리는 뱀이 여인에게 와서 어떻게 말했는지를 안다. "뱀이 여자에게 이르되 너희가 그것을 먹는 날에는 너희 눈이 밝아져 하나님과 같이 되어 선악을 알줄 하나님이 아심이니라"(창 3:4~5). 그러므로 성경에 의하면, 악과 죽음은 하나님으로부터 온 것이 아니다. 하나님은 인간에게 생명에 대한 완전한 질서에 엄격하게 복종할 것을 요구함으로써 인간을 악과 죽음으로부터 보호하려고 하셨다. 인간의 불복종은 인간 자신이 신이 되기를 주장하고, 선악의 판단을 스스로 하며, 그 자신이 생명의 주인이 되고자 하는 것이다. 이리하여 인간은 스스로 하나님으로부터 단절되고, 완전한 질서를 혼란시켰다. 그 필연적 결과가 죽음인 것이다.

법률가이면서 신학자인 엘룰 교수는 인간이 여기서 하나님께 형벌을 받는 것이 아니라 인간 행동의 피할 수 없는 귀결로서의 '처벌'을 받고 있는 것이라고 지적했다.[2] "먹는 날에는 반드시 죽으리라" 한 선고는 협박으로보다는 오히려 예고로 공표된 것이다. 그것은 마치 고압선을 접촉하면 위험하다는 것을 경고하는 주의표지판 같은 것이었고 그 대가는 죽음이었다. 창세기 3장 16~19절은 해산의 고통과 먹을 것을 얻기 위한 노고로 상징되는 육체적 또는 사회적 고통도 이 처벌에 포함됨을 보여준다.

인간의 고통은 또한 하나님의 고통이기도 하다. 사람들은 세상에서 일어나는 모든 고난과 만날 때 하나님을 믿을 수가 없다고 말한다. 나는 그런 사람들에게 이야기한다. 그 누구보다 가장 고통스러운 분이 하나님이라고. "땅 위에 사람 지으셨음을 한탄하사 마음에 근심하시고"(창 6:6)라고 기록된 것처럼 이 세상의 모습들 때문에 하나님은 괴로우셨다. 성경 전반에 걸쳐 악과 죽음은 하나님의 적이다. 우리는 "죽음의 세력을 잡은 자 곧 마귀 … "(히 2:14)라고 기록된 것을 본다. 하나님께 대적하는 세력은 최후에는 멸망하게 될 것이다. "그리고 사망과 지옥이 불바다에 던져졌습니다. 이 불바다가 둘째 사망입니다"(계 20:14). 이를테면, 그것은 죽음의 사망이다.

"먹는 날에는 반드시 죽으리라" 하신 하나님의 예고는 위에서 말한 유예의 개념과 모순되는 것처럼 보일지 모른다. 그러나 독자는 내가 본장의 서두에서 말한 죽음의 두 가지 형태, 곧 영적 죽음과 생리학적 죽음을 기억할 것이다. 인간이 하나님의 명령을 배반하는 순간, 그는 자기 스스로 하나님과 단절된 것인데, 여기서 우리는 죽음에 대한 가장 적절한 의미를 알 수 있다. 그것은 우리의 도덕적 또는 영적 생활에 최대의 빛을 던져주는 정의이다. 즉 "죄란 우리를 하나님으로부터 또는 우리의 이웃으로부터 단절시키는 모든 것이다."

그러나 또한 죽음의 두 형태는 분리될 수 없는 것이다. 즉 인간 안에 들어온 영적 죽음은 인간이 하나님의 명령을 배반했던 그 순간부터 죽음을 선고받았으므로, 빨리 오든 늦게 오든 분명히 생리적 죽음으로 나타난다.

이 점에 있어 카렐과 그의 제자들이 개발한 생물 조직의 인공적 배양에 관한 여러 실험은 우리들의 사고에 혁명을 일으켰다. 이전에는 과학적 관점에서 우리가 죽을 운명인 생물 조직으로 만들어졌기 때문에 죽는 것이라고, 즉 유기체 일부의 죽음이 유기체 전체의 죽음을 가져오는 것이라고 생각했었다. 그런데 이 실험은 이런 유기체의 부분이 적당하게 배양되어 유기체 안에 남아 있을 때 죽을 뻔한 시기를 넘어 무한히 계속해서 산다는 것을 보여 주었다. 그 결과는 전체 유기체의 운명이 일부 유기체의 죽음을 좌우한다는 것을 보여준다.

그럼에도 불구하고 죽음의 신비는 여전히 운명의 신비로 남아 있다. 그것은 죄의 신비이기도 하다. 왜 인간은 완전하게 창조되었는데 자기 자신을 하나님으로부터 단절시켜 자신의 생명을 위태롭게 했는가? 나는 앞으로 죄와 질병의 연관성을 다루어 볼 것이다. 그리고 성경은 하나님의 모든 신비를 다 이해할 수는 없다는 사실을 단순하게 받아들여야 한다는 것을 보여준다. "죄의 삯은 사망이요"(롬 6:23), "죄

의 종으로 사망에 이르고…"(롬 6:16), "죄가 장성한즉 사망을 낳느니
라"(약 1:15), "그러므로 한 사람으로 말미암아 죄가 세상에 들어오고
죄로 말미암아 사망이 들어왔나니 이와 같이 모든 사람이 죄를 지었
으므로 사망이 모든 사람에게 이르렀느니라"(롬 5:12).

21 질병은 하나님께 나아가는 문

계속해서 창세기를 보면, 하나님으로부터 분리된 첫 번째 결과는 두려움이라는 것을 발견한다(창 3:9~13). 여기서 아담은 나무 사이에 몸을 숨겼다. 우리 자신은 어떠한가? 불안감이나 도덕적 책임으로부터 도피하기 위해 우리는 어떤 나무 뒤에 숨는지 한 번쯤 자문해 볼 만한 가치가 있다. 그 나무는 대학의 학위나 명성이 될 수도 있고, 국가 혹은 우리의 건강하지 못한 상태가 될 수도 있다. 하나님께서는 아담을 부르신 것처럼 숨어 있는 우리도 부르신다. "네가 어디 있느냐?"는 하나님의 질문에 아담은 "내가 벗었으므로 두려워하여 숨었나이다"라고 대답했다.

자기들이 벗었다는 것을 인식한 아담과 하와에 관한 서술은 분명 성적 의미를 내포한다. 그러나 사실 이 이야기는 인간이 성 문제뿐만 아니라 그 밖의 다른 영역에서 어려움을 겪게 된 이유가 인간이 영적으로 하나님으로부터 떠났기 때문이라는 것을 분명히 보여 준다.

여기서 '벗었다'(naked)는 단어는 '보호되고 있지 않다'(unprotected)와 같은 뜻을 지닌다. 자기가 스스로 신이 되려고 한 인간은 자신의 약함과 불안감을 발견한다. 하나님이 인간에게 주신 힘을 사용하는 방법을 스스로 판단하려고 할 때 인간은 그를 위태롭게 할 큰 실패를 깨닫게 된다. 원자폭탄에 대하여 인간이 얼마나 '무방비 상태(naked) 임'을 느끼게 되는지 생각해 보라. 스토커 박사는 이 '무방비 상태'에서 또 다른 의미를 본다.[1] 그에게 있어서 그것은 구원을 잃어버린 영혼의 '무방비 상태'이다. 그가 덧붙이기를 우리가 다시 구원을 찾았을 때 구원으로 '옷입혀졌다'(clothed)고 표현하는 것은 이 때문이라고 한다.

인간의 생명에 대한 불안감은 특히 질병에 걸렸을 때 강하게 느껴진다. "질병은 장차 다가올 죽음의 징후이다. 모든 질병은 그 안에 죽음의 병균을 가지고 있다"고 쿠르보아지에 교수는 말한다. 의사들은 그의 말을 부인하지 않을 것이다. 건강할 때는 사람들이 죽음에 대한 공포를 억누를 수 있지만, 매우 가벼운 질병에라도 걸리면 그 공포는 다시 되살아난다. 진찰실에서 사람들은 최대한 태연한 목소리로 "그런데 선생님, 병이 심각합니까?"라고 묻는다. 우리 의사들은 그 때 그들이 의미하는 바를 충분히 안다. 그들은 "내가 이 병으로 인해 죽을 수 있을 만큼 위험한가?"를 묻는 것이다.

더 나아가서, 그 질병이 가볍다는 것이 확실한 경우에는 의욕에 찬 목소리로, 좀 더 빈번히 이런 질문을 하지만, 병이 비교적 심각할 경우에는 대화가 적어진다. 하지만 대화 빈도수의 차이는 있다 하더라도, 의사와 환자 사이에는 늘 이런 대화가 있다. 왜냐하면, 모든 사람에게 있어서 질병의 의미는 그 사람 위에 드리워진 죽음의 그림자를 상기시키기 때문이다. 그것은 고대인들이 말한 '메멘토 모리'(me-menoto mori, 너는 죽어야 할 자임을 생각하라)이다.

만일 환자의 아내가 의사를 출입구 쪽으로 안내하면서, 자기가 최근 이태리를 여행한 일을 이야기했다면, 환자는 즉시 그에게 들려주고 싶지 않은 자신의 상태에 관한 비관적인 의견을 주고받은 것이 아닌가 하고 의심한다.

나는 경험을 통해서 "선생님, 선생님은 저에게 진실을 말씀해 주셔야 합니다. 저는 담대합니다. 차라리 진실을 직면하는 편을 택하겠습니다"라고 말하는 사람들은 그들이 장담하는 것만큼 대담하지 못하다는 사실을 알게 되었다. 보통 강한 사람은 자신의 두려움을 감추지 않는다. 그런 사람들은 우리에게 간접적으로 자신의 두려움을 알려준다. 그리고 또한 의사가 최대한 재치있게 간접적으로 그들의 상태를 알려주기를 기대한다.

파리의 푸세는 자기 생애를 불구자와 환자의 원상 회복을 위하여 헌신한 여성이다. 그녀는 2백 명의 환자를 대상으로 그들이 의사에게 무엇을 기대하는지를 조사했다. 남자들은 여자들보다 좀 더 현실적인 대답을 했다. 즉 그들이 의사로부터 기대하는 것은 무엇보다도 병의 완치였다. 그러나 모든 대답 안에는 세 가지 내용이 두드러지게 자주, 반복적으로 언급되었다. 그들은 의사들이 자기가 겪는 고통과 근심에 진심으로 관심을 가져주고, 자신을 실험 대상이 아닌 인간으로 대해 주며, 그들의 병세와 치료 기간과 예후에 대해 진실을 말해 줄 것을 바라고 있었다. 그 중에서도 대부분의 설문 대상자들은 자신에게 진실을 말해 달라는 요구를 가장 많이 꼽았다. 그러나 또한 그들 대부분은 진실이 그들에게 너무 적나라하게 알려져서 그들이 충격을 받고 두려움에 떨지 않게, 그 사실을 쉽게 받아들일 수 있도록 부드럽고 상냥하게 이야기해 주기를 바란다고 덧붙였다.

질병의 예후에 대해 진실을 말하는 것은 실로 어려운 일이다. 반면, 리스트 박사는 절대적인 입장을 취해야 한다고 이야기한다. "친척들에게만 의논하고 환자에게 진실을 말하지 않는 것은 도저히 용납될 수 없는 직무 태만이다. 그러나 그는 솔직하게 이런 말을 덧붙였다.[2] "그러나 우리는 얼마나 그런 유혹에 쉽게 굴복하는가!" 나 또한 중증의 환자에게는 그의 상태를 제대로 알려주지 못했음을 고백한다. 그런 경우에는 리스트 박사와 마찬가지로 항상 실패와 죄책감을 맛보았다.

그러나 사실상 나의 실패의 배후에 더 심각한 문제가 있다는 것을 늘 느낀다. 내 실패의 원인은 그를 사랑하는 마음에서 침묵을 지켰다기보다는 환자의 죽음이 임박하기 전에 좀 더 일찍 그 사람과 밀접한 관계를 맺지 못해, 진실을 말할 수 있는 영적 교제의 분위기를 만들지 못했다는 데 있다. 우리가 이런 교제에 들어가려면 사물의 의미에 대한 이야기를 주고받아야 한다. 그래서 최후를 맞는 시기가 임박하기 훨씬 이전에 환자가 자신의 마음을 누르고 있는 것에 대해 우리에게 말할 기회를 주어야 한다. 모든 병은 우리가 죽을 수밖에 없는 존재임을 상기시켜 주므로, 환자의 병세가 심각해지기 전에 질병의 성경적 의미를 상기시키는 것은 쉽다. 의사이든 환자이든 우리 모두 미지의 세계인 죽음에 대해 생각해야 한다. 내가 환자보다 먼저 죽지 않는다고 누가 보장할 수 있겠는가?

그러나 우리 모두 죽음을 겁내고 있음을 인정하자. 우리 각자는 고난과 질병, 그리고 죽음과 같이 본질적이고 비극적이며 이해할 수 없는 문제에 붙잡혀 있음을 고백함으로 치유받기보다, 그것에 대해 강하게 저항한다. 푸셰의 환자들이 요구한 정직한 인간 대 인간의 대화는(환자는 의사가 그 첫발을 내딛어 줄 것을 기대한다) 이야기를 시작하는 용기와 장애물 없이 그것을 계속해 나가는 지속성을 필요로 한다. 그것은 필연적으로 의사 자신도 해결할 수 없는 문제들을 동반한다. 높은 직업적 이상을 가지고 있는 많은 의사들이 진심으로 인격적 의학을 열망한다. 그러나 종교적 신앙이 없이 이것이 가능한가? 만일 이 의사들이 자기 생명에 의미가 있음을 충분히 확신하지 않는다면, 환자들이 내어놓는 인간의 운명에 관한 질문에 어떻게 접근할 수 있겠는가? 그럴 때 그들은 이야기의 주제를 바꾸고 싶은 유혹에 빠지기가 쉽다. 그들은 테이블 위에 있는 카네이션 다발에 감탄하거나, 엑스레이 사진에서 그들이 기대하는 유용한 정보를 얻을 수 있을 것처럼 이야기한다. 그리하여 환자가 그토록 갈망하지만, 의사가 두려워하는 이 곤란한 문제는 결국 회피되는 것이다.

또 하나의 장애물은 우리의 허영심이다. 환자는 자신의 병을 고쳐 달라고 의사인 나에게 호소한다. 내가 임의로 사용할 수 있는 모든 치료 수단을 그에게 정중하게 제시하고, 내가 내린 처방의 유익한 효과를 강조하며, 내가 시행한 임상 검사에서 얻은 그 병에 대한 확실한 정보를 그에게 말해 주는 것은 실제로 환자의 투병 의지를 북돋아 줄 것이다. 그것은 또한 환자에게 나의 불안함과 불확실성을 전해 주는 것보다 나의 기분을 훨씬 좋게 하는 일이기도 하다. 환자에게 죽을지도 모른다고 이야기하는 것은 어떻게 보면, 환자가 나에게 걸었던 기대가 잘못되었다는 것을 인정하는 것이다. 이 시점에서 의사는 심각한 죄책감에 시달릴 수밖에 없다. 우리가 가지고 있는 기술적 수단의 한계를 느낄 때마다 우리는 이와 같은 죄책감을 느낀다.

이처럼 병이 심각하지 않을 때는, 죽음의 문제를 회피하기가 쉽고, 환자에게 회복할 수 있다는 확신을 줘서 투병 의지를 계속 유지하도록 하는 것도 쉽다. 그러나 그 환자의 상태가 너무 악화된다면, 자기 만족에 빠져 있던 희망을 갑작스럽게 버려야 하는, 너무 늦고, 어려우며, 환멸적이고, 고통스러운 일이 될 것이다. 환자의 투병 의욕은 자기의 병이 나을 것이라는 확신에서 생긴다. 이 가능성이 있는 동안에는 모든 것이 순조롭게 진행된다. 그러나 회복될 가능성이 사라진다면 허위로 환자의 사기를 북돋아 줄 수밖에 없는 것이다. 그때에야 환자가 현실을 직시하도록 용기를 주면서 신앙에 기초한 전혀 다른 도덕적 방법을 사용하는 것은 이미 너무 늦은 일이다.

다른 한편, 많은 환자들은 자기가 앓고 있는 병이, 생길 까닭이 없는 뜻밖의 재난이라고 생각하기 때문에 반항심을 가진다. 성경적 관점으로 보면, 그들은 죽음과 질병이 필연적인 운명이라는 사실을 이해하게 될 것이다. 아주 솔직하게 말하면, 죽음과 질병은 지극히 정상적인 것이다. 성경은 이것에 대해 매우 실제적으로 말한다.

재앙은 티끌에서 일어나는 것이 아니며

고생은 흙에서 나는 것이 아니니라

사람은 고생을 위하여 났으니

불꽃이 위로 날아가는 것 같으니라(욥기 5:6~7).

　아내가 2년 전 다리가 부러졌을 때, 아내는 "병원은 언제나 만원이 예요. 이번에 내가 그곳에 갈 차례가 된 것 뿐이예요"라고 말했다. 생명과 건강은 공로 없이 주어진 선물이다. 의학이 온 힘을 다해 수고함으로 생명의 연장과 건강의 회복을 가져오지만 그것은 '하나님의 사랑의 축복이며, 집행유예라는 것을 알 수 있다. 왜 하나님이 우리에게 이런 집행유예를 주시는지 묻고 싶을 것이다. 그것은 우리가 하나님의 영원한 생명에 대한 약속을 믿음으로 하나님께 더 가까이 나아가기를 원하시기 때문이다.

　얼마 전 큰 수술을 받아 목숨을 구한 동료 의사가 내게 편지를 보냈다. 그 편지에는 "나는 이번 수술을 통해 하나님의 섭리가 개입하셨다는 것을 확실히 느끼고 있다네. 하나님께서 특별히 그분의 목적을 위해 나를 살리셨다는 믿음이 생겼어. 그 은혜를 위해 많은 일을 해야 할 것이고, 그래서 자네와 같은 친구가 계속해서 나를 위해 기도해 주기를 간절히 바란다네"라고 쓰여 있었다.

　우리가 이런 의사가 되려고 노력하거나, 병에 대해 기술적 문제에만 몰두하지 않고 환자에게 한 인격으로서 관심을 가지고 질병과 죽음의 의미에 대한 문제로 괴로워하는 환자의 마음 속 비밀스러운 곳까지 애정으로 꿰뚫어 보게 된다면, 그의 병이 악화될수록 더 깊은 이해를 쌓아가게 될 것이다. 그 때 우리는 진실로부터 떠나 있는 것이 아니다. 그 환자는 우리가 병에 대하여 적나라하게 알려주지 않아도 점점 다가오는 위험을 스스로 깨닫게 된다.

　왜냐하면 결국 의학은 치명적인 예후를 명확히 말할 수 있는 확실한 것이 아니다. 죽음은 정도의 차이는 있을지라도 그가 환자이든 의사이든 우리 삶에 언제든지 불시에 찾아올 수 있는 사건이다. 이런 공동운명 의식은 의사와 환자 사이에 진실한 교제를 나누게 해준다. 질병과 죽음의 의미에 대한 질문은 환자뿐 아니라 우리 모두와 관련되어 있다. 우리는 인간의 비극적 상황이나 구원의 기적에 함께 동참하는 것이다.

실로 소중한 친구가 된 환자와 멀지 않아 죽는다는 것을 충분히 알고 있는 환자와 함께 그 길을 동행하는 일만큼 감명 깊은 일은 없다. 받아들이기 힘들거나 큰 고통에 빠진 순간에 그것을 억누르거나 숨기지 않고, 인간의 고통에 직면하는 환자는 오히려 동시에 그의 신앙의 축복이 더욱 깊어지는 것이다.

몇 해 동안 나와 함께 일했던 젊은 여성이 있다. 그녀는 격심한 고통을 겪었지만 그 시련은 우리의 영적 나눔을 더 강하게 해주었고, 그녀는 며칠 동안 가장 고통스런 순간을 보낸 후 꽃다운 나이에 세상을 떠났다. 많은 환자들은 자기 상황을 직시하려 하지 않는다. 왜냐하면, 그 상황의 심각성에 직면할 믿음이 부족하기 때문이다. 그러나 이 여성은 그런 믿음을 가지고 있었고, 그 덕분에 현실에 직면할 수 있었다. 하나님이 그녀에게 삶을 허락하신 마지막 며칠간 그녀가 사용한 방법은 실로 놀라웠다. 그녀는 이 세상을 떠나기 전 이야기하고 싶었던 모든 사람들을 한 사람씩 병상으로 불렀다. 그녀의 가장 큰 관심은 세계 평화였다. "사람들은 더 많이 평화를 위해 기도해야 합니다"라고 그녀는 말했다. 이 생각은 그녀의 아버지 마음에 새겨져서 평화를 위해 기도하는 큰 운동의 모체가 되었다.

신앙에 뿌리를 두고 있는 참된 용기란 하나님이 죽음과 질병의 위협을 통해 우리에게 말씀하시려는 것에 귀를 기울이는 것이다. 만일 우리가 이러한 마음 자세를 가진다면, 질병과 죽음은 우리에게 의미를 지니게 된다. 질병과 죽음은 우리에게 어떤 것을 가르쳐 주고, 어떤 것을 가져다 주며, 우리의 가치관을 바꾸는 데 도움을 줄 것이다.

모든 질병은 삶의 위기이다. 어느 날 질병이 찾아오게 되면 누구나 나약함을 깨닫게 된다. "여러분의 생명이 무엇입니까? 여러분은 잠깐 나타났다가 사라져버리는 안개에 지나지 않습니다"(약 4:14)라고 야고보는 말한다. 그는 자신의 나약함과 동시에 지금까지 자기의 생명을 채워주고 있던 모든 것이었던 일이나 돈, 사랑하는 사람, 본능, 그리고 쾌락 등이 덧없음을 발견하게 된다. 만일 그가 이런 것들을 하나님으로부터 온 의무이며 축복으로 보았다면, 질병 때문에 그런 것들을 갑자기 잃게 된다 하더라도 좀더 견디기가 쉬울 것이다. 그에게는 여전히 하나님이 함께 계시므로 질병이라는 영적 은둔생활 속에서 그분으로부터 내려올 새로운 축복을 기다리게 될 것이다. 반면, 그 환자가 만일 그 세상적인 것들을 우상으로 섬기고 있었거나 자신을 미혹하는 일과 흥분시키는 일에 정신없이 몰두하고 살았다면, 그는 삶과 자신의 생명에 관련된 문제를 갑작스럽고 비극적으로 직면하게 된다. 질병은 하나님을 직면하게 해준다. 왜냐하면, 히포크라테스의 말처럼 "모든 질병은 하나님의 것이며, 또 모든 질병은 인간적인 것"이기 때문이다.

환자는 홀로 있기를 싫어한다. 그는 자신이 강하다고 생각했으나 오히려 약하다는 것을 발견한다. 그것은 예수님께서 지적하신 것처럼 하나님이 개입할 수 있는 하나의 기회이다. "건강한 자에게는 의사가 쓸 데 없고 병든 자에게라야 쓸 데 있느니라"(마 9:12). 병에 걸린 사람은 의사를 찾아가 자신의 병을 이야기하고, 의사가 고통을 덜어주며 병을 치유해줄 것을 요청한다. 그러나 그 호소의 이면에는 언제나 보다 깊고, 분명하지 않으며, 은밀한 무의식적인 욕구가 숨어 있다. 즉 이해와 사랑과 위로를 받으며, 지원받기를 원하는 욕구이다. 또한 고난 중에, 그 고난이 문제를 드러내고 일으키는 것과 동시에 홀로 버림받을 수 있다는 두려움이 나타난다. 킨지크 교수가 말한 것처럼 모든 병자는 인간을 찾고 있는 인간이다. 환자는 의사와 그가 제공하는 기술적 도움이 필요하다. 그러나 의사와의 교감을 형성하기 위해 의사에게서 인간과 친구를 만나기를 원한다.

정신분석학자들은 초기에는 정서적 안정이 질병의 치유에 큰 역할을 한다고 강조하면서, 환자와 의사 사이에 오고가는 인격적인 관계와 감정적 교류의 중요성이 점점 증대하고 있음을 강조한다. 메데르 박사는 이 문제의 연구에 괄목할 만한 공헌을 했다.[3]

우리 의사들은 섬세함을 덮어버리는 일이 너무나 많다. 성경 전체가 말하고 있는 고통에 허덕이는 인간에 대한 사랑이 우리를 의사가 되게 했다. 우리는 환자들에게 하나님의 친절한 사랑을 보여 주어야 한다. 사람들은 의사를 무정하고 무감각한 사람들이라고 생각한다. 나는 그것이 잘못된 견해라고 생각한다. 외과 의사의 경우라도 그렇다. 그러나 이런 통념이 좀처럼 사라지지 않는 이유는 어느 정도 의사들 자신의 잘못이라고 생각한다. 의사들은 자신의 섬세함을 감추기 위해 비인격적인 과학적 태도에 안주하기도 한다.

의사들은 환자가 정서적으로 풍부해지도록 격려해야 한다. 그러나 이것은 감상적이거나 감정적이 되라는 말은 아니다. 칼빈주의적인 환경에서 자랐기 때문인지는 모르겠지만 나는 극도로 내성적이고 절제하는 성격이다. 때로 나는 이 성격 때문에 고통스러워하기도 했다. 하지만 우리는 타고난 성품대로 살아야 한다. 이태리인 동료 의사에게 내 환자를 보내면 그는 이태리인다운 열렬한 생동감으로 환자의 팔을 부둥켜 잡고 그를 '옛 친구' 처럼 맞아줄지도 모른다. 하지만 내가 그런 행동을 한다면 어울리지 않을 것이다.

그러나 우리의 성격이 어떠하든지 간에, 내가 여기서 말하고자 하는 것은 과시하거나 감추지 않는 마음에 관한 것이다. 그리고 만일 우리가 진실하다면, 자신을 솔직하게 표현하는 일을 방해하는 것이 상대방이 보일 반응에 대한 두려움이 아니라, 자신이 가진 섬세함에 대한 일종의 수줍음이라는 사실을 인식할 것이다.

나는 의학에 대해 받은 첫 인상을 결코 잊을 수 없다. 그 때 나는 의학도로서 소아과 병동에 소속되어 있었다. 나는 한 사람의 레지던트 밑에 있었는데, 그와 금방 친한 친구가 되었다. 그는 의학박사 학위를 가지고 있었고 훌륭한 경력의 소유자로 보였다. 내가 처음으로 그 레지던트와 함께 일을 시작하던 날, 그는 결핵성 뇌막염으로 한 어린 아이가 죽는 것을 목격했다. 나는 연구실에서 격한 감정으로 괴로워하는 그를 발견했다. 그는 나에게 이렇게 말했다. "견딜 수가 없어! 그것은 끔찍한 죽음이었어. 무엇으로도 치료할 수 없는 무서운 고통과 시시각각 들리는 신음 소리 … 그 아이의 눈은 허공을 응시하고 있었고, 나는 아무런 도움도 줄 수 없는 채로 거기 서서 가차없이 서서히 다가오는 죽음을 지켜보고 있을 뿐이었지. 그 아이의 아버지와 어머니도 거기 있었는데 그들에게 아무 말도 할 수가 없었어.…"

그의 말은 나에게 깊은 감명을 주었다. 과연 하나의 인간임을 포기하지 않고도 의사가 될 수 있구나! 그 당시에 많은 사람들이 이런 말을 하곤 했다. "나는 결코 의사가 될 수 없어. 사람들이 괴로워하는 모습을 견딜 수가 없어." 그렇지만 나는 가장 훌륭한 의사는 사람들의 괴로워하는 모습을 견딜 수 없어, 의학적 치료 수단의 한계를 가지고서라도 환자의 괴로움을 경감시키고 질병을 치료하려고 시도하며, 자기에게 부과된 그 괴로움에도 불구하고 그들의 소명을 수행하는 사람이라고 생각한다.

실로 세상에는 두려운 죽음이 많다. 그러한 죽음은 특히 이비인후과 질환에 많이 있다고 한다. 그러한 죽음을 지켜보면서, 의사는 격심한 갈등을 경험한다. 그 견딜 수 없는 무익한 고통에 종지부를 찍고 싶은 기분이겠지만 그는 성경(출 20:13)과 인간의 양심이 부과하는 절대적인 의무 아래 있는 것이다. 리스트 박사의 말처럼 그것은 "우리의 사명을 지배하는 의무이며, 의료 활동의 존재 이유이다. 즉 그것은 힘닿는 데까지 최선을 다하여 생명을 보호하고 지켜야 하는 의무이다."[4]

또 의사는 갑작스럽게 혈전증과 같은 급성 응급 사태로 고통 받는 환자의 응급 처치를 해야 할 때가 있다. 물론 그런 경우 의사는 즉시 응급 주사를 놓아줄 수 있지만, 그 순간 거기에 자신이 처리할 수 있는 이상의 것이 움직이고 있으며, 생명과 죽음의 세력이 싸우는 거대한 전투를 지켜보고만 있어야 한다는 것을 느낀다. 그 때 그는 기도하는 마음이 될 것이다. 그리고 그 기도는 행동보다 더 효과 있을 것이다.

치유에 있어서 의사의 소명 22

　질병은 언제나 병이 낫거나 죽음으로만 끝나는 것은 아니다. 질병을 오래 앓으면 만성병이 되기도 하고, 치료의 후유증으로 몸이 허약한 상태가 지속될 수도 있다. 만성병과 허약 상태는 많은 후유증을 달고 다닌다. 이비인후과에서 인격의학의 중요성을 강조한 사람은 무니에르 쿤 교수였다. 만일 사람이 듣거나 말하는 능력을 잃는다면, 아마도 그 사람의 직장 생활이 끝났다는 것을 의미하며, 어떤 경우에서나 그의 사회관계와 가족관계가 심각한 영향을 받을 것이다. 더구나 소경이나 전신이 마비된 사람, 다리가 절단된 사람, 그리고 평생 남에게 의존하며, 활동하지 못하는 삶을 살아갈 운명인 사람들에 대해서 우리가 뭐라고 말할 수 있겠는가?

　분명 의사가 더 이상 손을 쓸 수 없는 상황에도 의사의 일은 끝난 것이 아니다. 그 일은 훨씬 더 힘들고, 보람 없지만, 그래도 해야만 한다. 의사는 환자가 장애자가 된 자신의 운명을 받아들이고, 사회 생활에 참여할 기회를 잃어버리지 않도록, 가능한 한 자신을 적응시키는 노력을 하게끔 도와 주어야 한다. 자신의 결함을 받아들이는 불구자는 다시 온전해지기 위해 싸움을 멈추면 안 된다. 만일 불구자가 자신의 상황을 받아들이지 않고, 불평불만을 일삼고 있다면, 그는 자기의 정신까지도 불구로 만드는 것이다. 그러면 결국 불구자는 자기 자신을 외부 세계와의 접촉으로부터 차단하며, 경직되어 적응하기 어렵게 될 것이다. 그러나 그가 신앙의 힘으로 자신의 결함을 받아들인다면, 그는 여유가 생기며, 어떠한 형편에서도 살아갈 활력소를 자기 안에서 발견하고 고난을 극복할 수 있는 특별한 능력을 얻을 수 있다.

나는 '신앙의 힘'이라고 말했다. 왜냐하면 인간적인 차원에서는 받아들이기가 불가능하다는 것을 확실하게 깨달았기 때문이다. 물론 스토아 학파도 받아들임을 가르쳤다. 그러나 스토아적 받아들임은 언제나 지나친 비인간성을 동반하고 있으며, 그것은 기독교의 받아들임과는 전혀 다른 것이다. 샤를르 파베즈는 죽음에 대한 이교적 태도와 기독교적 태도에 관한 연구에서 스토아 철학과 기독교 정신의 차이점을 분명하게 설명했고, 고대 세계에서 그리스도인들이 어떻게 더 인간적이 되었는지를 보여준다. "진정한 위로를 줄 수 있는 존재에 대한 확신이 있었기에 그들은 망설임 없이 그들의 감정을 그대로 드러내 주었다. 그들은 눈물을 이해하고 허용했다."[1] 그러나 물론 받아들임에 대한 설교로 우리의 환자를 도울 수는 없다. 오히려 그들의 상황을 받아들이는 것이 얼마나 어려운 일인지를 이해해 주고, 그들과 같은 입장이라면 우리도 반항심을 느낄 것이라고 고백함으로 그들을 도울 수 있을 것이다.

만성병의 경우, 환자들은 의사가 자기의 고통을 진실로 나누며, 끝까지 성실하게 고통의 여정을 함께 해줄 것을 기대한다. 또한 자기가 낫지 않아도 살아갈 수 있도록 도와 주기를 바라며, 자기가 죽을 때에도 도와 주기를 원한다. 이것이 의학의 본질이다. 즉 사람들의 사는 일과 죽는 일을 돕는 일이 의학인 것이다.

며칠 전 어느 큰 결핵 환자 요양소 원장이 그의 솔직한 마음을 털어 놓았다. "아무런 기약 없이 좋은 소식도 전해줄 수 없는 병동의 환자나, 다른 환자들은 수술을 받고 퇴원하는데, 그 수술도 받지 못하고 있는 환자들의 병상에 매일, 매주, 매월 왕진하는 일이 얼마나 어려운 일인지 생각해 보십시오." 만일 그 환자가 자기의 증세에 대해 묻거나 얼마나 오래 걸리는지 묻는다면, 의사는 그런 질문을 마치 비난처럼 느끼고 치료가 늦어지는 것이 자신의 잘못인 것처럼 느낀다. 그럴 때 그런 고통스러운 진료 상담을 피하기 위해 병상 방문의 간격을 늘인다든지, 심각한 생각을 몰아내기 위해 사소한 잡담이나 유머스런 이야기를 하거나 인위적으로 장담하려는 유혹을 얼마나 많이 받는가? 만성병 환자들은 대단히 민감하다. 그들은 그런 속임수에 넘어가지 않는다. 환자는 의사가 더 이상 자기의 여행길 동무가 아니며, 자신으로부터 마음이 떠났다는 것을 느낀다. 의사는 자신이 상처 받지 않도록 자기를 보호하기 위해 초연한 척하는 것이다. 언제나 괴로움을 호소해 오는 환자는 적극적인 반응을 보이기 때문에 다루기가 쉽다. 그러나 눈으로만 무언의 질문을 던져오는 환자들의 눈에 서려 있는 무한한 신뢰를 오랫 동안 직면하는 일이란 얼마나 어려운가!

이런 모든 일에 대해 성경은 해답을 가지고 있다. "너희 안에 이 마음을 품으라 곧 그리스도 예수의 마음이니"(빌 2:5). 성경은 또한 주님의 답변을 보여준다. "누구든지 자기 십자가를 지고 나를 따르지 않는 자는 능히 내 제자가 되지 못하리라"(눅 14:27). 우리가 십자가를 진다는 것은, 특히 환자들의 괴로움을 보는 그 고통을 피하지 않고 그 짐을 함께 지는 것을 의미한다.

만성병 환자들과 마찬가지로 장기적으로 치료해야 하는 신경증 환자의 경우도 의사와의 깊은 교감이 필요하다. 첫 대면에서 신경증 환자의 여러 가지 생활 문제를 동정하고, 진심으로 그 문제점을 이해하며, 그를 고통 받게 한 충격, 즉 그를 병들게 한 그 충격에 공감하기는 쉽다. 그러나 치료 과정이 더디고, 끊임없이 계속되는 그릇된 반응이나 완강한 강박감 또는 불안감을 대하거나, 환자가 지치고 낙심한 감정을 겉으로 드러낼 때, 그것은 의사가 짊어지기 어려운 짐이 되고 만다. 그러나 실상 무거운 짐은 환자가 아니라 질병이다. 그러나 환자는 질병이 아니라 자기 자신이 의사에게 짐이 되고 있다고 속단할 때가 많다.

얼마 전 내가 10년간 치료한 심한 강박증 환자였던 부인을 만나서 무척 기뻤다. 그녀는 내가 자기를 치료하기에 너무 지쳐 있지 않은가 늘 두려워했다. 그녀는 자기 때문에 나의 노력이 성공하지 못한 건 아닌가 하고 자신을 책망하기까지 했다. 때로는 함께 상담한 후 진실이 드러나고 그 괴로운 걱정거리가 사라지는 것 같다가도 겨우 하루 이틀 사이에 다시 예전 상태로 돌아가 전보다 더 상황이 안 좋아서 처음부터 모든 것을 다시 시작해야 하는 경우도 생기곤 했다. 그런데 어느 수난일(Good Friday: 예수님이 십자가에 못 박혀 돌아가신 것을 기념하는 날—역자 주)에 갑자기 그 일이 일어났다. 그녀의 마음속에 평안이 찾아오고, 불안한 마음이 사라진 것이다. 이 일은 벌써 오래 전 일이지만, 그 후 새롭게 발견된 이 자유로움은 지금까지 계속 유지되어 그녀는 새로운 삶을 살고 있다. 그녀는 10년간의 고통의 터널을 자기와 함께 인내해온 나에게 감사하려고 찾아왔던 것이다. 한 가지 흥미로운 사실은, 그녀의 심리적 증상이 육체적 장애, 특히 좀처럼 낫지 않는 빈혈 상태를 동반했다는 사실이다. 여러 해에 걸쳐 철분제나 간장 엑스트렉트(간장 주사액 : 포유동물이나 물고기의 간장에서 유효 성분만을 뽑아내어 만든 영양제 등의 약제—역자 주)가 투약되었으나, 헤모글로빈(혈색소)의 수치를 55퍼센트 이상으로 올리는 데 성공하지 못했다. 그런데 심리적 증상이 소멸된 후 3주가 지나자 더 이상 항빈혈제를 복용하지 않았는데도 헤모글로빈의 수치가 75퍼센트로 올라간 것을 볼 수 있었다.

그러나 기술적 치료나 인간적 동정만으로는 충분하지 않다. 의사의 사명은 더 많은 것을 포함한다. 한 사람이 살아가는 것을 돕는 것은 단지 그가 삶을 견디도록 돕는 것이 아니라, 그가 성장하고 자신의 문제를 스스로 해결할 수 있도록 돕는 것을 의미한다. 모든 질병은 환자로 하여금 자신에게 매달리도록 하며, 자신의 삶을 시험하게 한다. 그리고 이런 이유 때문에 환자는 의사를 필요로 한다.

만일 질병이 우리의 나약함의 표시이며, 세상에 침입한 무질서의 표시이고, 또 죽을 수밖에 없는 운명의 표시라면, 각 병증은 이 일반적 의미와 밀접하게 연관되어 하나하나가 특별한 의미를 지닌다. 환자는 그 의미를 스스로 발견해야 할지도 모른다. 왜냐하면 그것은 스스로 하나님의 음성을 들음으로서만 발견할 수 있기 때문이다. 그러나 의사는 환자에게 이야기할 기회를 주고 그를 돌보고 이해해 주거나, 때로는 자기 자신의 경험을 들려줌으로써 환자가 자신의 병에 내포된 특별한 의미를 발견하도록 도울 수 있다.

욥은 자신이 앓고 있는 병을 하나님이 자신의 신앙을 굳세게 하려고 주신 시련으로 보았다(약 5:11). 사도 바울은 자신이 앓고 있는 병을 교만하지 않고 자기의 약함 가운데서 하나님께만 의지하게 하시려고 하나님이 제거해 주시지 않는 육체의 가시로 보았다(고후 12:7). 다윗은 예언자 나단에게 가르침을 받고 아들의 병과 죽음에서 하나님의 형벌을 보았다(삼하 12:1~14). 다윗은 우리아의 아내가 목욕하고 있는 것을 보고 매혹되어 그의 왕권을 사용하여 그녀를 우리아로부터 빼앗았다. 그녀가 임신한 것을 알았을 때 그는 우리아를 싸움터에서 불러들여 휴가를 주었다. 그러면 우리아는 자기 아내에게 갈 것이고, 그녀의 임신은 이상한 일이 아닌 것이다. 그러나 우리아는 아내에게 가지 않았다. "내 왕의 부하들이 바깥 들에 진 치고 있거늘 내가 어찌 내 집으로 가서 먹고 마시고 내 처와 같이 자리이까?"(삼하 11:11)라고 말했다. 다윗은 다시 우리아의 휴가를 연기하여 잔치를 베풀고 그를 취하게까지 했으나 그를 아내에게 보내는 일에 성공하지 못했다. 그래서 다윗은 우리아의 상관 요압 장군 앞으로 다음과 같은 편지를 써 주면서 우리아를 싸움터로 돌려보냈다. "너희가 우리아를 맹렬한 싸움에 앞세워 두고 너희는 뒤로 물러가서 그로 맞아 죽게 하라"(삼하

11:15). 그리하여 우리아는 죽임을 당했다.

우리가 환자들의 비밀 이야기에 귀를 기울이기 시작하면, 환자들이 자기가 앓고 있는 병의 의미에 대해 무언가를 발견하게 되는 것을 보게 된다. 그것은 신경증 사례의 경우에 특히 더 그렇다. 내 환자 중한 사람이 한번은 나에게 이렇게 말했다. "이제 저는 하나님이 이 병을 통해 제게 무엇을 가르쳐 주려고 하시는지를 알기 전에는 결코 이 신경증에서 나을 수 없을 것이라는 사실을 압니다." 질병은 상징적인 의미를 지니는 경우가 많다. 후두근육의 경련이나 천식 발작은 가정 생활 또는 사회생활에서 질식할 것 같은 느낌을 상징하며, 다리에 반복해서 일어나는 정맥염은 삶을 앞으로 밀고 나가는 것에 대한 두려움을 상징한다고 볼 수 있다. 내가 아는 한 의사는 발뒤축에 생긴 원인 불명의 통증으로 오랫동안 고통을 받고 있었는데, 그는 그 통증의 상징적 의미가 자신이 그의 삶에 너무 무거운 짐을 지웠기 때문인 것 같다고 말했다. 한 부인은 많은 논문에 보고되어 있는 것과 같은 기질성 장애와 신경성 장애를 번갈아가며 나타내고 있었는데, 그녀는 이 계속되는 문제들이 생명에 대한 두려움과 생명에 대한 부정적인 태도와 관련된 상징적 의미를 지니고 있음을 발견했다.

나는 항구성 부정맥으로 고통받고 있는 한 남자를 치료한 적이 있는데, 어떤 치료방법에도 낫지 않았다. 기질적이거나 기능적인 요인이 그 질병에 영향을 주었다고 상상이나 했겠는가? 어느 날 그는 이 부정맥의 의미를 발견했다. 부정맥은 그가 자기의 출생지인 고향에 돌아왔을 때 시작되었는데, 거기서 그 어머니의 강압 아래 짓눌렸던 어린 시절을 회상하면서 압도당했던 것이다. 이 사실을 깨닫고, 그는 이 괴로운 회상의 무거운 짐을 모두 십자가 밑에 던져 버렸다. 그리고 그의 맥박은 다시 정상으로 돌아왔다.

또 한 사람의 사례를 들어보자. 부스럼으로 고통을 받은 사람의 이야기이다. 그는 얼마 안 되어 자신의 부스럼이 자기 아내와의 거듭되는 말다툼 때문에 그의 마음속에 배양된 괴로움의 육체적 표현이라고 고백하였다.

질병은 또한 목적적인 양상을 가진다. 이 말은 환자가 의식하지 못할지라도, 질병이 종종 일정한 목적 때문에 생기는 것을 의미한다. 프로이드 이래로 가끔 서술되고 있는 '질병으로의 도피'를 강조할 필요도 없이, 환자는 건강할 때 받지 못한 애정을 병들어서 얻고자 하는 것이다. 그러한 예는 매우 포착하기 힘들다. 예를 들어 어린 시절 자기 아버지가 사업에 실패하여 그로 인해 가족이 사회적 불명예로 고통을 받은 한 환자가 있었다. 그는 인생에 성공하려는 맹렬한 의욕에 사로잡혀 인생을 살아왔다. 그래서 그가 근무하고 있던 회사에서 승진의 계단을 점차적으로 모두 올라갔고, 결국 회사의 상임 이사로 임명되는 오랫 동안 학수고대하던 날이 왔다. 그런데 바로 그날 그만 심각한 병으로 쓰러진 것이었다. 그러나 그 병은 뜻하지 않은 수확을 가져다 주었다. 그는 자기가 무의식 중에 출세욕의 희생자가 되고 있었다는 사실, 그리고 그 출세욕이 그를 점유하고 노예로 만들어서, 마침내 그 욕망이 병으로 파괴되었다는 사실을 깨닫게 되었다. 그 사실을 통해 그는 어린 시절부터 계속해서 하나님께서 그 출세욕을 버리고 하나님께 복종하도록 부르시고 계셨다는 것을 자각했다. 그리고 이제 하나님의 부르심에 응답할 수 있게 되었다.

또 하나의 예를 들면, 모터사이클 경기에서 사고가 나 심각한 부상을 당한 환자의 경우이다. 그는 몇 달 동안 입원하고 몇 차례의 수술을 받았으나, 아직까지 회복하지 못하고 있다. 그는 기독교 가정에서 자라났으나, 그 양육 방식의 편협함과 형식주의에 반항하게 되었고, 하나님을 포함한 모든 것을 버리고 말았다. 그는 어느 날 병원 침대에 누워 있을 때 갑자기 그의 사고가 '사도 바울의 다메섹으로 향하는 길' 과 같은 것이었음을 깨달았다. 이 미친 듯한 인생 행로에서 그를 멈추게 하신 분은 바로 하나님이었다. 그분은 어린 시절 교회 주일 학교에서 배웠던 하나님이었는데, 그는 무의식중에 이 하나님에게 돌아갈 것을 열망하고 있었던 것이다. 이제 그는 하나님을 다시 발견하였고, 이전과는 전혀 다른 심정으로 다시 한번 수술 받을 준비를 하고 있다.

이런 특별한 사건 말고도 가장 평범한 사례에서도 마음 깊은 곳에 일어나는 반응이 있다. 며칠 전 이웃집의 차고를 지으러 온 한 사람이 우리 집 초인종을 눌렀다. 그는 톱으로 작업하다 자신의 손을 조금 베고 말았다. 소독하고, 몇 바늘 꿰맨 후 붕대로 감고 … 아주 간단한 응급 처치였다. 그것은 거의 자동적으로 이루어지는 일반적인 치료였다. 그러나 우리는 치료하는 동안 잡담을 나누었다. 그 부상자는 "우리 상관이 톱으로 자르라고 준 두꺼운 판자를 보신 적이 있습니까? 그것들은 생나무를 잘라서 바로 가져온 것이라 젖어 있어서, 실제로 그걸 가지고서는 아무것도 할 수 없는 물건들이죠"라고 말했다. 이 불행한 톱 상처는 단순한 우발사고 이상의 이유가 있었던 것이다. 우선 그는 자신의 상관에게 불만이 있었다. 우리가 어떤 일로 분노를 느낄 때 우리의 노력은 균형을 잃게 되고 변덕스러워진다. 그래서 그 사고가 발생한 것이었다. 그와 좀 더 이야기하는 중에 나는 그가 전문적인 목수가 아닌, 정밀기계 직공이었는데 부당하게 해고된 사실을 알게 되었다. 이전에 마음속에 감춰두고 억눌렀던 이전 고용주에 대한 그의 증오가 새 고용주에 대한 분노로 넘어온 것이었다.

모든 질병과 사고는 육체적, 심리적, 영적 요소들이 복잡하게 얽혀 있는 매우 중요한 문제들을 드러낼 때가 많다. 물론 의사는 종종 사역자와 훌륭하게 일할 수 있지만 종교적 사역자의 역할을 대신할 수는 없다. 그러나 그렇다고 해서 환자들이 호소해 오는 마음의 고뇌를 이해하는 노력을 거부할 수도 없다.

의사와 환자 사이에 진정한 인간적인 유대가 이루어진다면, 그 유대는 신경성 질환과 육체적 질환에서 동일하게 의학적인 가치를 지니게 될 것이다. 의사가 환자와 그의 병을 이해하며, 병의 예후에 중대한 영향을 끼치는 모든 심리적 또는 영적 요인을 이해하는 일은 오직 환자의 삶에서 그 문제의 전체적인 배경을 발견함으로 가능하다. 의사는 보통 성직자들에게 부족한 생리학적 또는 심리학적 지식을 가지고 있다. 그러므로 의사는 성직자들이 어떻게 하면 좋을지 몰라 당황하는 종교적 문제까지도 도울 수가 있다. 우리는 인간이란 복합적인 요소를 지닌 존재이므로 의사의 소명과 목사의 소명을 정확하게 구분지어 나눌 수가 없다는 것을 기억해야만 한다. 이 원리는 의사와 교육자의 영역에 서로 동일하게 적용된다.

때때로 의사는 자기의 신앙을 솔직하게 고백함으로써 환자에게 큰 영향을 끼치는 것을 경험한다. 그런 신앙 고백은 성직자 입에서 나오는 경우보다 더 효과적일 것이다. 불구자들이나 만성병 환자들 또는 신경증 환자들, 그리고 그 밖에 인생의 가장 가혹한 시련으로 고통받고 있는 사람들에게서 생길 수 있는 문제들에 대한 해결책은 오직 기독교 신앙에서만 발견될 수 있다. 그러므로 성경 구절이 진정한 위안, 즉 유일한 참된 위안을 선물해줄 것이다. 예를 들어, 예언자 이사야가 그리스도의 구원을 예견한 그 성경 구절같은 것이다. "그는 실로 우리의 질고를 지고 우리의 슬픔을 당하였거늘"(사 53:4). 메데르 박사는 어느 날 나에게 의사는 약품 조제서를 다루는 것처럼 성경 다루는 법을 배워야만 한다고 말했다.

그러나 우리는 계속해서 하나님에 관한 이야기만 해야 하는 것은 아니다. 한번은 의학 수련회에서 어떤 의사가 진료할 때 모든 환자들과 기도를 하는지 질문했다. 나는 그 질문에 깜짝 놀랐다! 나는 특별한 경우를 제외하고는 직접적으로 하나님을 전하거나 기도하는 태도를 취하지는 않는다. 진료실을 나가면서 문 앞에서 나를 돌아보며, "선생님, 제 삶 속에 하나님을 느끼게 해주셔서 감사합니다"라고 했던 한 환자를 떠올려 본다. "제가 그런 문제를 가지고 이야기한 기억은 없는데요"라고 했더니 환자는 "그렇습니다. 이야기한 적은 없습니다. 아마도 제가 최근 르콩트 드 누이의 책[2]을 읽어서 그런 생각이 드는지도 모르겠습니다. 그렇지만 제가 그 책을 전혀 새로운 기분으로 읽은 것은 선생님과의 대화 때문이라고 생각합니다"라고 말했다.

어떤 부부가 나에게 자신들의 부부 문제를 의논했다. 나는 장시간에 걸쳐 남편과 아내를 따로따로 만나기도 하고 둘을 함께 만나기도 했다. 나는 그들의 어려움 아래 놓여있는 심리학적 문제들에 열정적인 흥미를 가지게 되었다. 어느 날 그 아내가 친구들과 함께 외국에 머물게 되었을 때 우연히 내가 쓴 책을 읽게 되면서, 내가 그리스도인이라는 것을 알게 되었다. 그녀에게 내가 그리스도인이라고 말할 기회가 없었던 것이다. 그녀는 성경을 읽기 시작했고 진정한 회심을 경험하게 되었다. 그리고 돌아와서 내게 자신의 잘못을 고백하면서, 자신이 지금 막 발견하기 시작한 신앙 생활에 대해 왜 좀 더 빨리 이야기해 주지 않았느냐며 나를 거의 비난할 기세였다.

의사들은 설교하기 위해 하나님의 부르심을 받은 것은 아니다. 우리의 임무는 차라리 듣는 일이며, 이해하는 일이다. 만일 우리가 환자들에게 자기 마음속 얘기를 할 기회를 준다면, 그들은 자기 자신을 좀 더 잘 알게 되며, 그들이 직면하고 있는 진정한 문제가 무엇인지를 발견하게 될 것이다. 그리고 아마도 자신들이 앓고 있는 병의 의미도 깨닫게 될 것이다.

그러나 과학이 대답하지 못하고 간곡한 권고로도 해결할 수 없는 문제에 직면할 때, 우리는 무엇을 할 것인가? 우리가 할 수 있는 가장 좋은 일은 환자들에게 우리 자신의 경험과 문제, 실패와 과오, 그리고 우리가 받은 축복에 대해 이야기하는 것이라고 생각한다. 물론 너무 지나치게 모든 이야기를 다 해주어야 한다는 부담감을 가질 필요는 없다. 하나님께서 우리 마음에 촉구하시는 만큼이면 된다. 그렇게 할 때 인격적인 유대, 즉 인간으로서 우리는 형제라는 인식이 우리와 환자 사이에 만들어지며, 환자들은 그들이 혼자가 아니라는 것을 깨닫게 될 것이다. 우리가 환자들의 경험과 똑같은 어려움에 직면해볼 필요는 없지만, 그것과 비슷한 상황에 직면한 일은 있을 것이다. 그것 중 어떤 것은 해결되었을 것이고, 어떤 것은 여전히 남아 있어 신앙으로 그 문제를 해결하려고 노력하고 있을 것이다. 또 우리의 십자가로 항상 지니고 가야 할 문제도 있을 것이다. 우리는 불행 속에서나 축복 속에서나 형제이다. 인간은 자기 자신을 조금이라도 나누어 줌으로써 다른 사람을 도울 수 있다.

이와 같이 우리는 성경이 가르치는 상호 관계를 잘 세우면서 마음을 나눠야 한다. 성경은 많은 교훈과 훈계를 포함하고 있으나, 그보다 더 많은 개인적인 경험이 포함되어 있다.

만일 모세가 자신의 경험을 말하지 않았다면, 사역을 시작할 때 불붙는 떨기나무 가운데서 말씀하시는 하나님을 찾았던 일을 전혀 몰랐을 것이다(출 3:4). 모세는 그가 어떻게 하나님께 거역하려고 애썼는지, 그리고 하나님께서 자기에게 그분의 소명을 맡기시기 전에 제기한 모든 반론에 대해 말한다. 만일 이사야가 죄를 깨닫게 되었는지, 또 하나님이 자기를 깨끗하게 하신 일을 어떻게 알았는지를 우리에게 말하지 않았다면, 우리는 예언자 이사야가 하나님께 사명을 받을 때의 급진적인 경험에 대해 알 수 없었을 것이다. 예레미야나(렘 20:9) 그 밖의 많은 성경 인물들의 내적 고투에 관해서도, 만일 그들이 그것을 밝혀주지 않았다면, 아무것도 알 수 없었을 것이다. 그리스도가 광야에서 시험을 받으셨던 일(눅 4:1~13)도 예수님 자신이 제자들에게 말씀하시지 않았다면, 우리는 알 수 없었을 것이다. 이처럼 예수님까지도 자신의 경험과 고투에 대해 말씀하셨다. 예수님은 제자들에게 십자가를 앞둔 자신의 괴로움을 말씀하셨다. "내 마음이 괴로워 죽을 지경이다"(마 26:38). 주관주의적인 신학자로 공인된 사도 바울도 끊임없이 자기의 개인적 경험을 언급하고 있다(갈 1:11~14).

만일 우리가 이 성경의 인물들처럼 마음을 담아 이야기한다면 그것은 환자들이 자기들의 병을 이해하도록 돕는 것이다. 그러나 그 깨달음의 몫은 역시 그들 자신의 것이다. 그것은 주관적이며, 개인적인 사항이다. 다양한 질병의 의미를 체계적으로 분류하여 편집하는 일은 불가능하다. 엘룰 교수는 나사로의 병에 대하여 "이 병은 죽을 병이 아니라 오히려 하나님의 영광을 드러낼 병이다(요 11:4)"라고 하신 예수님의 말씀을 인용하면서[3] 질병은 두 가지로 분류된다고 결론지었다. 죽음으로 가는 질병과 하나님의 영광을 위한 질병이 있다는 것이다. 그러나 나는 그 주장에 동의하지 않는다. 질병은 과학적으로는 분류될 수 있지만 영적으로는 아니다. 모든 병은 특별하며 개인적이다. 덧붙여서 나사로는 실제로 죽은 것이었다.

비슷한 이야기로 우리는 히스기야 왕이 '죽을 병'에 걸렸던 이야기를 알고 있다(왕하 20:1~11). 예언자 이사야는 그 사실을 말하려고 왕의 곁에 왔다. "당신은 죽을 것입니다." 그러나 하나님은 왕의 기도를 들으시고 이사야를 다시 그에게 보내 말씀하셨다. "내가 너를 낫게 하리라." 이처럼 질병의 '의미'는 분류될 수 있는 과학적인 개념은 아니다. 그것은 하나님께서 우리에게 말씀하시는 그 말씀과 관련되어 있으며, 그것은 순간순간 변할 수 있는 것이다. 하나님은 살아계신 하나님이시기 때문이다.

사물에 대한 의미를 찾는 것은 살아계신 하나님께 우리를 맡기는 일이며, 그분과 함께 살며, 하나님께서 삶과 질병, 그리고 죽음의 위협을 통하여 우리에게 말씀하시는 것을 듣는 일이다. 그것은 삶과 죽음의 문제를 정면으로 직시하는 일이다.

우리는 야곱이(창세기 48, 49장) 147세 때 그의 가장 사랑하는 아들 요셉을 곁에 불러놓고 자기 인생의 위대한 경험을 회상시켜 주는 것을 볼 수 있다. 하나님이 그를 루스 땅에서 어떻게 축복하셨는지, 또 그 축복이 자손들에게도 주어질 것이라고 말씀하신 하나님의 약속 등을 이야기해 주었다. 그리고 나서 야곱은 자기 아들들과 손자들에게 그 축복을 전해주며 말했다. "나는 죽는다"(창 48:21). 그는 한 사람 한 사람에게 충고와 교훈을 주고 자기를 장사할 장소를 정해 놓은 뒤에 죽었다.

또 예언자 엘리사도 그러했다. 그는 이미 "죽을 병이 들자"(왕하 13:14). 자기의 임박한 죽음을 슬퍼하는 요아스 왕의 눈물을 그치게 했다. 엘리사는 자신의 일보다도 백성들의 안위에 관심이 있었고, 왕에게 하나님께서 약속하신 승리를 알려주면서 죽음을 맞이했다.

23 질병은 죄로 인한 결과인가?

또 하나의 인상적인 죽음을 들여다 보자. 모세의 죽음에 관한 것이다. 하나님 자신이 모세에게 죽음을 예고하셨다. "이제 네가 죽을 날이 가까이 왔으니"(신 31:14). 그럼에도 불구하고 "모세의 죽을 때 … 그의 눈이 흐리지 아니하였고 기력이 쇠하지 아니하였더라"(신 34:7). 하나님은 동시에 자기 백성들에 대해서도 모세에게 말씀하신다. 모세가 천신만고의 노력 끝에 하나님께 복종하도록 인도해 온 그 반항적인 백성들에 대해 주님은 그 백성은 결국 하나님을 버리고 하나님과 그들 사이에 맺은 언약을 파기할 것이라고 말씀하셨다(신 31:16).

그런데도 이 백성은 하나님의 약속을 따라 모세가 40년 동안 인도해 온 그 가나안 땅을 향해 가야 했다. 하나님은 그 약속의 땅을 바라보게 하시려고 모세를 느보 산 꼭대기에 오르게 하셨다. 그리고 하나님은 모세에게 "네 형 아론이 호르 산에서 죽어 그의 조상에게로 돌아간 것 같이 너도 올라가는 이 산에서 죽어 네 조상에게로 돌아가리니 이는 너희가 신 광야 가데스의 므리바 물 가에서 이스라엘 자손 중 내게 범죄하여 내 거룩함을 이스라엘 자손 중에서 나타내지 아니한 까닭이라"(신 32:50~51)고 말씀하셨다.

그러면 도대체 어떻게 된 일인가? 모세는 하나님의 위대한 종이 아니었던가? 모세는 여호와께서 대면하여 아시던 자였다(신 34:10). 이 말씀은 성경의 인격주의를 얼마나 잘 보여 주는가! 모세는 그 백성들의 반역과 더불어 싸우는 일에 굴복하지 않고, 하나님의 목표에 순종하는 일에 지치지 않는 체력을 보여 주었다. 광야에서 보낸 40년은 이 백성들의 끊임없는 반역과, 그 때마다 그들을 회개시키고 하나님의 인도 아래 여행을 계속하게 했던 모세의 맹렬한 힘으로 가득 차 있다. 만일 그 여행이 너무도 느리고, 너무도 오래 걸려서 목적지에 도달하기 전에 죽음이 모세를 엄습해 왔다면, 그것은 모세의 실패라기보다는 그 백성들의 과실 때문일 것이다. 이제 하나님은 모세에게 시기상조의 죽음을 예고하시고 '이스라엘 자손 중에서' 범한 죄 때문에 반드시 치러야 할 대가라고 말씀하신다. 모세가 그 부당성에 대해 항의해야 하지 않을까? 그러나 그는 그러지 않았고 하나님에게 영광을 돌리는 찬양을 불렀다. "내가 여호와의 이름을 전파하리니 너희는 우리 하나님께 위엄을 돌릴지어다 그는 반석이시니 그가 하신 일이 완전하고 그의 모든 길이 정의롭고 진실하고 거짓이 없으신 하나님이시니 공의로우시고 바르시도다(신 32:3~4).

이 이야기는 질병과 죽음과 죄의 관계에 대한 중요한 문제로 돌아가게 한다. 이미 20장에서 이 문제에 관해 이야기했지만, 이제 우리는 좀더 깊이 그 문제의 핵심으로 들어가야 한다. 이것은 모든 사람이 가진 문제이기 때문이다. 우리는 성경이 질병과 죽음, 그리고 죄를 연결시켜 주는 고리(link)가 있음을 보여준다고 이야기해 왔다. 그러나 그것은 일반적인 연관성, 즉 인간의 상호의존성이라는 관점에서만 이해할 수 있는 것으로, 엄밀하게는 특별한 죄와 특별한 질병이나 죽음 사이에 있는 관계이며, 적어도 모든 경우에 해당되는 것은 아니다.

모세는 자기 백성은 들어가는데 자기는 들어가지 못하는 가나안 땅을 느보 산에서 건너다보면서 자신이 이 백성의 무고한 희생물임을 절실히 느꼈을 것이다. 그의 모든 용감한 노력에도 불구하고 백성들은 그들의 반역으로 하나님의 진노를 연거푸 샀다. 그리고 이제 그 희생물이 되어야 할 사람은 모세 자신인 것이다.

그러나 성경은 개인주의적(individualistic)이 아니며, 개인적(personal)이다. "그것은 내 잘못이 아니기 때문에 그런 일은 정당하지 않다"고 항의하는 자는 개인주의자이다. 개인주의자는 인간의 상호의존과 연대감, 즉 우리가 개개의 인격이라는 사실을 인식하지 못한다. 16장에서 본 것처럼, 인격의 통합은 인간을 자연과 사회에 연결시켜 주는 유대감을 인식한다.

모세의 위대성은 그가 "그것은 내 잘못이 아니기 때문에 그런 일은 정당하지 않다"고 말할 수 없을 정도로 자신을 자기 백성과 동일시했다는 점에 있다. 모세는 백성의 반역과 더불어 싸우는 일을 결코 쉬지 않았으나, 그 백성이 저지른 실수를 자신의 책임으로 돌렸다. 좀 더 잘 싸웠어야 했던 것이 아닌가? 하나님께 좀 더 잘 순종해야 했던 것이 아닌가? 하나님께 부르심을 받은 지도자로서 그 소명을 더 잘 감당해야 했던 것이 아닌가? 소명은 책임을 수반한다. 그는 실로 희생자였지만 동시에 책임의식도 강한 사람이었다.

나 자신의 개인적 체험을 통해 이 모든 것을 예증해도 되리라고 생각한다. 나는 심한 교통사고를 당한 적이 있었다. 그 사고로 내 아내와 한 아이가 부상을 입었고, 아버지가 세상을 떠나신 후 나를 돌봐 주셨던 삼촌이 돌아가시고 말았다. 그날 밤 나를 추궁하는 생각들이 머릿속을 끊임없이 괴롭혔다. 법적으로는 삼촌의 죽음에 대한 책임이 없었다. 나도 운명의 피해자였다. 사고 당시 소나기가 억수같이 쏟아졌고, 마치 누군가가 도로에 기름을 흘린 것처럼 내 차가 그 길을 지나다가 옆으로 미끄러졌다. 사고가 일어나기 전에 길이 미끄러지기 쉽다고 경고하는 경고 표지판을 미처 보지 못했던 것이다. 내가 과속을 한 것은 아니지만, 그 사건이 일어나기 30분 전에는 속력을 내어 내 운전 기술을 뽐내고 있었다.

나는 이런 내적인 갈등이 결코 평안을 가져다 주지 못한다는 것을 실감했다. 설사 내가 사고의 책임으로부터 나의 결백을 증명할 모든 근거를 모아 놓더라도 그것이 내 죄책감을 씻어주지는 못했을 것이다. 실상 나는 피해자였으나 동시에 책임도 느껴야 했다. 만일 내가 하나님과의 교제를 좀더 밀접하게 가졌더라면, 하나님이 주시는 영감에 더 열려서 하나님의 분명한 인도하심으로 그런 사고가 일어나지 않게 해 주셨을 것이다. 바로 그 아침에 나는 갈 길을 서두르느라 기도를 짤막하게 했다. 나의 기도는 단지 기도의 흉내에 불과했던 것이다.

하나님과의 교제 밖에 있는 것, 즉 하나님으로부터 떠나 있고, 하나님의 인도하심에서 떠나 있는 것이 곧 죄이다. 그리고 우리는 죄에 대하여 또 다시 희생자가 된 느낌을 가지게 된다. 왜냐하면 죄는 인류의 피할 수 없는 운명이기 때문이다. 그러나 역시 그와 동시에 우리는 자신에게 지워진 책임의식을 느낀다. 즉 우리에게도 책임이 있다. 그날 밤 나는 피해와 책임을 분리시키는 일은 지적인 방법으로는 절대 불가능하다는 것을 깨달았다. 그것은 분석할 수 있는 문제가 아니다. 이 문제는 모든 분석을 초월한 것이다. 더군다나 나는 운전을 즐기는 점에서 현대 세계와 하나이다. 이 세계에는 자동차 무리와 새어나오는 기름 등과 같은 죽음의 위협을 증대시키는 요인이 산재해 있다. 나는 그 현대 세계의 일부이다. 나는 거기에 속하여 있고, 그것을 창조하는 일을 돕고 있으며, 그 무엇인가를 만들고 있으므로, 다른 모든 사람들과 마찬가지로 그 일에 대해서도 역시 책임이 있다.

끝으로, 우리가 행한 실수 중 어떤 것들은 바로잡을 수 있다. 하지만 돌이킬 수 없는 것도 있는데, 특히 죽음이 일어났을 때이다. 교통사고가 난 그날 밤 나는 예수님이 십자가에 못 박혀 죽으신 의미를 뼈저리게 느끼고, 그 의미를 이해하게 되었다. 즉 십자가는 돌이킬 수 없는 일에 대한 배상물이다. 우리는 모두 그 피해자라는 사실과 우리에게 책임이 있다는 사실이 복잡하게 얽혀 있는 괴로움을 경험하는데, 우리는 이 짐을 전부 십자가 아래에 즉시 내려놓을 수 있다.

십자가는 죄책감을 느낄 때는 용서이며, 우리가 피해자가 될 때에는 참된 안식처가 된다.

간단한 이미지가 이 일을 이해하는 데 도움이 될 것이다. 세계는 하나의 큰 배와 같은 것인데, 우리는 모두 다 그 배에 타고 있는 것이며, 그 배는 태초부터 파손되어 있었다. 처음에는 그 배의 선장의 명령에 복종하지 않고 승무원들이 그 배를 아무렇게나 다루었기 때문에 선체에 구멍이 뚫렸다. 그 이후로 승무원들은 자기 보존 본능이 발동하거나, 때로는 고상한 이상에 이끌려 그 파손된 부분을 열심히 수리하려고 애쓴다. 그러나 그 진지한 열심과 공포와 낭패스러움이 소란을 일으켜 배는 이전보다도 더욱 심하게 다루어지게 된다. 그래서 이런 노력에도 불구하고 파손이 가속화되는 결과를 초래한다. 항해사들은 가장 효과적인 수리 방법에 관해 논의했으나, 그렇게 할수록 무질서와 혼란을 부추길 뿐이었다. 그래서 그런 소란으로 그들은 선장의 명령을 분명하게 듣지 못한다.

이 배 안에서는 모두가 희생자이다. 이들은 연쇄적으로 일어나는 운명적인 사악한 사건의 희생자이며, 다른 사람들로 인한 실수의 희생자이다. 그러나 각 사람도 역시 실수를 하며, 아무리 선의로 하는 경우일지라도 전체적인 소란에 가담하고, 배를 거칠게 다루며, 공황을 초래하는 것에 한 몫을 한다. 그리고 각 사람을 위협하는 재난은 그 무질서와 연결되어 있다. 각 사람은 그 재난을 피하도록 노력해야 하므로 각자 자신에게 책임을 져야 한다. 아무도 다른 사람보다 더 많은 책임이 있다고 판단할 수 없다.

이것이 내가 사고 난 그날 밤에 깨달은 것이다. 그 깨달음은 나를 십자가 앞에 무릎 꿇게 했다. 하나님은 사고를 통해서 이러한 사실을 깨닫게 해주셨다. 그날 밤 이후로 나는 이전보다 인간의 삶이 훨씬 더 비극적이라는 사실을 알게 되었다. 그것이 얼마나 냉혹한가를 이해했고, 하나님의 은총 외에는 다른 도리가 없다는 사실을 알게 되었다. "십자가야말로 유일한 희망이다." 나의 환자 중 한 사람은 이렇게 말한 적이 있다. "죄는 절망으로 인도하든지 그렇지 않으면 하나님께 인도할 따름입니다."

그 때 이후로 내 주변 사람들의 요구를 좀 더 깊이 이해하려고 늘 마음을 쓰게 되었다. 나이를 불문하고 모든 사람들이 죄책감과 고통이 해결할 수 없을 정도로 뒤섞여 있는 짐을 짊어지고 나를 찾아온다. 실로 그들의 삶 속에는 자신들이 희생자라고 말할 수 있는 일들이 있고, 또 자기들이 책임져야 한다고 느낄 수 있는 일도 있다. 그러나 우리가 이것을 좀 더 자세히 살펴보면, 그런 두 가지 사항이 결코 명확하게 구분될 수 없음을 알게 된다.

예를 들어 아내의 질투심 많은 잔소리의 희생자인 한 남편의 경우를 보자. 그는 몇 시간 동안이나 자기가 받은 고통을 나에게 자세히 호소했다. 그것은 사실이었다. 그가 희생자라는 것도 사실이다. 그렇지만 이 사실이 그의 고통을 경감시켜 주지는 않는다. 그것은 아무런 도움이 되지 않는다. 그러나 이 사람이 털어놓은 모든 불평을 듣고 나는 마침내 그에게도 역시 책임이 있다는 것을 알 수 있었다. 그는 결혼은 어떠해야 한다는 높은 이상을 가지고 있었다. 그의 가정이 현재와 같은 지경이 되어버린 것은 아내의 잘못만은 아니다. 그에게도 문제가 있는 것이다. 우리는 모두 자기 아내가 하는 행동 방식이 자신의 책임이라는 것을 알고 있다. 우리 중 아무도 다음 질문으로부터 벗어날 수 없다. "내가 다르게 행동함으로 아내가 현재보다 더 좋은 아내가 되도록 도와줄 수 있었던 것은 아닌가?"

늘 거짓말로 빠져나갈 구멍을 찾는 의지 박약자의 경우를 보자. 그는 내 상담실에서 자신이 그동안 거짓말한 사실을 고백했다. 그는 자기가 잘못했다고 느끼고 있지만, 그러면서도 역시 자기는 모든 상황, 즉 유전적 요인, 학력, 자기 삶의 모든 사건 등의 희생자라고 느낀다.

우리는 모든 사람이 죄인이며 동시에 또한 희생자라는 것을 인정할 때만 인간을 이해할 수 있다. 장기간 동안 프로이드 학파의 정신과 의사에게 치료를 받은 후 나를 찾아온 한 부인이 있었다. 그 정신과 의사는 인간의 죄성을 인정하지 않았고 그것은 그녀에게 매우 유익한 것 같았다. 그러나 그녀의 강박관념과 밀접하게 연관되어 있는 죄책감에서 그녀를 해방시키지는 못했다. 죄를 자각하지 않고는 은혜를 받아들일 여지가 없는데, 그 때문에 그녀는 아직도 용서를 갈망하고 있었다. 어느 날 그녀에게 인간 영혼의 두 가지 측면에 대해 이야기했다. 즉 우리가 희생자라는 병적 메커니즘과 우리에게 책임이 있는 죄에 관한 이야기였다. 나는 또한 메커니즘만을 보는 의사들과 죄만을 보는 신학자들에 관해서도 이야기했다. 그녀는 즉시 "그렇다면 우리는 그 양면을 다 봐야 하겠군요"라고 대답했다.

이 인격의 두 가지 양상을 종합하는 일에 성공한 정신분석의들도 있다. 내가 처음 취리히의 메데르 박사를 만났을 때 그의 입에서 나온 첫 마디를 나는 결코 잊을 수가 없다. 그가 막 기독교로 개종했던 때였다. 그는 자신의 체험을 간증하면서 다음과 같은 이야기를 시작했다. "나는 20년 이상이나 사람들의 마음을 돌보아 왔으나, 이제까지 나는 인간의 영적 삶에 있어 가장 중요한 사실, 곧 죄를 보지 않고 치료해 왔다네."

죄악이 두 가지 측면을 가지고 있다면, 은혜도 역시 두 가지 면을 가지고 있다. 성경은 인간의 질병과 죄 사이에 연관이 있다는 것을 주장하여 양자에게 동일한 답변을 준다. 예수님이 중풍병자를 고치신 기사는 잘 알려져 있다(눅 5:17~26). 그를 고치시기 전에 예수님은 그에게 "이 사람아, 네 죄가 용서받았다"고 말씀하셨다. 이 말을 듣고 곁에 있던 율법학자들과 바리새인들은 예수님에게 적대감을 표시하며 수군거리기 시작했다. 그러나 예수님은 환자에게 "너에게 말한다. 일어나서 네 침상을 치워 들고 네 집으로 가거라"라고 말씀하셨다. "그러자 곧 그는 사람들 앞에서 일어나, 자기가 누웠던 침상을 거두어 들고, 하나님을 찬양하면서, 집으로 갔다." 이 사건은 죄와 질병과의 관계를 보여줄 때 흔히 인용된다. 즉 죄를 용서하는 것이 치유의 조건임을 증명하거나 좀 더 심각하게 말해서 그 중풍병자의 죄가 중풍의 원인이었다는 것을 보여줄 때 인용된다. 그러나 예수님께서는 전혀 그런 말씀을 하시지 않으셨다. 예수님께서는 그 병자를 고치셨을 때 대적자들에게 "땅에서 죄 사하는 권세가 자신에게 있다는" 것을 보이기 위하여 치료를 행하셨다는 것을 분명히 말씀하셨다. 그래서 그들에게 "네 죄가 사해졌다 하고 말하는 것이 더 쉬우냐? 일어나 걸어라 하고 말하는 것이 더 쉬우냐?"고 물으셨다.

여기서 확실히 밝혀진 것은, 예수님께서 용서와 치유의 이중 능력을 선언하셨고, 이 두 힘이 함께 결부되어 있다는 점이다. 성경 전체를 통하여 치유는 하나님의 은혜를 나타내는 상징으로 표현되어 있는데, 그 은혜는 동시에 인간의 마음을 그 죄에서 정화시킨다. 이리하여 예수님은 죄와 중풍을 인위적으로 연관시키지 않으시면서도 두 가지 문제를 한꺼번에 처리하셨다.

불행하게도, 인간의 죄와 질병 사이에 인과적인 관련성이 있다고 주장하는 고립된 그리스도인이나 특정한 종파의 신자가 있는 것은 사실이다. 나는 어떤 자매가 환자에게 내가 쓴 책을 가지고 가서 "이 책을 읽어보세요. 그러면 당신은 병들었기 때문에 죄인임에 틀림없다는 것을 깨닫게 될 것입니다"라고 말했다는 것을 얼핏 들었다. 내가 그런 메시지를 담은 책을 썼을 리가 없다! 나는 기도에 의한 질병 치료에 많은 정력을 바친 매우 유명한 그리스도인의 이야기를 들은 적이 있다. 그는 모든 신체적 장애가 도덕적 장애의 표시라고 주장하면서, 기도로 그 질병이 치료되지 않을 경우 그 실패의 원인은 도덕적 장애라고 주장했다. 하이델베르크대학의 시벡 교수는 질병과 죄 사이에 있는 일반적 관련성을 인정하는데,[1] 그는 의사로서 '인간의 비참함은 질병 안에서 나타날 뿐만 아니라, 죄 가운데에도 나타난다는 사실'을 깨달았다. 그러나 그는 다시 계속해서 말하기를 "그러나 많은 경우 우리가 죄를 지어도 질병이 생기지 않을 수 있고, 죄가 없어도 질병이 생기는 현상을 보아왔다. … 이 양자 사이에 인과관계가 있다고 보는 견해로 인해 끊임없이 피해가 일어나고 있다. 수많은 사람들이 질병을 자기가 지은 죄의 결과라고 생각한다. 그 단순한 이유로 그들은 형용할 수 없는 마음의 고통과 가책을 받고 절망에 이른다. 이런 편견에 사로잡혀 있는 인간을 자유롭게 하려고 노력한 결과 의학이 처음부터 얼마나 큰 첫 발걸음을 내디뎠는지 생각해 보라."

그런 이론 때문에 생기는 피해를 아무리 강조해도 지나치지 않다. 성경은 그런 이론을 전혀 지지하지 않는다. 실제로 그 반대이다. 예를 들면, 나면서부터 소경된 사람에 대하여 제자들이 예수께 "랍비여 이 사람이 맹인으로 난 것이 누구의 죄로 인함이니이까 자기니이까 그의 부모니이까 예수께서 대답하시되 이 사람이나 그 부모의 죄로 인한 것이 아니라 그에게서 하나님이 하시는 일을 나타내고자 하심이라"(요 9:2~3). 우리에게 그처럼 명백한 선언은 없다.

이 문제에 대해 예수님의 마음을 우리에게 알려주는 또 하나의 성경 말씀이 있다. 그분은 제자들에게 로마의 총독 빌라도에게 학살된 갈릴리 사람들의 이야기를 하셨다. 예수님께서 말씀하시기를, "너희는 이 갈릴리 사람들이 이같이 해 받으므로 다른 모든 갈릴리 사람보다 죄가 더 있는 줄 아느냐 너희에게 이르노니 아니라 너희도 만일 회개하지 아니하면 다 이와 같이 망하리라. 또 실로암에서 망대가 무너져 치어 죽은 열여덟 사람이 예루살렘에 거한 다른 모든 사람보다 죄가 더 있는 줄 아느냐 너희에게 이르노니 아니라 너희도 만일 회개하지 아니하면 다 이와 같이 망하리라"(눅 13:2~5).

이처럼 큰 불행을 당한 희생자들은 다른 사람들보다 더 큰 죄를 범한 사람들이라는 사고방식을 절대적으로 부정하심으로써 예수님은 질병과 재난, 그리고 죄 사이에 직접적인 인과관계가 없다고 하신다. 그러나 "너희도 만일 회개하지 아니하면 다 이와 같이 망하리라"라고 덧붙이심으로 예수님은 우리가 이제까지 이야기해 온 일반적 관련성, 즉 불행이나 정치적 학살 또는 뜻밖의 사고가 이 세계에 난입한 무질서의 표시이며, 또한 회개를 촉구하는 징표라는 사실을 긍정하시는 것이다.

이 말씀에서 강조하는 것은 예수님께서 우리가 다른 사람들의 죄에 관심을 가지는 대신 우리 자신의 죄를 돌아보기를 원하신다는 것이다. 예수님은 제자들이 다른 사람들의 허물을 보기보다 자신을 돌아보고 회개할 필요가 있음을 보게 하셨다.

이것이 복음의 정신이다. 죄와 질병의 관계에 대한, 마음을 혹하게 하는 모든 오해는 다른 사람들을 판단하는 바리새인적인 정신에 뿌리박고 있는 것으로(마 7:1), 예수님은 그 점에 대해 아주 냉혹하게 비판하셨다. 그런 오해는 우리가 이 문제를 객관적인 문제로 다루어 직접적인 인과관계를 이야기한다든지 한 병자의 죄와 다른 사람의 죄를 논의할 때 일어나는 것이다. 이 책의 첫 부분에서 말한 것처럼, 성경은 우리의 현대적 심성을 그 과학적 인과율의 개념과 함께 벗어버려야 할 것을 강력히 요구한다. 왜냐하면 성경이 우리에게 죄에 대해 말할 경우에 그것은 우리 자신의 죄를 두고 말하는 것이기 때문이다. 성경은 자신의 죄를 회개할 것을 촉구한다.

독자는 그리스도께서 베데스다 못가에서 병자를 고쳐주시고 그 사람에게 하신 말씀을 기억할 것이다. 그리스도는 그 사람에게 "보라 네가 나았으니 더 심한 것이 생기지 않게 다시는 죄를 범하지 말라"(요 5:14)고 말씀하셨다. 이 말씀에서 그 사람의 죄와 질병 사이의 직접적인 연관성을 찾아야 한다는 것은 아니라고 생각한다. 예수님은 단순히 그 병자가 고침을 받고 자기가 받은 축복으로 충만함을 느끼는 그 기회를 이용하여 그에게 삶의 태도를 고치도록 촉구하셨을 따름이다. 그러나 예수님께서 그를 고쳐주시고 나서 그를 훈계하셨다는 점은 주목할 만한 가치가 있다.

예수님의 곁에 모여든 병자들에 관해 생각해 보자. 예수님은 결코 그들을 거절하지 않으셨다. 예수님은 그들에게 먼저 회개해야 한다고 말씀하시지 않았다. 예수님의 회개하라는 부르심은 모든 사람, 특히 건강하고 자기만족감을 가진 사람들을 향한 말씀이다. 그러나 병자에 대해서는 위로하시고 고통을 제거하셨으며 치유하셨다.

여기에 의사에 대한 분명한 인도하심이 있다. 의사에게 오는 환자는 설교나 회개의 권면을 원하는 것이 아니라, 도움을 구하는 것이다. 의사는 절대로 욥의 친구들과 같아서는 안 된다. 욥의 친구는 "생각하여 보라 죄 없이 망한 자가 누구인가"(욥 4:7)라고 말했다. 우리는 욥이 친구들에게 "너희는 거짓말을 지어내는 자요 다 쓸모없는 의원이니라"(욥 13:4)라고 말하며 격분한 것을 이해할 수 있을 것이다.

우리가 환자들에게 죄에 대하여 이야기하는 것은 어떤 경우에라도 잘못된 것이다. 죄와 질병 사이에 관련이 있을지도 모른다는 생각을 가지는 것조차 잘못된 일이다. "사랑은 … 원한을 품지 않습니다"(고전 13:5)라고 바울은 말했다. 그런데 만일 환자 자신이 그 문제를 끄집어 낼 때에는 문제가 다르다. 우리는 앞으로 고백의 치료적 가치를 살펴

보게 될 것이다. 환자가 치유를 받았을 때 우리는 그 회복이 하나님으로부터 온 축복이라는 것을 보여 주고, 그의 관심을 이에 관련된 새로운 책임으로 돌려야 한다.

우리는 야고보의 편지에서 다시 한번 치유와 용서 가운데 동시에 나타나 있는 은혜의 이중적인 측면을 볼 수 있다. "너희 중에 병든 자가 있느냐 그는 교회의 장로들을 청할 것이요 그들은 주의 이름으로 기름을 바르며 그를 위하여 기도할지니라. 믿음의 기도는 병든 자를 구원하리니 주께서 그를 일으키시리라 혹시 죄를 범하였을지라도 사하심을 받으리라"(약 5:14~15). 여기서 우리는 다시 죄와 질병 사이의 인과적 연관성을 거의 제시하지 않는, 은혜의 그 두 가지 측면 사이의 연관성을 강력히 주장한다.

신경증을 앓고 있던 한 가난한 부인의 가슴아픈 일을 기억해 본다. 심한 정신적 불안의 포로가 되어 있었던 그녀는 이 성경 말씀에 근거해서 자기 교회의 장로들에게 도움을 청했다. 그런데 장로들은 그녀의 정신적 불안이 죄의 결과이고, 질병의 결과가 아니라는 이유로 그녀가 요구한 기름 바르는 의식을 거부하고 중보 기도는 고사하고 회개만을 요청하였던 것이다.

24 고난, 신앙 훈련을 위한 학교

성경은 죄와 고난 사이에 일반적인 연관성이 존재한다는 것을 인정하지만 건강과 부를 신앙이나 거룩함의 척도로 보는 것은 아니다. 성경적으로 볼 때 모든 사람은 다 죄인이다. "의인은 없나니 하나도 없으며"(롬 3:10). 자기가 이웃 사람보다 죄가 적다고 생각하는 사람은 하나님의 나라에서 멀리 떨어져 있는 사람이다. 그 사실을 예수님은 바리새인과 세리의 비유로 보여 주셨다(눅 18:9~14). 예수님은 또 "이와 같이 나중 된 자로서 먼저 되고 먼저 된 자로서 나중 되리라"(마 20:16)고 말씀하셨다. 불행은 선한 사람에게도 악한 사람에게도 차별 없이 찾아온다. 하나님의 선물도 또한 모든 사람에게 주어진다. "모든 사람에게 임하는 그 모든 것이 일반이라 의인과 악인, 선한 자와 깨끗한 자와 깨끗하지 아니한 자, 제사를 드리는 자와 제사를 드리지 아니하는 자에게 일어나는 일들이 모두 일반이니 선인과 죄인, 맹세하는 자와 맹세하기를 무서워하는 자가 일반이로다"(전 9:2)라고 전도자는 말한다. 또 예수님도 전도자와 같은 말씀을 하셨다. "하나님이 그 해를 악인과 선인에게 비추시며 비를 의로운 자와 불의한 자에게 내려주심이라"(마 5:45).

악인의 형통하는 광경은(시 73:3) 많은 성경 기자들을 괴롭힌다. "여호와여 내가 주와 변론할 때에는 주께서 의로우시니이다 그러나 내가 주께 질문하옵나니 악한 자의 길이 형통하며 반역한 자가 다 평안함은 무슨 까닭이니이까"(렘 12:1) 하고 예레미야는 절규한다. 이에 대해 성경과 현대 분석심리학자는 입을 모아 모든 사람의 마음에는 악과 반역이 존재하고 그들 중 누구도 평안하게 살 수 없다고 답한다.

그러나 우리가 성경을 성실하게 연구하면, 우리는 특별한 고난, 즉 불의의 사고, 질병, 사별, 죽음 등이 죄의 직접적인 결과이며 혹은 형벌이라고까지 설명하는 많은 구절을 발견할 수 있다. 20장에서 나는 창세기의 "먹는 날에는 정녕 죽으리라"에 관한 엘룰 교수의 의견을 인용했다. 이 말씀은 벌에 의한 협박이 아니라, 창조자의 현명한 경계로부터 자유로워지려고 애쓸 때 인간이 범할 수 있는 위험에 대한 하나님의 엄숙한 경고이다. 특히 구약에 있어서 하나님은 가끔 '질투하는 하나님'(출 20:5), 죄인으로 말미암아 진노를 격발하시게 되는 진노의 하나님으로 묘사된다. "이 저주의 말을 듣고도 심중에 스스로 복을 빌어 이르기를 내가 내 마음이 완악하여 젖은 것과 마른 것이 멸망할지라도 내게는 평안이 있으리라 할까 함이라. 여호와는 이런 자를 사하지 않으실 뿐 아니라 그 위에 여호와의 분노와 질투의 불을 부으시며 또 이 책에 기록된 모든 저주를 그에게 더하실 것이라 여호와께서 그의 이름을 천하에서 지워버리시되"(신 29:19~20).

나는 이런 종류의 인용을 수없이 할 수 있다. "하나님이 보신즉 땅이 부패하였으니 이는 땅에서 모든 혈육 있는 자의 행위가 부패함이었더라. 하나님이 노아에게 이르시되 모든 혈육 있는 자의 포악함이 땅에 가득하므로 그 끝 날이 내 앞에 이르렀으니 내가 그들을 땅과 함께 멸하리라"(창 6:12~13). 그럼에도 불구하고, 성경은 소돔성을 향한 무서운 심판에도 불구하고 아브라함의 태도에 대하여 배려하시는 하나님의 모습도 보여 준다(창세기 18장). 그러나 다음과 같은 성경 구절도 있다. "그러나 너희가 내게 청종치 아니하여 이 모든 명령을 준행치 아니하며 내 규례를 멸시하며 마음에 내 법도를 싫어하여 내 모든 계명을 준행하지 아니하며 내 언약을 배반할진대 내가 이같이 너희에게 놀라운 재앙을 내려 폐병과 열병으로 눈이 어둡고 생명이 쇠약하게 할 것이요 너희가 파종한 것은 헛되리니 너희의 대적이 그것을 먹을 것임이며"(레 26:14~16). "여호와께서 말씀하시기를 내가 자식을 양육하였거늘 그들이 나를 거역하였도다. … 너희가 어찌하여 매를 더 맞으려고 패역을 거듭하느냐 온 머리는 병들었고 온 마음은 피곤하였으며 발바닥에서 머리까지 성한 곳이 없이 상한 것과 터진 것과 새로 맞은 흔적 뿐이어늘 그것을 짜며 싸매며 기름으로 부드럽게 함을 받지 못하였도다"(사 1:2, 5~6).

이 진노와 질투의 하나님은 실제로 우리가 진료하는 많은 환자들의 하나님이시기도 하다. 신경증 환자와 우울증 환자들은 유독 성경의 이런 부분만을 확대해석해서 본다. 그들은 성경에서 다른 것은 전혀 발견하지 못하는 것처럼 보인다. 이런 병자들에게 진실한 애정을 품고 있는 의사는, 이 문제가 신학자의 영역이기에 논의할 수 없다고 이야기할 수 없을 것이다.

이 문제와 관련된 몇 가지 특수한 사례가 있다. 모세와 아론의 누이 미리암이 그렇다. 그녀는 올케를 질투했기 때문에 문둥병에 걸렸다(민 12:10). 엘리사의 종 게하시도 거짓말과 탐욕의 죄로 인한 형벌로 문둥병이 들었다(왕하 5:27). 여호람 왕은 거짓 신들의 예배를 국내에 들여왔기 때문에 "여호와께서 여호람을 치사 능히 고치지 못할 병이 그 창자에 들게 하셨으므로"(대하 21:18). 또 웃시야는 그 마음이 교만해져서 주의 성전을 더럽혔기 때문에 여호와께서 치심으로 문둥병자가 되었다(대하 26:19). 제사장 엘리도 그러했다. 그의 아들들이 제물들을 도둑질하고 신을 모독하고 있는데도 "저가 금지하지 아니하였음이니라"(삼상 3:13). 그 형벌로 엘리에게 죽음이 임박했음을 어린 사무엘이 고한다(삼상 3:18). 그리고 아하시야 왕은 그가 다락의 난간에서 떨어져 병들었을 때에 에그론의 신 바알세붑에게 그 병이 낫겠는가 물어보려고 하였기 때문에 예언자 엘리야가 왕에게 그 병으로 죽을 것이라는 하나님의 말씀을 고한다(왕하 1:4). 다윗의 간음으로 생겨난 아들의 병과 죽음에 관해서는 내가 이미 설명한 바 있다.

신약성경에서는 가룟 유다의 자살(마 27:5)과 아나니아와 삽비라의 죽음(행 5:1~11), 그리고 특히 사도 바울의 편지 중에서 그 예를 찾을 수 있다. 사도 바울은 주의 성만찬이 먹고 마시는 주연으로 변질되어 버린, 고린도 교회에 만연하고 있는 어지러움을 지적하며 "여러분 가운데는 몸이 약한 사람과 병든 사람이 많고, 죽은 사람도 적지 않습니다"(고전 11:30)라고 덧붙였다.

우리는 성경의 이런 모든 사건들 가운데서 하나님의 위대하심과 죄의 흉악함을 자각한 사람들의 개인적인 증언을 만나야 한다. 바울은 "자기를 속이지 마십시오. 하나님은 조롱을 받으실 분이 아니십니다"(갈 6:7)라고 말한다.

그러나 성경은 하나님의 자녀들의 불순종으로 초래되는 이런 모든 질병에 대해 하나님 자신이 도맡아서 고통당하고 계신다고 이야기한다. "주께서 인생으로 고생하게 하시며 근심하게 하심은 본심이 아니시로다"(애 3:33). 예언자 에스겔은 하나님께서 자기에게 말하게 하시는 바를 누차 반복한다. "주 여호와의 말씀이니라 죽을 자가 죽는 것도 내가 기뻐하지 아니하노니 너희는 스스로 돌이키고 살지니라", "주 여호와의 말씀이니라 나의 삶을 두고 맹세하노니 나는 악인이 죽는 것을 기뻐하지 아니하고 악인이 그의 길에서 돌이켜 떠나 사는 것을 기뻐하노라 이스라엘 족속아 돌이키고 돌이키라 너희 악한 길에서 떠나라 어찌 죽고자 하느냐?"(겔 18:32, 33:11). 또 성경은 고난에 처한 사람들에 대한 하나님의 특별한 사랑을 보여준다. 예를 들어 팔복에 대한 예수님의 말씀에서도 찾을 수 있다(마 5:1~12).

하나님은 질병과 죽음을 원하지 않으신다. 악은 하나님으로부터 오는 것이 아니다. 그것은 그의 원수 사탄에게서, 즉 마귀로부터 온다. 성경은 치유와 죽은 자를 살리는 일을 하나님의 원수에 대한 승리로 표현한다. "맨 나중에 멸망 받을 원수는 사망이니라"(고전 15:26). 그리고 그 때까지는 죽음은 피할 수 없는 일이므로 하나님은 우리를 위하여 예수 그리스도의 부활로써 우리 자신이 부활할 수 있는 길을 열어주셨다. "아담 안에서 모든 사람이 죽은 것 같이 그리스도 안에서 모든 사람이 삶을 얻으리라"(고전 15:22).

성경에 의하면, 악은 사탄에게서 온다. 사탄은 때로는 마귀라고 호칭되고(마 4:1), 때로는 뱀(창 3:1), 시험하는 자(마 4:3), 악한 자(마 13:19), 살인자(요 8:44), 죽음의 세력을 잡은 자(히 2:14), 흑암의 권세(골 1:13), 귀신들의 왕(마 12:24), 원수(마 13:28), 거짓의 아비(요 8:44) 등으로 호칭된다. 아마 독자들은 내가 이것과 관련해서 흥미 있는 세밀한 일까지 본 장의 내용과 무관한 내용을 서술하는 것을 용납해 줄 것이다. 성경은 가장 광범위하게 퍼지고 있는 현대적인 죄 가운데 하나인 통계의 죄를 비난한다(대상 21:1). 성경은 자기의 자랑을 높이려고 이스라엘을 계수한 다윗의 생각을 사탄적인 영감이라고 말한다. "하나님이 이 일을 악하게 여기사"(대상 21:7).

그러나 성경에 나오는 사탄은 하나님의 대적이면서도 또한 하나님의 종이기도 하다. 욥기는 사탄이 하나님의 아들들과 함께 서서 하나님과 대화하는 장면을 보여 준다(욥 1:6~7). 사탄은 단지 하나님께서 허락하시는 범위 안에서만 힘을 쓸 수 있음을 볼 수 있다.(욥 1:12, 2:6). 사도 바울은 자기를 치는 사탄이 하나님의 도구임을 발견한다(고후 12:7). 마찬가지로 하나님은 자기 백성의 대적인 바벨론 왕 느부갓네살을 '내 종' 이라고 부르셨다(렘 43:10).

고난이라는 시험은 의심할 여지없이 이 세상의 구원을 위한 하나님의 사랑이라는 목적의 한 부분이다. 인간을 위한 하나님의 목적은 우리 각 사람의 생명을 위한 것으로, 움직일 수 없는 운명이라는 특징을 가지고 있지 않다. 인간은 진정한 자유를 즐길 수 있다. 그러나 신앙적으로 조명해 볼 때, 비록 하나님의 의지로 주시지 않은 질병일지라도, 또 하나님께 불순종한 우리의 죄까지도 우리를 위한 하나님의 목적을 이루시는 데 공헌한다는 것을 우리는 깨달아야 한다. 거기서는 고난이 죄에 대한 형벌의 의미 외에 다른 의미를 가진다. 죄를 지으신 일이 없는(벧전 2:22) 예수님의 수난이 이 사실을 증명한다. 예수님은 제자들에게 자기가 받은 수난이 하나님의 목적에 따르는 것임을 설명하셨다. "인자가 많은 고난을 받고 장로들과 대제사장들과 서기관들에게 버린 바 되어 죽임을 당하고 사흘 만에 살아나야 할 것을 비로소 그들에게 가르치시되 드러내 놓고 이 말씀을 하시니 베드로가 예수를 붙들고 항변하매"(막 8:31~32).

애굽의 역병도 마찬가지로 하나님의 목적에 따르는 것이었다(출 7장). 병이 들어서 아말렉인에게 버림 받은 한 애굽 사람은 하나님의 목적을 따라서 다윗의 안내자로 봉사했다(삼상 30:11~20). 또 체포되어 사슬에 매여 로마에 끌려간 사도 바울은 그런 사건들 속에서, 로마에서 복음을 선교하도록 하신 하나님의 목적을 본다(빌 1:12~13). 사도 바울은 언제나 자신의 고난을 하나님께서 친히 자기를 인도해 주시는 길로 보고 있다. "우리가 하나님 나라에 들어가려면 많은 환난을 겪어야 할 것이라"(행 14:22)고 바울은 말한다.

의사들은 고난이 낳아준 놀라운 결과에 대해 얘기하며 기쁨에 빛나는 환자들을 종종 본다. "모든 것이 뜻대로 될 때에 저는 하나님을 잊고 있었습니다"라는 고백은 간단하지만 마음에서 우러나온 것이었다. 그녀는 파스칼처럼 기도했다. 그것은 질병을 유용하게 사용하시기를 원하는 기도이다. 즉 "제가 하나님을 섬길 수 있도록 건강을 주셨는데 저는 그것을 전부 세상적인 것을 위하여 써버렸나이다. 이제 저를 바로잡으시려고 저에게 병을 보내셨습니다. 제가 고통을 피하려고만 하지 않게 하소서."

사도 야고보는 "내 형제들아 너희가 여러 가지 시험을 당하거든 온전히 기쁘게 여기라 이는 너희 믿음의 시련이 인내를 만들어 내는 줄 너희가 앎이라"(약 1:2~3)라고 기록한다. 여러분은 무자비한 사람에 대하여 '그 사람은 결코 고난 같은 것은 받아본 적이 없을 것 같다' 고 생각한 적이 있는가? 그것은 고난만이 만들어낼 수 있는 일종의 내적 산물이다.

고난은 또한 감추어진 우리 마음을 보여 준다. 유다 왕 히스기야에 대해 성경은 다음과 같이 기록한다. "히스기야가 … 그의 모든 일에 형통하였더라. 그러나 바벨론 방백들이 히스기야에게 사신을 보내어 그 땅에서 나타난 이적을 물을 때에 하나님이 히스기야를 떠나시고 그 심중에 있는 것을 다 알고자 하사 시험하셨더라"(대하 32:30~31).

이와 관련하여 나는 늘 그리스도의 가장 현실적인 말씀을 떠올린다. "있는 자는 받을 것이요 없는 자는 그 있는 것까지도 빼앗기리라"(막 4:25). 우리는 고난 중에 믿음이 놀라울 만큼 강해진 신앙인들을 본다. 그래서 그들은 욥과 함께 "주신 이도 여호와시요 거두신 이도 여호와시오니 여호와의 이름이 찬송을 받으실지니이다"(욥 1:21)라고 고백한다. 우리는 또한 고난 가운데 괴로움만 늘어나 반항심이 가득하여 격분하는 사람들도 본다.

고난이란 신앙의 훈련을 위한 학교이다. 그것이 성경에서 말하는 고난의 의미이다. 이것이 욥기가 말하고자 하는 것이다. "하나님께 징계 받는 자에게는 복이 있나니"(욥 5:17). 또 히브리서에는 "주께서 그 사랑하시는 자를 징계하시고 그가 받아들이시는 아들마다 채찍질하심이라"는 잠언의 말씀을 인용하고 있다(히 12:6; 잠 3:12). 그리고 요한계시록은 "무릇 내가 사랑하는 자를 책망하여 징계하노니"(계 3:19)라고 기록했다. 우리는 사도 베드로를 통해 고통의 의미를 발견한다. "하나님께서는 여러분의 믿음을 보시고 그의 능력으로 여러분을 보호해 주시며, 마지막 때에 나타나기로 되어 있는 구원을 얻게 해 주십니다. 그러므로 여러분이 지금 잠시동안 여러 가지 시련 속에서 어쩔 수 없이 슬픔을 당하게 되었다 하더라도 기뻐하십시오. 하나님께서는 여러분의 믿음을 단련하셔서, 불로 단련하지만 결국 없어지고 마는 금보다 더 귀한 것이 되게 하시며, 예수 그리스도께서 나타나실 때에 여러분에게 칭찬과 영광과 존귀를 얻게 해 주십니다"(벧전 1:5~7). 또 사도 바울의 말씀처럼 "우리가 사방으로 우겨쌈을 당하여도 싸이지 아니하며 답답한 일을 당하여도 낙심하지 아니하며 박해를 받아도 버린 바 되지 아니하며 거꾸러뜨림을 당하여도 망하지 아니하고", "우리가 잠시 받는 환난의 경한 것이 지극히 크고 영원한 영광의 중한 것을 우리에게 이루게 함이니 우리가 주목하는 것은 보이는 것이 아니요 보이지 않는 것이니 보이는 것은 잠깐이요 보이지 않는 것은 영원함이라"(고후 4:8~9, 17~18)라고 기록되어 있다.

끝으로, 고난의 의미에 대한 연구는 반드시 우리를 죽음이라는 주제로 안내한다. 모든 문제를 생각해 볼 때, 성경은 분명히 죽음을 하나님의 축복으로 여기고 있다.

이제 다시 에덴 동산으로 돌아가 보자. 그 당시에 선악을 알게 하는 나무와 나란히 동산의 중앙에는 '생명 나무'도 자라고 있었다(창 2:9). 하나님은 아담이 타락한 후 그가 또한 생명 나무까지 따먹는 것을 막기 위해 아담을 에덴 동산에서 추방하셨다고 기록하고 있다. "보라 이 사람이 선악을 아는 일에 우리 중 하나 같이 되었으니 그가 그의 손을 들어 생명나무 열매도 따먹고 영생할까 하노라 하시고 여호와 하나님이 에덴 동산에서 그를 내어 보내어 그의 근본이 된 땅을 갈게 하시니라"(창 3:22~24).

이 사건의 의미는 무엇인가? 쿠르보아지에 교수의 표현을 빌리면, 인간의 불순종의 결과로 인간은 혼돈의 세계에 서 있는 자신을 발견하게 된다. 하나님은 인간이 영원히 사는 것을 방지함으로써 인간을 최악의 운명, 곧 이 괴로움과 싸움이 난무하는 세계에 영원히 사는 운명으로부터 보호하시는 것이다.

우리는 혼란과 절망의 한가운데 있는 그 배 위에서, 파손된 배를 영원토록 계속해서 수리하는 일 밖에 할 일이 없을 것이다. 물론 수리는 해야만 한다. 또한 고통은 경감되어야 하고, 질병은 치유되어야 하며, 생명은 가능한 한 연장되어야 한다. 그러나 그것은 임시 방편에 불과하다. 즉 그것은 단순히 고통을 연장할 뿐이다. 그 배에 영원히 타고 살아가야 하는 일보다 더 나쁜 일은 없을 것이다.

이것이 우리가 이 세상에서 '거류민과 나그네'(벧전 2:11)라고 느끼는 이유이다. 그리스도인으로서 우리는 "우리의 시민권은 하늘에 있다"는 사실을 알고 있다(빌 3:20). 그러나 여기서 주의해야만 할 것은, 이런 말은 결코 패배주의자의 말이 아니라는 사실이다. 이 말은 위대한 투사이며, 가장 열정적으로 교회를 건설했던 사도 베드로와 사도 바울의 글에서 나온 것이다.

우리에게는 실로 영원한 생명이 약속되어 있다. 그러나 그 생명은 괴로움에서 해방된 회복된 세계에서만 맛볼 수 있다. 그것이 주님께서 가르치신 핵심 주제이다. 생명은 주님이 우리를 붙드심으로 시작되지만, 결국 그것은 죽음을 넘어선 세계에서만 완성될 것이다.

그러한 '생명 나무'의 이미지는 회복된 세계의 예언적 환상으로, 성경에 두 번 나타나 있다. 첫째는 예언자 에스겔의 환상 가운데서이다. "강 좌우 가에는 각종 먹을 과실나무가 자라서 그 잎이 시들지 아니하며 열매가 끊이지 아니하고 달마다 새 열매를 맺으리니 그 물이 성소로 통하여 나옴이라 그 열매는 먹을 만하고 그 잎사귀는 약 재료가 되리라"(겔 47:12). 둘째는 요한계시록 가운데 있다. "또 그가 수정 같이 맑은 생명수의 강을 내게 보이니 하나님과 및 어린 양의 보좌로부터 나와서 길 가운데로 흐르더라 강 좌우에 생명나무가 있어 열두 가지 열매를 맺되 달마다 그 열매를 맺고 그 나무 잎사귀들은 만국을 치료하기 위하여 있더라"(계 22:1~2).

이처럼 죽음은 그 효용성을 지니고 있다. 죽음은 하나님의 축복이다. 죽음을 통해서 우리는 "다시는 사망이 없고 애통하는 것이나 곡하는 것이나 아픈 것이 다시 있지 아니하리니"(계 21:4) 영원한 생명을 이어받는 것이다. 어떤 무서운 고통 끝에 찾아오는 죽음을 자비로운 축복으로서 본 적이 있는가? 빌라도는 예수가 벌써 죽었는가 하고 이상하게 여겼다고 기록되어 있다(막 15:44).

25 치유는 하나님의 인내를 나타내는 기적

　우리는 질병과 죽음이 죄의 결과로 이 세상을 망가뜨려 버린 무질서의 상징이라는 것을 보았다. 11장에서처럼, 이 상징이라는 말은 단순히 시적 이미지를 의미하는 것이 아니라, 상징된 사물과 결부된 분명한 징표로 파악되어야 한다.

　성경에서 치유는 구속적 은혜와 그 은혜의 표현이다. "질병의 치유는 언제나 하나님의 승리로, 좀 더 자세히 말하면 예수 그리스도 안에서 죄와 죽음을 이기신 하나님의 승리로 표현되어 있다"[1]고 쿠르보아지에 교수는 기록했다. 엘룰 교수는 "치유란 언제나 육체적인 동시에 영적이다"[2]라고 말한다. 치유와 구원은 끊임없이 연합되어 있다. 예레미야는 "여호와여 … 나를 고치소서. 그리하시면 내가 낫겠나이다. 나를 구원하소서. 그리하시면 내가 구원을 얻으리이다"(렘 17:14)라고 부르짖고 있다. 또 시편 저자는 "내 영혼아 여호와를 송축하라. 내 속에 있는 것들아 다 그의 거룩한 이름을 송축하라. 내 영혼아 여호와를 송축하며 그의 모든 은택을 잊지 말지어다. 그가 네 모든 죄악을 사하시며 네 모든 병을 고치시며"(시 103:1~3)라고 노래한다.

　솔로몬은 성전 건축을 완성하고 장엄한 봉헌 기도를 하나님께 드릴 때 저들을 하나님의 축복으로 재난과 질병과 죄의 모든 환난에서 구원해 주시도록 하나님께 기도하고 있다. "만일 이 땅에 기근이나 전염병이 있거나 곡식이 시들거나 깜부기가 나거나 메뚜기나 황충이 나거나 적국이 와서 성읍을 에워싸거나 무슨 재앙이나 무슨 질병이 있든지 막론하고 한 사람이나 혹 주의 온 백성 이스라엘이 다 각각 자기의 마음에 재앙을 깨닫고 이 성전을 향하여 손을 펴고 무슨 기도나 무슨 간구를 하거든 주는 계신 곳 하늘에서 들으시고 사유하시며 각 사람의 마음을 아시오니 그들의 모든 행위대로 행하사 갚으시옵소서 주만 홀로 사람의 마음을 다 아심이니이다"(왕상 8:37~39). 이사야는 질병과 악의 결말을 예언한다. "그 때에 맹인의 눈이 밝을 것이며 못 듣는 사람의 귀가 열릴 것이며 그 때에 저는 자는 사슴 같이 뛸 것이며 말 못하는 자의 혀는 노래하리니 … 거기는 사자가 없고 사나운 짐승이 그리로 올라가지 아니하므로 그것을 만나지 못하겠고 오직 구속함을 받은 자만 그리로 행할 것이며"(사 35:5~6, 9).

세례 요한의 제자들이 예수님이 정말 메시아인지를 묻기 위해 예수님에게 파견되었을 때 예수님께서는 분명히 이 이사야의 예언을 인용하여 대답하셨다. "너희가 가서 듣고 본 것을 요한에게 알리되 맹인이 보며 못 걷는 사람이 걸으며 나병환자가 깨끗함을 받으며 못 듣는 자가 들으며 죽은 자가 살아나며 가난한 자에게 복음이 전파된다 하라"(마 11:4~5). 예수님은 자신에게 기적을 호소해오는 사람들의 고통을 덜어주기 위해 치유의 기적을 행하셨으나 언제나 하나님의 능력을 보여 주기 위해서만 그 기적을 행하셨다. "내가 하나님의 성령을 힘입어 귀신을 쫓아내는 것이면 하나님의 나라가 이미 너희에게 임하였느니라"(마 12:28). "병에 대한 치유와 복음 선교는 같이 붙어다닌다"고 쿠르보아지에 교수는 말한다.[3] 예수님은 "하나님의 나라를 전파하며 앓는 자를 고치게 하려고"(눅 9:2) 제자들을 내보내셨다.

마찬가지로 초대 교회 때도 사도 베드로와 요한이 태어나면서부터 앉은뱅이가 된 사람을 고칠 때 베드로는 그 기회를 포착해서 군중에게 그리스도를 전파했다.

"그런데 바로 이 예수의 이름이, 여러분이 지금 보고 있고 잘 알고 있는 이 사람을 낫게 하였으니, 이것은 그의 이름을 믿는 믿음을 힘입어서 된 것입니다. 예수로 말미암은 그 믿음이 이 사람을 여러분 앞에서 이렇게 완전히 성하게 한 것입니다"(행 3:16).

초대 교회에서 치유는 매우 큰 역할을 했다(고전 12:9). 하이델베르크의 바이제커 교수는 치유의 은사가 '바른 교훈'(딛 1:9)으로서, 사도적 진실성을 증명하는 데 타당한 것으로 인정되었다고 지적한다. 그는 교회가 치유의 은사를 거의 전적으로 무시하는 동안 '바른 교훈'을 보존하는 데 있어 주지주의적으로 왜곡하는 죄를 범해왔다고 주장한다.[4] 천주교는 치유의 은사를 성자들의 생애와 관련해서 중요하게 여기고 이를 유지해 왔다. 최근 수년 간 개신교 교회 내에서 치유의 은사를 회복시키려는 운동이 시작되고 있다. 영국의 유명한 목사이며 정신분석학자인 위더헤드는 병을 치유하기 위해 그가 마련한 기도회에 관한 흥미로운 보고서를 작성했다. 이 기도회는 몇 가지 놀랄 만한 결과를 보여준다. 즉 병든 사람들이 누군가가 그들을 위해 기도해 주고 있다는 사실을 모르는데도 그들에게 치유의 역사가 일어나는 경우가 있었다는 것이다.[5]

인스브루크의 우르반 교수는 의사들이 제기한 초자연적 현상에 대한 흥미로운 책을 썼다. 그는 특히 테레스 노이만의 사례를 연구하고 있다.[6]

이와 같이 성경은 초자연적인 치유를 자연적 치유와 대립시키지 않는다. 성경은 양자를 구별조차 하지 않는다. 성경은 모든 치유를 하나님의 선물로 받아들이고 있다. 바울은 그의 '형제이고 동역자이며 전우'인 에바브로디도의 병에 대하여 다음과 같이 말한다. "그가 병들어 죽게 되었으나 하나님이 그를 긍휼히 여기셨고 그뿐 아니라 또 나를 긍휼히 여기사 내 근심 위에 근심을 면하게 하셨느니라"(빌 2:27). 또 바울은 독사에게 물렸지만(아마도 자연스러운), 면역으로 인하여 아무런 변도 당하지 않았다는 것이 그의 친구이며 의사인 누가에 의하여 기록되었는데, 그 사실은 그 곳 본토인들에게 바울의 영적 신뢰성을 확증하는 것으로 받아들여졌다(행 28:5). 신앙에 의해 승리를 얻은 "구름 같이 둘러싼 허다한 증인들이 있으니"(히 12:1). 히브리서의 저자는 "그들은 믿음으로 … 사자의 입을 막기도 하며 불의 세력을 멸하기도 하며 칼날을 피하기도 하며 연약한 가운데서 강하게 되기도 하며 … "(히 11:33~34)라고 기록했다. 또 우리 예수님은 말씀하셨다. "네 믿음이 너를 낫게 하였다." 이 말씀은 '네가 나은 것은 네가 하나님께 속해 있다는 신앙의 증거'라는 뜻이다.

이제 잠시, 쿠르보아지에 교수를 따르면서 20장에서 서술한 치유의 일반적인 의미에 대해 다시 한번 생각해보자. 치유는 하나님의 인내를 나타내는 기적이다. 그는 인간을 긍휼히 여기시고 자연의 혼란스러운 상태에 개입하셔서 그 피할 수 없는 죽음을 지연시킨다. 하나님은 인간을 질병으로부터 보호하시고(출 23:25), 인간의 상처를 고쳐주시고(렘 30:17), 인간의 수명을 연장시키시고(잠 3:2), 인간에게 집행유예를 허락하시며, 빚을 탕감해 주고 싶어하신다. 우리의 지상 생활은 이 유예기간에 속한 것이다.

성경은 치유에 대한 이야기로 가득차 있다. 아비멜렉의 치유(창 20:17), 뱀에게 물린 이스라엘 백성들의 치유(민 21:6~9), 엘리사에 의한 나아만의 치유(왕하 5:1~19), 히스기야 왕의 치유(대하 32:24~25) 등을 성경에서 찾아볼 수 있다.

다음으로 예수님의 치유사역이 있다. 그것 중 대부분은 많은 무리를 대상으로 한 것이며(마 8:16, 12:15, 14:14, 14:36, 15:30~31), 또한 예수님은 문둥병 환자들과(마 8:1~4, 눅 17:12~19), 혈루증을 앓는 여인(막 5:25~34, 눅 8:43~48), 수종병으로 고생하는 사람(눅 14:1~6), 간질병을 앓는 아이(눅 9:37~43), 두 사람의 중풍병자와(마 9:1~8, 요 5:2~47), 지체 부자유 여인(눅 13:11~13), 한쪽 손이 오그라진 사람(마 12:10~13), 열병을 앓고 있는 사도 베드로의 장모(눅 4:38~39), 가나안 여인의 딸(마 15:22~28), 백부장의 종(눅 7:2~10), 왕의 신하의 아들(요 4:46~53), 몇몇 소경들(마 9:27, 20:30~34, 막 10:46~52, 요 9장), 소경이며 벙어리인 사람(마 12:22), 두 사람의 정신병자(막 5:1~17; 눅 4:33~37), 겟세마네 동산에서 대제사장의 종(눅 22:50~51) 등 수도 없이 많은 치유를 행하셨다.

끝으로, 사도들의 치유하는 사역이 있다. 이 경우에도 역시 대부분은 순종을 위한 것으로 기록되어 있다. 베드로가 지나가는 길거리에 실려온 많은 병자들의 치유 사역(행 5:15) 같은 경우이다. 예를 들어 베드로와 요한은 앉은뱅이를 고쳐 주었고(행 3:6~8), 중풍병이 든 애니아는 룻다에서 베드로에게 고침을 받았다(행 9:32~35). 나면서 앉은뱅이 된 사람이 루스드라에서 바울에게 고침을 받았고(행 14:8~10), 또 보블리오의 아버지도 바울에게 열병과 이질을 치유 받았다(행 28:8). 이외에도 수많은 예들이 있다.

또한 우리는 우리 예수님의 부활 뿐 아니라 죽음에서 다시 살아나게 하신 많은 경우를 볼 수 있다. 이 예들은 즉각적으로 마음에 떠오르는 것들이며, 더 많은 예들이 있다. 사르밧 과부의 아들이 엘리야에 의하여 다시 살아난 이야기(왕상 17:17~24), 엘리사에 의하여 수넴 여인의 아들이 다시 산 이야기(왕하 4:33~37), 엘리사의 묘실에 던져졌던 사람이 살아난 이야기(왕하 13:21), 또한 예수님은 나사로(요 11:1~44), 야이로의 딸(마 9:18~26), 그리고 나인 성 과부의 외아들(눅 7:11~15)을 다시 살리셨다. 사도 베드로는 욥바에서 다비다를 다시 살렸다(행 9:36~43).

이런 신적 행위에서의 영적, 심리적, 또는 육체적 영향력의 결합이 단순히 교리적이고 이론적인 것이 아니라 유기적 존재의 모습을 가지고 있다는 것은 매우 흥미로운 일이다. 우리는 그 속에서 우리의 육체에 대해 활동하시는 매우 유익한 효능과 전인격 안에 충만한 은혜를 볼 수 있다. "하나님의 말씀은 살아 있고 활력이 있어 좌우에 날

선 어떤 검보다도 예리하여 혼과 영과 및 관절과 골수를 찔러 쪼개기까지 하며 또 마음의 생각과 뜻을 판단하나니"(히 4:12).

성경에 나타난 생명에 대한 하나님의 법칙은 우리의 건강에 꼭 필요한 조건을 알려주기도 한다. 여기서 그 문제를 깊이 있게 다룰 수는 없고, 다만 잠언에 기록된 몇 가지 말씀을 인용해 본다. "내 아들아 내 말에 주의하며 내가 말하는 것에 네 귀를 기울이라. … 그것은 얻는 자에게 생명이 되며 그의 온 육체의 건강이 됨이니라"(잠 4:20, 22), "스스로 지혜롭게 여기지 말지어다 여호와를 경외하며 악을 떠날지어다 이것이 네 몸에 양약이 되어 네 골수로 윤택하게 하리라"(잠 3:7~8), "마음의 즐거움은 양약이라도 심령의 근심은 뼈를 마르게 하느니라"(잠 17:22).

여기서 우리는 고백과 죄사함의 육체적 또는 심리적 효과를 잘 생각해 보아야 한다. 나는 때때로 고백의 중요성을 너무 강조한 나머지 마치 고백으로 전부 치유될 수 있는 것처럼 말한다는 비난을 받기도 한다. 그러나 실제로 나는 의사로서 그런 치유의 경험을 수도 없이 경험했다. 동정과 설득, 그리고 충고와 교리적 교훈 등도 좋은 방법이기는 하지만, 의학적 관점에서는 고백이 그 어느 것과도 비교할 수 없을 정도로 큰 역할을 한다고 확신한다.

그리고 긴 안목으로 보면, 많은 기능적 장애도 해결되지 않은 회한과 자책의 직접적인 결과이다. 그것은 고백 이후에 그런 장애들이 갑자기 소멸되거나 증상이 가벼워지는 결과로 나타난다. 예를 들어 오래 계속되고 있는 불면증, 심계항진, 두통, 소화기관이나 간암의 병상이 거짓말이나 혼외정사에 대해 고백한 후 이튿날 아침에 사라져 버리는 사례를 나는 수없이 보아왔다.

거기에 대한 실례는 일일이 셀 수 없을 정도다. 때때로 매우 먼 곳에서 나를 찾아오는 환자들이 있다. 그런 환자들은 여러 해 동안 자기를무겁게 내리누르고 있는 죄를 고백할 수 있는 사람을 찾아내려는 오직 그 한 가지 목적만을 가지고 나를 찾아온다. 나는 그들의 이야기를 듣고 실제로 아무 것도 하지 못하고, 말 한 마디도 하지 못한 채 다만 그들을 위해 조용히 기도할 수밖에 없었다. 다만, 그들이 좀 더 구체적으로 고백하도록 도와주기 위해 서너 가지 질문을 친절하게 던지곤 했다. 거기서 그들에게 어떻게 해서든지 "만일 우리가 우리 죄를 자백하면 그는 미쁘시고 의로우사 우리 죄를 사하시며 우리를 모든 불의에서 깨끗하게 하실 것이요"(요일 1:9)라는 말씀이 떠오르도록 해주는 일 이외에는 할 수 있는 일이 아무것도 없었다. 그리고 많은 경우에 의학적 검토나 약을 처방할 시간이나 기회도 가질 수 없었다. 그러나 얼마 안 되어, 오랫 동안 의학적으로 고칠 수 없었던 증세가 나와의 상담 이후 즉시 또는 서서히 소멸되었다는 것을 알려주는 편지를 받곤 했다.

죄책감으로 고민하는 것보다 더 심한 괴로움은 없다. 그리고 그 이상 해로운 것도 없다. 그것은 심리적으로 영향을 줄뿐만 아니라, 생활력에 장애가 되는 방해물로 작용하여 건강 전체에 심각한 영향을 끼친다. 따라서 죄 사함으로 인해 생겨나는 큰 기쁨은 위에서 말한 의학적 효과를 가져오는 데 중요한 역할을 한다. 우리가 23장에서 연구한, 예수님이 중풍병자를 치료한 사례에서, 우리는 그 죄 사함을 확신했기에 치유가 가능했다고 생각할 수도 있다. 그러나 나는 그런 심리학적 설명으로 이 사건의 전부를 설명할 수 있다고는 생각하지 않는다. 거기에는 하나님과의 관계로 회복된 육체적 생명의 흐름이 있었던 것으로 보인다.

심리학적 효과는 중요하다. 그 효과 중 가장 중요한 것은 해결되지 않은 후회감에 흔히 동반되는 열등감을 없애는 것이다. 나에게 상담을 받으러 온 한 부인은 육체적으로는 연달아 여러 가지 병으로 고생하고 있었고 심리학적으로는 우유부단, 정신 집중 곤란과, 기억력의 감퇴, 비사교성 등으로 인한 심각한 열등감에 사로잡혀 있었다. 전통적인 심리요법을 시행했다면 이는 장기적인 치료가 되었을 것이다. 우리는 단지 20년 이상이나 그녀를 눌러왔던 양심의 문제를 해결하기 위해 그녀가 와서 고백함으로 해결될 수 있는지 단지 한두 번 그 가능성에 대해 토론했을 뿐이었다. 본래 그녀는 죄를 범하지 않아야겠다고 하면서도 더욱 더 죄를 범해 왔었는데 그것을 고백할 용기도, 고칠 용기도 갖지 못했고, 그 기억이 계속해서 그녀를 괴롭혔던 것이다. 1년 후 나는 그녀로부터 한 장의 놀라운 편지를 받았다. 그 편지에는 그녀의 생활, 건강, 정신 상태, 그리고 사회적 행동에서 일어난 급격한 변화가 자세히 묘사되어 있었다.

현대 사회는 고백을 들어줄 사람을 찾아 헤매는 사람들이 매우 많다. 의사들은 종교적인 편견을 가지고 있는 사람들에게까지도 신뢰를 받고 있으므로, 단순히 신뢰받는 존재에서 더 나아가 참된 의미에서 고해 신부의 역할까지 맡게 될지도 모른다. 내 경험으로, 여기에는 한 가지 조건이 있는데 그들 자신이 고백하는 습관을 몸에 지니고 있어야 한다는 것이다. 그렇지 않으면 고백을 듣는 자가 될 수 없기 때문이다. 인간은 마음에 확실한 직관을 가지고 있기에 이러한 일들이 가능하다. 천주교인들과 마찬가지로 의사들도 사람들을 고백의 자리로 인도하는 하나님의 도구로 쓰임 받을 수 있다.

최근에 나는 언젠가 나에게 상담 받으러 왔던 한 의학도를 오랜만에 만났다. 그는 우울증 경향의 강박증상에 사로잡혀 그 때까지 여러 의사들에게 진찰을 받아왔다. 지나가는 말이지만, 이런 증상을 계속해서 보면서 나는 의학부생들 중 정신과 치료를 필요로 하는 학생들이 상당히 많다는 것을 알게 되었다. 그들은 가장 뛰어난 정신의학의 전문가들과 밀접한 관계를 가지면서도 자신이 정신과 치료를 요한다는 사실도 깨닫지 못한 채 대학 전 과정을 마치는 것이다. 이처럼 학생들은 인격적으로 대우를 받지 못하고 있다. 정신적 건강은 의학적 임상에 있어서 의학적 지식만큼 중요한 것임에도, 의학도들은 자기들이 습득한 의학적 지식에 관해서만 시험을 치르고 있었다.

이 의학도는 지난 1, 2년 간의 대학 생활과 여러 이성 관계를 거리낌 없이 털어놓았다. 그는 문학에 관심이 많았고, 화술도 뛰어났다. 그는 가톨릭 신자였고 자기의 신앙을 방어하기 위해 동급 학생들과 긴 논쟁을 벌이는 습성이 있었다. 나는 깊은 흥미를 가지고 그의 모든 말에 귀 기울였다. 그러나 그 학생이 떠나고 저녁이 되자 걱정이 되기 시작했다. 왜냐하면 다음날도 이 청년과 한 시간 더 면담하기로 되어 있는데, 또 생생하고 흥미 깊은 대화를 나누겠지만 그 학생이 제네바를 떠날 때까지 아무런 진전이 없을 것 같아서이다.

그 학생과 면담했던 바로 그날 밤 오랜 친분이 있는 부부가 우리 집을 방문했다. 그 부부는 떠나기 전에 아내와 나에게 함께 기도하지 않겠느냐고 제의했다. 하나님 앞에서 우리가 조용히 머리를 숙였을 때, 하나님께서 그 의학도에 대한 지혜를 주셨다. 그 학생에게 잠시 동안 고요히 침묵하면서 하나님의 음성을 들어 보게 하면 우리의 대화가 더욱 풍성해질 것이라는 생각이 떠올랐다. 이튿날 그 학부생이 내 진료실에 들어오자마자 나는 전날 이야기한 일에 대한 나의 솔직한 소감을 말했다. 그러자 자신도 나의 생각에 동감한다고 했다. 30분간 역시 아무런 진전도 보지 못한 채 여러 가지 종류의 흥미로운 문제에 관한 이야기를 한 후에 나는 위에서 말한 제안을 했다.

우리는 함께 침묵했다. 그리고 긴 침묵을 깨뜨리며 그는 말했다. "나를 가장 괴롭힌 것은, 천주교 신앙의 옹호자이면서도 첫 번째의 성찬식 이래 한 번도 고해성사나 성찬식에 나가고 있지 않다는 사실입니다." 잠시 후 그는 말을 이었다. "저는 이제 제가 말하고 있는 것을 들으면 기뻐해 줄 사람이 있음을 알고 있습니다. 바로 저의 친구입니다. 그 친구는 매일 제가 고해성사에 나가도록 기도하고 있다고 말했습니다. 그러나 해가 갈수록 저는 점점 더 그 결정적인 발걸음을 내딛기가 두려워졌습니다."

이야기할 시간이 20분밖에 남아 있지 않았지만 그 시간이 얼마나 멋진 20분이었는지 모른다! 우리는 추상적인 것이나 변증법적인 것, 또는 문학에 관한 이야기는 다 집어치웠다. 그 의학도는 이 시간을 앞으로의 계획을 세우는 데 사용했다. 그의 최대의 관심사는 이해심 많은 고해신부를 찾는 일이었다. 나는 그에게 성 프랑소와 드 살레가 '고해 신부는 천 사람, 심지어 만 사람 중에서 선택되어야 할 것'이라고 권고했다는 것을 알려 주었다. 그 후, 지나가다 그를 만났을 때 그 학생은 자기가 택한 고해신부가 얼마나 멋지게 자기를 환영해 주었는지를 말해 주었다. 그 고해신부는 '탕자'의 아버지처럼 자기를 안고 키스해 주었다고 했다.

조세프 밀러 박사는 천주교의 고백과 정신요법의 관계에 대한 흥미로운 연구를 했다.[7] 그는 그 책에서 성경이 우리에게 말해 주는 것, 즉 고백과 회개는 정신 건강에 없어서는 안 될 첫걸음이라는 것을 확증하고 있다. "그러므로 너희 죄를 서로 고백하며 병이 낫기를 위하여 서로 기도하라 의인의 간구는 역사하는 힘이 큰이니라"(약 5:16). 성경은 우리에게 실례를 보여 준다. "아버지 내가 하늘과 아버지께 죄를 지었사오니"(눅 15:21). "바로 내가 죄를 지은 사람입니다. 바로 내가 이런 악을 저지른 사람입니다"(삼하 24:17)라고 다윗은 부르짖고 있다. "내가 이같이 말하여 기도하며 내 죄와 내 백성 이스라엘의 죄를 자복하고…"(단 9:20)라고 예언자 다니엘은 말했다. 바울은 "많은 사람들이 와서 자복하여 행한 일을 알리며"(행 19:18)라고 에베소 교회에 관하여 기록한다.

성경은 또한 대답도 준다. 성경은 우리에게 죄 사함의 확증을 가져다준다. 죄 사함의 확증은, 대신 죄짐을 지고 가는 염소의 이야기(레 16:21)에서 시작되는데 바룩 박사는 그 이야기 가운데서 근본적인 심리학적 법칙을 발견했다.[8] 이 이야기에서 시작되는 죄 사함의 확증은 다시 예언자들의 메시지, 즉 "내가 네 허물을 빽빽한 구름 같이, 네 죄를 안개 같이 없이 하였으니 너는 내게로 돌아오라 내가 너를 구속하였음이니라"(사 44:22), "너희의 죄가 주홍 같을지라도 눈과 같이 희어질 것이요 진홍 같이 붉을지라도 양털 같이 희게 되리라"(사 1:18), 그리고 시편 저자의 노래, "주의 백성의 죄악을 사하시고 그들의 모든 죄를 덮으셨나이다"(시 85:2), 그리고 또 예수님의 말씀, "아직도 거리가 먼데 아버지가 그를 보고 측은히 여겨 달려가 목을 안고 입을 맞추니"(눅 15:20)라는 말씀을 지나서 사도들의 외침, "그러므로 이제 그리스도 예수 안에 있는 자에게는 결코 정죄함이 없나니"(롬 8:1)에 이르고 있다.

이런 죄 사함의 체험을 한 의사는 환자가 자신에게 죄를 고백할 때에 죄 사함을 증거하도록 부르심을 받고 있는 것이다. 예수님은 사도 베드로에게 말씀하셨다. "내가 천국 열쇠를 네게 주리니 네가 땅에서 무엇이든지 매면 하늘에서도 매일 것이요 네가 땅에서 무엇이든지 풀면 하늘에서도 풀리리라 하시고"(마 16:18~19).

의사는 하나님의 거룩한 동역자이다 26

치유는 하나님께서 우리의 수명을 연장하기 위해 베푸신 자비의 결정체이며 징표임을 우리는 여태까지 보아 왔다. 쿠르보아지에 교수의 말처럼, 의학의 사명은 "창조자가 그들에게 부여하신 자연적 은사와 연구를 통하여 병자를 돌보고 치료하는 일에 부르심을 받은 섬김이다. 기독교적 관점에서 의사는 하나님과 함께 일하는 동역자라 할 수 있다. 의사들이 그것을 자각하고 있든 아니든, 또는 그들이 그리스도인이든 아니든 간에 말이다. 왜냐하면 의사들의 일은 그 자체가 하나님의 인내를 나타내는 것이기 때문이다. 인간이 파멸하는 것은 그분의 뜻이 아니다. 사람들이 하나님의 아들 그리스도를 알고 그의 구원을 알게 되는 것이 하나님의 뜻이다."

이것이 우리에게 있어서 의학의 의미이다. 이런 의미에서 의학은 위대함과 아름다움을 갖는다. 우리에게 이와 같은 무거운 책임이 지워지는 것도 그런 의미에서이다. "질병과 치료는 은혜의 행위이다"라고 푸얀 박사는 기록한다.[1] "하나님에게 있어서 의사는 인내심의 도구이다"라고 알랭 페로 목사는 말한다. 또한 슐레머 박사는[2] "의학은 선의로 사람들을 긍휼히 여기시고 죄로 인한 나쁜 결과에 대해 치유를 베푸시는 하나님의 은총에 의한 섭리의 제도이다"라고 말한다.[3] 칼빈은 '의학은 신으로부터의 선물'이라고 기록했다.[4]

그러므로 모든 의사는, 그리스도인이든 아니든 하나님의 동역자이다. 암브로스 파레의 유명한 말처럼, "우리는 병자를 돌보고 하나님은 병자를 고치신다." 의사 가운데 어떤 사람들은 이런 신학자나 의사들의 말을 쓸데없는 말이라고 생각할지도 모른다. 그러나 나는 그렇게 생각하지 않는다. 행동하기 전에 굳은 확신을 가지는 것은 중요하며, 그 행동이 하나님의 목적과 일치한다고 확신하는 것 또한 중요하다. 세상에는 신앙으로 의학을 비난하는 그리스도인들이 있는가 하면, 한편으로는 하나님의 도움이나 의사의 도움 중 하나만 양자택일해야 하는 것처럼 의학에 의존하는 것을 주저하는 사람들도 있다. 나는 다시 한번 암브로스 파레의 훌륭한 말을 인용해 본다. 그는 이 지성과 신앙의 융합, 그리고 기술과 기도의 융합 문제를 잘 표현하고 있다. "마르키 드오레는 무릎 관절에 총상을 입고 위독한 상태에 있는 것으로 보였다. … 그럼에도 불구하고 나는 그에게 용기와 희망을 주기 위해 빠른 시일 안에 걸을 수 있도록 해 드리겠다고 말했다. … 그와 만나고 난 이후부터 나는 뜰을 산책했는데 거기서 나는 마르키가 고침을 받을 수 있도록 은혜를 내려달라고 하나님께 기도했다. 또한 대단히 많은 복잡한 질병과 싸워야 하는 우리의 손과 의약을 축복해 주실 것을 기도했다. … 그리고 마음속으로 그 수술을 위한 여러 가지 방법을 생각하고 정리했다."

우리가 하나님께 부르심을 받았다는 것을 아는 일은 "하나님의 복음을 위하여 택정함을 입었으니"(롬 1:1)라고 스스로 선언한 사도 바울과 마찬가지로, 확신에 차서 우리의 소명을 믿는 것이다. 또 "직분은 여러 가지나"(고전 12:5)라고 말한 것이 사도 바울이다. 우리의 직업은 성직자의 사역과 같다. 나는 교회가 목사를 성직에 임명하는 것과 마찬가지로 의사를 비롯한 모든 직업도 성직으로 임명하는 것이 좋다고 생각한다. 이것이 복음을 준수하는 일이 될 것이다. 스토커 박사가 파스칼을 인용한 것처럼,[5] '영적인 마음'을 포함한, 우리의 마음과 영혼을 다하여 소명을 감당하는 것, 바로 이것이 확신이다. 스스로가 다만 자신의 감정과 인간의 고통과 동정심에 복종할 뿐이라고 믿고 있을 때라도 그 순간은 하나님이 쓰시는 긍휼의 도구이다. "예수께서 나오사 큰 무리를 보시고 불쌍히 여기사 그 중에 있는 병자를 고쳐 주시니라."(마 14:14). 하나님의 진노를 말하는 예언자들까지도 하나님은 자신의 진노를 후회하신다고 말해 준다. "내가 영원히 다투지 아니하며 내가 끊임없이 노하지 아니할 것은 내가 지은 그의 영과 혼이 내 앞에서 피곤할까 함이라. 그의 탐심의 죄악으로 말미암아 내가 노하여 그를 쳤으며 또 내 얼굴을 가리고 노하였으나 그가 아직도 패역하여 자기 마음의 길로 걸어가도다. 내가 그의 길을 보았은즉 그를 고쳐 줄 것이라. 그를 인도하며 그와 그를 슬퍼하는 자들에게 위로를 다시 얻게 하리라. 입술의 열매를 창조하는 자 여호와가 말하노라 먼 데 있는 자에게든지 가까운데 있는 자에게든지 평강이 있을지어다 평강이 있을지어다 내가 그를 고치리라 하셨느니라"(사 57:16~19).

이리하여 이 명령은 우리의 귀에도 들려온다. "병든 자를 고치며"(마 10:8). 우리는 모두 최후 심판의 비유를 알고 있다(마 25:31~46). 거기서 예수님은 비판의 기준으로 이 죄, 저 죄를 들지 아니하고 자비가 깊은가 무정한가를 문제 삼고 계신다. 그리고 예수님은 덧붙여 말씀하신다. "여기 내 형제 중에 지극히 작은 자 하나에게 한 것이 곧 내게 한 것이니라"(마 25:40). 이와 비슷하게 에스겔은 이스라엘의 목자들을 평가하고 있다. "너희가 … 양 떼는 먹이지 아니하는도다. 너희가 그 연약한 자를 고치지 아니하며 쫓기는 자를 돌아오게 하지 아니하며 잃어버린 자를 찾지 아니하고 다만 포악으로 그것들을 다스렸도다"(겔 34:3~4).

여기서 우리는 치료뿐만 아니라 약한 자를 보호해야 한다는 책임을 갖는다. "너희는 재판할 때에 외모를 보지 말고 귀천을 차별없이 듣고 사람의 낯을 두려워하지 말 것이며"(신 1:17). 의학은 생명의 법칙을 무시하는 사람들을 하나님 앞에 다시 복종케 할 책임을 지고 있다.

"인자야 내가 너를 이스라엘 족속의 파수꾼으로 삼음이 이와 같으니라 그런즉 너는 내 입의 말을 듣고 나를 대신하여 그들에게 경고할지어다. 가령 내가 악인에게 이르기를 악인아 너는 반드시 죽으리라 하였다 하자 네가 그 악인에게 말로 경고하여 그의 길에서 떠나게 하지 아니하면 그 악인은 자기 죄악으로 말미암아 죽으려니와 내가 그의 피를 네 손에서 찾으리라"(겔 33:7~8).

성경은 영적 행위와 세속적 행위를 구별하지 않는다. 또한 초자연적 치유와 자연적 치유를 구별하지 않는다. 물론 성경은 과학이 발달하지 않은 시대에 쓰여졌으므로 과학에 대한 언급이 별로 없다. 그러나 성경이 치료의 기술에 대해 침묵하는 것은 아니다. 나는 이미 의사는 주께서 지으신 바라고 말한 '벤 시락 지혜서'(구약 외경 중의 한 책)의 성구(38:1)를 인용했다. 이사야는 히스기야 왕을 치료하는 데 무화과를 사용했다(왕하 20:7). 우리 주님은 소경의 눈에 진흙을 바르셨다(요 9:6). 사울 왕이 정신 질환으로 고생하고 있을 때 그를 안정시키기 위하여 음악이 사용되었다(삼상 16:16). 성경에는 치료에 사용된 식물(겔 47:12), 처진 곳에 바르는 기름(사 1:6), 상처에 사용된 유향(렘 8:22), 소독에 사용된 포도주(눅 10:34), 골절을 싸매는 기구(겔 30:21), 온천 치료(요 5:2), 그리고 의사를 부르는 일(렘 8:22)을 언급한다. 사도 바울은 디모데의 식사를 염려했고(딤전 5:23), 또 폭풍에 떠밀린 배 위에서 그와 함께한 사람들에게 무엇이든지 음식을 먹고 체력을 보충하도록 권하고 "너희 중 머리카락 하나도 잃을 자가 없으리라"(행 27:34)라고 덧붙였다. 그 밖에 안식(출 20:8)과 금식(행 27:9), 또는 식탁에 대해서(신 14장)도 많은 교훈이 있다. 그 대부분은, 예컨대 임신 중에는 알코올을 절제해야 한다(삿 13:4)는 것 같은 의학적 기초에 근거를 둔 것이다.

그리하여 의사는 약, 기술, 손재주, 환자를 위한 중재적 역할(약 5:14), 자신의 금욕(마 17:21), 안수함(눅 4:40) 또는 기름을 바름으로(막 6:13) 하나님과 함께 일하는 것이다. 암브로스 파레는 이렇게 기록하고 있다. "나는 여기서 보통 외과학이라고 호칭되는 의료 활동에 부름 받은 것을 하나님이 축복해 주신 기회라 생각하고, 찬양하고 싶다. 이 일은 금이나 은으로도 얻을 수 없는 것이며, 바른 노력과 오랜 경험을 통해서만 몸에 배이게 된다. 그럼에도 불구하고 외과학은 모든 나라에서 잘 정립되어 있다. 그 거룩한 의학 법칙은 그 기원이 하나님으로부터 온 것으로, 세상 주권자에게 종속되거나 시대에 따라 변하는 것이 아니다. '하나님께서 제게 주신 이 일을 축복하셔서, 이 일이 하나님의 영원한 영광을 나타낼 수 있게 되기를 간청합니다.'"

나는 다시 사도 바울의 말씀에 주의를 불러일으키고 싶다. "그런즉 사망은 우리 안에서 역사하고 생명은 너희 안에서 역사하느니라"(고후 4:12). 이 말씀은 타인에게 죽을 때까지 헌신할 수 있는 동기를 부여하는 말씀이며, 의사는 이 말씀을 사명으로 볼 수 있다. 그러나 지식과 헌신이 아무리 위대하더라도 의사는 언제나 환자를 죽음으로부터 벗어나게 할 수는 없다. 나는 이미 의사들이 가지고 있는 '죽음 콤플렉스'에 관해 이야기했다. 고통을 퇴치하는 일에 열성인 의사들은 환자의 죽음을 무척 견디기 어려운 것으로 생각한다. 그들은 환자의 죽음을 자기의 실패로 느끼는 것이다.

앞에서도 언급한 것처럼, 성경에서는 죽음을 축복이며 하나님의 목적 중 하나로 본다. 자신이 하나님의 도구라고 의식하고 환자를 돌보는 의사는 환자를 고치려는 동안 열성을 다할 것이며, 또한 환자의 죽음을 더욱 안정된 기분으로 수락할 것이다. 쿠르보아지에 교수는 이러한 사실을 그의 연구 끝부분에서 말하고 있다. "환자가 살아나거나 죽거나 어떤 경우에라도 … 거기 계신 것은 동일한 하나님이시다. 그러므로 성공이나 실패는 모두 진리의 공통적인 요소인 것이다."

우리는 아들이 병들었을 때 금식하며 밤새도록 땅에 엎드려 있던 다윗이 그 아들이 죽자 땅에서 일어나 식사를 한 사실을 알고 있다(삼하 12:15~23). "죽은 사람의 장례는 죽은 사람들이 치르게 두어라"(마 8:22). 우리 주님의 말씀을 우리가 이해하는 것도 이런 의미라고 생각한다. 죽은 사람은 이미 우리에게는 속해 있지 않고, 하나님의 평화 속에 있다. 삶으로 우리 눈을 돌리자. 나는 이러한 성경적 관점에 대한 심리학적 중요성을 강조하고 싶다. 우리는 가끔 가정에서, 살아 있는 자가 차지해야 할 자리를 죽어버린 가족이 여전히 점유하고 있는 것을 본다. 예를 들어, 사고로 죽은 어린 아들을 자기들이 생각하는 모든 것의 중심으로 삼고 있는 부모가 있다. 그러나 이것은 살아 있는 아이들에게 심각한 영향력을 끼칠 수 있다.

그러나 죽음을 받아들이려면 우리는 먼저 부활을 믿어야 한다. 부활을 믿지 않는 사람들에게는 매우 미안하지만, 그들의 노력은 늘 그렇듯이 절망적으로 끝날 것이다. 그들은 언제나 생명을 연장시키는 노력을 하고 있으나, 그 노력은 필연적으로 끝없는 죽음의 어둠으로 끝날 것이다.

이 문제에 대해 성경은 명확하게 이야기한다. 성경은 우리에게 죽음에 대한 최후 승리를 확신시켜 준다. "사망을 영원히 멸하실 것이라"(사 25:8), "다시는 사망이 없고"(계 21:4), "내가 그들을 스올의 권세에서 속량하며 내가 그들을 사망에서 구속하겠다. 사망아, 네 재앙이 어디 있느냐? 음부야, 네 멸망이 어디 있느냐?"(호 13:14) 성경은 우리가 완전한 인간으로 부활할 것을 약속하고 있다. "예수를 죽은 사람들 가운데서 살리신 분의 영이 여러분 안에 살아 계시면, 그리스도를 죽은 사람들 가운데서 살리신 분께서, 여러분 안에 계신 자기의 영으로 여러분의 죽을 몸도 살리실 것입니다"(롬 8:11).

성경은 우리에게 더 많은 것을 보여준다. 성경은 그 확언의 증거로 예수 그리스도의 몸의 부활을 우리에게 보여 준다. "… 네 손가락을 이리 내밀어 내 손을 보고 네 손을 내밀어 내 옆구리에 넣어 보라. 그리하여 믿음 없는 자가 되지 말고 믿는 자가 되라 … 도마가 대답하여 이르되 나의 주님이시요 나의 하나님이시니이다"(요 20:27~28).

사도 바울은 고린도 사람들과의 논의에서 그리스도의 부활이 우리의 부활이 된다는 점을 크게 강조하고 있다. "만일 죽은 자의 부활이 없으면 그리스도도 다시 살아나지 못하셨으리라. … 만일 그리스도 안에서 우리가 바라는 것이 다만 이 세상의 삶뿐이면 모든 사람 가운데 우리가 더욱 불쌍한 자이리라. 그러나 이제 그리스도께서 죽은 자 가운데서 다시 살아나사 잠자는 자들의 첫 열매가 되셨도다"(고전 15:13, 19~20). "그는 사망을 폐하시고 복음으로써 생명과 썩지 아니할 것을 드러내신지라"(딤후 1:10).

이 부활의 확실성은 죽어가는 사람의 병상 옆에 있는 의사에게는 매우 구체적이고 실제적이며 중요한 일이다. 과학이 할 수 있는 모든 것을 다 하고, 의사가 죽음의 문 앞에서 환자와 함께 하고 있을 때, 부활의 확실성에 대한 이 내적 확신만이 유일하게 남아 있는 참된 위로가 된다. 하나님의 요청으로 이것을 소리 내어 말하든지 또는 침묵 속에서 자기 스스로 확신하든지 간에, 그 의사는 희망의 전달자인 것이다. "내가 확신하노니 사망이나 생명이나 천사들이나 권세자들이나 현재 일이나 장래 일이나 능력이나 높음이나 깊음이나 다른 어떤 피조물이라도 우리를 우리 주 그리스도 예수 안에 있는 하나님의 사랑에서 끊을 수 없으리라"(롬 8:38~39).

재확신과 위로. 의학의 임무는 병을 치료하고 고통을 경감시키며 위로를 가져오는 것이라고 알려져 왔다. 하나님은 고통스러워하는 인류 대신 고통을 당하신다고 성경은 우리에게 말한다. 하나님은 때때로 고치시지만, 결코 언제나 고치시는 것은 아니다. 그러나 하나님은 구원을 주신다. 하나님은 고난의 때에 우리를 보호하시고 붙들어 주신다. 그리고 하나님의 위로는 영원히 계속된다. 의사는 그의 일을 통해 하나님과 손을 맞잡고 일한다고 표현해도 과언이 아니다.

앞 장에서 우리는 치료에 관해 이야기했다. 하나님은 우리가 고난 중에 있을 때 도우시고 또한 우리가 배반했을지라도 지켜 주신다. 가인이 아벨을 죽였을 때(창 4:3~15) 하나님은 가인에게 "네가 무슨 일을 저질렀느냐? 너의 아우의 피가 땅에서 나에게 울부짖는다. 이제 네가 땅에서 저주를 받을 것이다"라고 했다. 그리고 공포에 떠는 가인이 하나님께 "저를 만나는 사람마다 저를 죽이려고 할 것입니다"라고 말했을 때 주께서는 가인에게 말씀하셨다. "그렇지 않다. 가인을 죽이는 자는 일곱 갑절로 벌을 받을 것이다." 그리고 주께서는 가인을 만나는 자가 아무도 그를 쳐 죽이지 못하도록 그에게 하나의 표를 찍어 주셨다.

이처럼 성경적으로 고난과 질병이 죄와 결부되어 있거나 또는 하나님의 진노의 표현으로 기록되었더라도 그 사람은 결코 완전히 버림받은 것이 아니다. 이 진리의 특별한 예는 이스라엘 백성이 사막을 방황하면서 지낸 40년에서 볼 수 있다. 이스라엘 백성들은 하나님을 배반했다. 그리고 언제나 하나님의 저주를 받았다. 그러나 그럼에도 불구하고 그들은 또한 고난 중에서 하나님의 보호하심을 누렸다. "네 하나님 여호와께서 이 사십 년 동안에 네게 광야 길을 걷게 하신 것을 기억하라. 이는 너를 낮추시며 너를 시험하사 네 마음이 어떠한지 그 명령을 지키는지 지키지 않는지 알려 하심이라. 너를 낮추시며 너를 주리게 하시며 또 너를 알지 못하며 네 조상들도 알지 못하던 만나를 네게 먹이신 것은 사람이 떡으로만 사는 것이 아니요 여호와의 입에서 나오는 모든 말씀으로 사는 줄을 네가 알게 하려 하심이니라. 이 사십 년 동안에 네 의복이 해어지지 아니하였고 네 발이 부르트지 아니하였느니라"(신 8:2~4). 하나님은 그들을 시험하셨으나, 그들은 하나님의 백성으로 머물러 있었고 하나님의 보호 아래 살았다.

이것은 모든 신자들이 경험하는 일이다. 그것은 사도 바울이 병의 치유를 구했으나 주지 않으셨을 때, 하나님께서 바울에게 대답하신 말씀의 의미이다. 하나님은 "내 은혜가 네게 족하도다"(고후 12:9)고 대답하셨다. 우리는 이 경험을 시편 저자를 통에서도 발견한다. "내가 사망의 음침한 골짜기로 다닐지라도 해를 두려워하지 않을 것은 주께서 나와 함께 하심이라"(시 23:4). 무슨 일이 일어나도 하나님께서 지켜주신다는 보호하심에 대한 확실성은 성경 전체에 가득 차 있다. "너는 두려워 말라 내가 너를 구속하였고 내가 너를 지명하여 불렀나니 너는 내 것이라. 네가 물 가운데로 지날 때에 내가 너와 함께 할 것이라. 강을 건널 때에 물이 너를 침몰하지 못할 것이며 네가 불 가운데로 지날 때에 타지도 아니할 것이요 불꽃이 너를 사르지도 못하리니"(사 43:1~2).

우리를 질병과 고통, 그리고 유혹에서 면케 하신다는 약속은 성경 어디에도 없다. '신의 은혜는 자연의 소질을 제거하지 아니하고 도리어 완성한다'고 성 토마스 아퀴나스는 기록했다. 성경은 현실주의적이며 우리에게 인간의 삶을 있는 그대로 보여준다. "사람은 고생을 위하여 났으니"(욥 5:7). 성경에서는 인간이 이 세상으로부터 추방되지도 않지만, 악에 물드는 것으로부터 면죄부가 주어지지도 않는다. 예수님은 멀지 않아 남겨두고 떠나야 할 그의 제자들을 위하여 하늘 아버지에게 위대한 기도를 드리실 때에 "내가 비옵는 것은 그들을 세상에서 데려 가시기를 위함이 아니요 다만 악에 빠지지 않게 보전하시기를 위함이니이다"(요 17:15)라고 말씀하셨다. 또 예수님은 사도 베드로에게 "시몬아 시몬아 보라 사탄이 너희를 밀

까부르듯 하려고 요구하였으나 그러나 내가 너를 위하여 네 믿음이 떨어지지 않기를 기도하였노니 너는 돌이킨 후에 네 형제를 굳게 하라"(눅 22:31~32)고 말씀하셨다. 또 요한복음에서 우리는 베드로가 예수님을 크게 부인한 후에 낙심하고 있는 것을 예수님께서 어떻게 다시 일으켜 세우시는지를 볼 수 있다(요 21:15~19).

하나님은 위로와 평안을 주신다. 사도 바울은 하나님을 "모든 위로의 하나님이시며 … 모든 환난 중에서 우리를 위로하사"(고후 1:3~4)라고 칭한다. 또 이사야에서 하나님은 "어미가 자식을 위로함 같이 내가 너희를 위로할 것"(사 66:13)이라고 말씀하신다.

에스겔서도 하나님의 긍휼하심을 보여 준다. "내가 직접 내 양 떼를 먹이고, 내가 직접 내 양 떼를 눕게 하겠다. 나 주 하나님의 말이다. 헤매는 것은 찾아오고, 길 잃은 것은 도로 데려오며, 다리가 부러지고 상한 것은 싸매어 주며, 약한 것은 튼튼하게 만들겠다. 그러나 살진 것들과 힘센 것들은, 내가 멸하겠다. 내가 이렇게 그것들을 공평하게 먹이겠다"(겔 34:15~16).

우리 주님은 말씀하신다. "수고하고 무거운 짐 진 자들아 다 내게로 오라. 내가 너희를 쉬게 하리라"(마 11:28). 하나님은 우리를 고통에서 차단하시지 않는다. 우리와 함께 고통을 지신다. 하나님은 고통 가운데 들어가셔서 그것을 자신이 담당하신다. 그리스도의 십자가가 의미하는 것이 바로 이것이다. "그가 채찍에 맞음으로 너희는 나음을 얻었나니"(벧전 2:24). 그리스도에 대하여 이사야는 다음과 같이 말하고 있다.

그는 실로 우리의 질고를 지고
우리의 슬픔을 당하였거늘
우리는 생각하기를
그는 징벌을 받아서 하나님에게 맞으며

고난을 당한다 하였노라

그가 찔림은 우리의 허물 때문이요

그가 상함은 우리의 죄악 때문이라

그가 징계를 받으므로

우리는 평화를 누리고

그가 채찍에 맞으므로

우리는 나음을 받았도다(이사야 53:4~5).

이 예언자는 이사야 40장에서 하나님의 위로하심을 말하고 있다(사 40:1, 7, 10, 17). "너희는 위로하라 내 백성을 위로하라 …"고. 그리고 이사야는 인생의 허무함을 말한다. "풀은 마르고 꽃이 시듦은 여호와의 기운이 그 위에 붊이라 이 백성은 실로 풀이로다." 끝으로, 이사야는 하나님의 비길 데 없는 위엄을 말한다. "보라 주 여호와께서 장차 강한 자로 임하실 것이요 친히 그 팔로 다스리실 것이라. … 그 앞에는 모든 열방이 아무것도 아니라 그는 그들을 없는 것 같이, 빈 것 같이 여기시느니라."

모든 성경적 관점에도 불구하고, 고통과 질병, 그리고 죽음의 문제는 우리에게 있어서 간과할 수 없는 거대한 신비이자, 우리가 도저히 알 수 없는 영역이다. 그리고 이해하지 못하는 문제를 앞에 놓은 그리스도인이 그 가지각색의 경험에 대한 답을 성경에서 찾아내려고 할 때 현실적으로는 모순되는 부분이 있는 것이 사실이다. 그러나 성경 그 자체로 모든 문제를 해결할 수 있다고 주장하고 싶지는 않다. 우리는 문제와 함께 살고 있다. 그리고 성경은 인간의 미약함을 통해서 하나님의 위대하심을 분명히 보여 주신다.

성경이 고난과 질병, 그리고 죽음의 '의미'를 가장 깊이있게 보여주는 '이유'는 바로, 하나님의 절대적 주권 앞에 우리가 무릎 꿇기 원하시기 때문이다. 욥은 그것을 체험했다. 성경은 우리에게, 어떤 곳에서는 하나님께서 질병을 보내셨다고 말하고 다른 곳에서는 하나님이 질병을 고치셨다고 말하며, 죽음이 하나님의 원수라고 표현되기도 하고, 또 다른 부분에서는 죽음이 하나님의 자비라고 표현된다. 그것을 통해 성경은 하나님의 전능하신 주권을 보여 주는 것이다. "여호와께서 우리를 찢으셨으나 도로 낫게 하실 것이요"(호 6:1). "나는 빛도 짓고 어둠도 창조하며 나는 평안도 짓고 환난도 창조하나니"(사 45:7). "이제는 나 곧 내가 그인 줄 알라. 나 외에는 신이 없도다. 나는 죽이기도 하며 살리기도 하며 상하게도 하며 낫게도 하나니 내 손에서 능히 빼앗을 자가 없도다"(신 32:39). "화와 복이 지존자의 입으로부터 나오지 아니하느냐"(애 3:38).

성경은 비밀을 간직하시고, 인간에 대하여 아무 변명도 하지 않으시는 하나님의 주권적 자유, 영광스런 하나님의 자유를 선언한다. 이 사실을 사도 바울보다 더 잘 이해한 사람은 아무도 없다. "하나님께서는 긍휼히 여기시고자 하는 사람을 긍휼히 여기시고, 완악하게 하시고자 하는 사람을 완악하게 하십니다"(롬 9:18). 그러나 즉시 사도 바울은 "하나님이 모든 사람을 순종치 아니하는 가운데 가두어 두심은 모든 사람에게 긍휼을 베풀려 하심이로다. 깊도다 하나님의 지혜와 지식의 부요함이여, 그의 판단은 헤아리지 못할 것이며 그의 길은 찾지 못할 것이로다. … 이는 만물이 주에게서 나오고 주로 말미암고 주에게로 돌아감이라 영광이 그에게 세세에 있을지어다"(롬 11:32~33, 36)라고 고백한다.

그 밖에도 위대한 신앙의 선배인 모세는 이미 오래 전에 이와 동일한 체험을 했다(출 33:12~23). 하나님의 부르심에 대해 중압감을 느낀 모세는 하나님에게 하나님의 영광을 보여 달라고 외쳤다. 하나님은 그에게 "나는 은혜 베풀 자에게 은혜를 베풀고 긍휼히 여길 자에게는 긍휼을 베푸느니라"고 대답하셨다. 그리고 또 "네가 내 얼굴을 보지 못하리니 나를 보고 살 자가 없음이니라. … 너는 그 반석 위에 서라. 내 영광이 지날 때에 내가 너를 반석틈에 두고 내가 지나도록 내 손으로 너를 덮었다가 손을 거두리니 네가 내 등을 볼 것이요 얼굴은 보지 못하리라"고 말씀하셨다.

　우리도 역시 하나님의 뒷모습밖에 볼 수 없다. 우리는 천국에서만 하나님을 대면하여 볼 수 있을 것이다(고전 13:12). 그리고 오직 천국에서만 이해할 수 있을 것이다. 다만 하나님의 영광스런 자취만을 볼 뿐이다. 우리는 이해할 수 없는 신비에 날마다 둘러싸여 있다. 우리 몸이나 영혼, 그 어디에서든 우리는 경탄할 만한 것을 발견한다. 또한 우리가 만나는 사람들과 삶 속에서 무수히 많은 풀 수 없는 문제에 직면하게 된다. 이 모든 일은 우리에게 하나님의 영광이 얼마나 위대한가를 보여 준다. 우리는 환상을 본 다니엘과 같이(단 8:27) 하나님의 영광 앞에 정신을 잃고 떠는 것이다. 오직 하나님의 영광과 우리가 볼 수 있는 것의 그림자만이 우리의 삶에 의미를 부여한다.

4부 : :

선택

이제부터는 그 동안 우리가 성경을 통하여 뽑아낸 여러 줄기들을 종합해 보도록 하겠다. 우리는 생명과 건강과 선(善)이 하나님과의 교제로 인한 열매이며 상징이라는 사실, 그리고 죽음과 질병과 죄가 하나님과의 분리로 인한 결과임을 보았다. 성경은 이 둘 사이의 대립으로 가득 차 있다. 많은 성경 말씀이 이 사실을 보여 준다. "보라 내가 오늘 생명의 복과 사망과 화를 네 앞에 두었나니 … 너와 네 자손이 살기 위하여 생명을 택하고"(신 30:15, 19).

하나님은 인간에게 선택권을 준다. 인간은 하나님과 사탄 사이, 그리고 삶과 죽음 사이의 거대한 전투가 벌어지는 세계에 살고 있다. 순간순간 모든 사고와 모든 감정, 그리고 모든 행위가 이 선택을 포함하고 있다. 생명의 보존을 위해 자신을 헌신하고 있는 의사는 하나님을 섬기고 있는 것이다. 의사는 자신이 사용할 방법을 선택할 때 언제나 하나님의 목적을 따라 행동하도록 노력해야만 한다. 하나님의 뜻을 따르는 일은 세계의 치유에 공헌하는 일이다. 하나님의 뜻을 어기는 것은 우리 모두를 누르고 있는 악의 대열을 증가시키는 일이 된다.

인간에게는 선택의 자유가 있다. 이 자유는 인간을 인격적으로 만들고 하나님 앞에서 책임 있는 존재가 되게 한다. 성경은 종종 그를 어린아이로 만드는 듯한 권위주의적인 의무 조항인 "너희는 … 할지니라"라는 말씀으로 가득차 있는 것처럼 보인다. 그러나 모든 경우에 다 그런 것은 아니다. 성경은 인간의 자유 의지에 의한 충성을 요구한다. 성경에서 "너희는 … 할지니라"라고 한 것은 '만일'이라는 단어가 선행하고 있음을 이해해야 한다. 즉 "만일 너희가 생명을 선택한다면, 너희는 … 할지니라"와 같은 것이다.

이 말은 성경의 모든 요구를 완화시키려는 의미는 아니다. 성경은 절대적인 것을 요구한다. "그러므로 하늘에 계신 너희 아버지께서 온전하심과 같이 너희도 온전하라"(마 5:48). 그러나 이런 절대성 그 자체는 선택에서 나온 것이다. 왜냐하면 선택은 "예" 또는 "아니오"의 문제이기 때문이다. 거기에는 중립이 없다. 우리 삶에서 조금이라도 타협하게 되면, 우리는 하나님으로부터 분리되는 것이다. 그 때 우리는 성경과 의학에서 말하는 삶과 죽음의 문제에 직면하게 된다.

이 피할 수 없는 선택은 성경의 모든 곳에서 발견할 수 있다. "대저 나를 얻는 자는 생명을 얻고 … 나를 미워하는 자는 사망을 사랑하느니라"(잠 8:35, 36). "여호와께서 말씀하시기를 보라 내가 너희 앞에 생명의 길과 사망의 길을 두었노라"(렘 21:8). 예수 그리스도는 이 문제를 가지고 다음과 같이 말씀하셨다. "좁은 문으로 들어가라. 멸망으로 인도하는 문은 크고 그 길이 넓어 그리로 들어가는 자가 많고 생명으로 인도하는 문은 좁고 길이 협착하여 찾는 자가 적음이라"(마 7:13~14). 사도 베드로는 교회에서 최초로 설교할 때 시편 16편을 인용한다. "내 영혼을 음부에 버리지 아니하시며 … 주께서 생명의 길을 내게 보이셨으니"(행 2:27, 28). 또 사도 바울은 말했다. "육신의 생각은 사망이요 영의 생각은 생명과 평안이니라"(롬 8:6). 생명과 사랑, 그리고 죽음과 미움을 동일한 것으로 생각하는 성경 말씀을 전부 기록하기에는 너무 많다. "가난한 자를 보살피는 자에게 복이 있음이여 … 여호와께서 그를 지키사 살게 하시리니"(시 41:1, 2). "우리가 이미 죽음에서 생명으로 옮겨갔다는 것을 우리는 압니다. 이것을 아는 것은 우리가 형제자매를 사랑하기 때문입니다. 사랑하지 않는 사람은 죽음에 머물러 있습니다"(요일 3:14).

앞에서 인용한 것처럼, 성경 전체가 신명기의 말씀을 되풀이하고 있다. 신명기는 분명 선택을 강조한다. "내가 오늘 복과 저주를 너희 앞에 두나니 너희가 만일 내가 오늘 너희에게 명하는 너희의 하나님 여호와의 명령을 들으면 복이 될 것이요 너희가 만일 내가 오늘 너희에게 명령하는 도에서 돌이켜 떠나 너희의 하나님 여호와의 명령을 듣지 아니하고 본래 알지 못하던 다른 신들을 따르면 저주를 받으리라"(신 11:26-28). "너희가 이 모든 법도를 듣고 지켜 행하면 네 하나님 여호와께서 네 열조에게 맹세하신 언약을 지켜 네게 인애를 베푸실 것이라 곧 너를 사랑하시고 복을 주사 너로 번성케 하시되 네게 주리라고 네 열조에게 맹세하신 땅에서 네 소생에게 은혜를 베푸시며 네 토지소산과 곡식과 포도주와 기름을 풍성케 하시고 네 소와 양을 번식케 하시리니 네가 복을 받음이 만민보다 우승하여 너희 중의 남녀와 너희 짐승의 암수에 생육하지 못함이 없을 것이며 여호와께서 또 모든 질병을 네게서 멀리하사 너희가 아는바 그 애굽의 악질이 네게 임하지 않게 하시고 너를 미워하는 모든 자에게 임하게 하실 것이라"(신 7:12~15).

순종과 결부되어 있는 하나님의 축복과 불순종과 연관되어 있는 하나님의 저주는(출 20:6 참조) 결코 추상적인 개념이 아니다. "너희가 너희 하나님 나 여호와의 말을 들어 순종하고 내가 보기에 의를 행하며 내 계명에 귀를 기울이며 내 모든 규례를 지키면 내가 애굽 사람에게 내린 모든 질병 중 하나도 너희에게 내리지 아니하리니 나는 너희를 치료하는 여호와임이라"(출 15:26). 레위기에서 또 한 구절을 인용하자. "너희는 내 규례와 법도를 지키라. 사람이 이를 행하면 그로 말미암아 살리라"(레 18:5).

생명을 선택할 사람은 그 자신이 하나님의 말씀으로 철저하게 젖어

들도록 해야 한다. "오늘 내가 네게 명하는 이 말씀을 너는 마음에 새기고 네 자녀에게 부지런히 가르치며 집에 앉았을 때에든지 길을 갈 때에든지 이 말씀을 강론할 것이며 너는 또 그것을 네 손목에 매어 기호를 삼으며 네 미간에 붙여 표로 삼고 또 네 집 문설주와 바깥 문에 기록할지니라"(신 6:6~9).

그러나 이 엄격한 믿음이 정말로 생명을 창조하는가? 우리는 분명 믿음을 엄격하게 지키면서도 생명보다 오히려 죽음을 생각나게 하는 개인이나 가족들을 흔히 본다. 아무런 자발성이나 기쁨이 없는, 변화하거나 발전하지 않는 미이라 같은 가족들, 성경을 매일 아침마다 읽고, 식사 전후에 하나님의 은혜에 감사 기도를 드리고, 주일이면 교회에 나가는 개신교 가족, 날마다 미사에 출석하고 모든 의식을 지키며 금식을 하며 모든 기도문을 암송하는 천주교인 가족, 춤도 추지 않고 비기독교적인 책은 읽지 않으며 연극이나 영화도 보지 않고 아름다운 옷도 입지 않는 분리파 교회 가족 …, 우리는 이렇듯 진지하고 훌륭하게 노력을 하는데도 아무런 열매를 맺지 못하는 사람들을 흔히 본다. 이들에게는 믿음이 숨통을 조이는 압도적인 짐이 될 수도 있다. 많은 규율 자체가 가족의 일부처럼 될 때, 거기서 도망칠 수도 없고 모든 자유는 죽어버린다. 특별히 이런 규율이 아이들에게 엄격히 적용되면, 아이들에게는 선택권이 없으며, 선택한다 하더라도 자유로운 선택을 할 수 없다. 활기 없는 아이들은 우울한 고민에 휩싸인 채 고통당한다. 그들은 그런 엄격한 규율과 습관이 구원을 보장한다고 믿지만, 실제로 포착하기 어려운 교묘한 죄가 숨어 있다는 사실을 모르고 살아간다. 그것은 질투와 무정함, 포학한 행위, 그리고 자기들과 같이 엄격한 규율을 지키지 않는 사람들에 대한 무자비한 비판이다.

의사들은 의심할 나와 마찬가지로 그런 가족들에게 많이 있는 신경증 환자들을 치료한 경험이 있을 것이다. 그런 환자는 자유로운 의지나 자제력 대신에 무리한 속박과 억압으로 신경증 환자가 된 것이다. 강압적인 엄마에 의한 한 비극적인 예를 떠올려 본다. 환자는 25세의 미혼 여성이었는데, 그녀의 어머니는 채찍으로 노예 다루듯이 하며, 성경에서 "자녀들아 주 안에서 너희 부모에게 순종하라 이것이 옳으니라"(엡 6:1)와 같은 성구를 인용하여 그녀 안에 있는 활기찬 생명력을 억압시키고 있었다. 이 생명과 죽음의 의미에 대한 전반적인 문제는 너무나 신학적이라고 여겨질지도 모르지만, 실제로 그것은 인간 삶에 관한 문제이다.

복음서는 예수님과 바리새인들과의 싸움으로 가득 차 있다. 바리새인들이란 하나님의 계명을 지키는 일에 철저했던 사람들이다. 예수님은 바리새인들을 '회칠한 무덤'(마 23:27)이라고 불렀다. 바리새인들은 자신들이 생명을 선택했다고 믿고 있었다. 그들은 율법을 한 가지라도 어기지 않는 것이 그들에게 부과된 의무라고 믿었다. 그러나 그들은 문자에 불과한 율법의 노예가 되어 형식적인 신념에 얽매여 있었던 것이다. 바리새인들은 죽음을 상징하고 있으며, 생명의 상징인 예수 그리스도는 그들과 타협할 수 없는 투쟁을 하셨다. "생명을 주는 것은 영이다"(요 6:63)라고 예수님은 제자들에게 말씀하셨다. 그리고 사도 바울은 자신이 바리새인이었으나(빌 3:5), 예수 그리스도에 의하여 자유롭게 되어, "문자는(기록된 율법은) 사람을 죽이고, 영은 사람을 살립니다"(고후 3:6)라고 말한다.

사람들은 바울이 어떻게 "나를 생명으로 인도해야 할 계명이, 도리어 나를 죽음으로 인도한다는 것이 드러났습니다"(롬 7:10)라고 고백할 수 있었는지를 잘 이해할 수 있다. 이 신랄한 역설에서 사도 바울이 우리가 방금 이야기한 것과는 정반대의 말을 하고 있음을 보게 된다. 즉 하나님의 율법이 생명을 창조하는 대신에 결국 생명을 목 졸라 죽일 수 있다는 것이다. 더군다나 사도 바울은 자신의 경험으로 말하고 있다. 그는 율법의 이면을 알고 있었으며, 그것으로 숨 조이는 고통을 당한 적이 있었다. 그러나 이 말씀에서 사도 바울은 단지 우리가 여태껏 책망한 종교적인 형식주의를 비난하는 것이 아니다. 그의 경험은 이제 우리가 살펴보게 될 것과 마찬가지로 훨씬 더 의미심장하다. 그 경험은 근본적인 생명과 연관되어 있다. 그는 그 경험을 로마서의 주제로 삼았다. 로마서는 성경적 관점을 이해하는 데 중요한 역할을 한다.

예수님은 선교 활동 전체를 통해 바리새인들을 자기 편으로 삼으신 일이 한 번도 없었다. 은밀히 예수님에게 호의를 보였던 니고데모까지도 그러했다(요 3:1~21)는 것은 주목할 만하다. 예수님이 돌아가신 후에도 바리새인들의 미움은 줄어들지 않고 계속되어 갓 태어난 교회를 박해했다. 이 박해 운동의 지도자 중 한 사람이 사울, 곧 장래의 바울이었다. 그는 진실하게 '생명을 선택'하려고 했던 성실한 사람이었다. 그 때문에 율법을 준수하는 일에 가장 열렬하고 충실하였던 종파를 택한 것이었다. 그러나 그는 바리새파에 만족하는 사람이 아니었다. 그는 많은 회의감을 느꼈다. 즉 그의 내면에서는 의사나 심리학자의 흥미를 불러일으킬 만한 진지한 갈등이 진행되고 있었던 것이다.

다메섹 도상에서 일어난 기적적인 사건에 찬물을 끼얹으려는 것은 아니다. 사도 바울은 그 사건을 대단히 강조한다(갈 1:11~17). "사울아, 사울아, 네가 왜 나를 핍박하느냐?"(행 9:4) 예수 그리스도의 말씀이 그에게 갑작스럽게 들린 것은 그의 모든 의식적 생각과 기대에 역행하는 것이었기 때문이다. 그러나 하나님께서는 고민하는 바울의 마음을 향하여 말씀하셨다. 그리고 그런 마음의 고뇌는 이를테면 하나님이 개입될 때에 연출되는 직감적인 드라마의

<u>서막에 불과하다.</u> 회개를 경험한 모든 사람들이 그것을 증명해 준다. 그들은 분명하게 알지는 못하지만 그들이 오랫동안 고민하던 문제가 회개를 경험하는 데 결정적인 역할을 한다는 것을 나중에야 깨닫게 된다.

사도 바울도 회개한 후 자기의 내면에서 진행되는 투쟁을 자각하게 되었다. 그런 투쟁은 하나님께 복종함으로써 생명을 선택하고 생명을 얻기를 갈망하면서도, 아직 예수 그리스도를 발견하지 못한, 신앙 깊은 사람들의 내면에서 진행되는 일이다. 사도 바울은 그런 투쟁을 통해서 생명을 얻는 체험을 하게 되었다. 그래서 그는 로마인에게 보낸 편지에서 그 투쟁에 대해 그처럼 분명하고도 예리하게 기록할 수가 있었던 것이다. 사도 바울은 생명을 선택하기를 원하여 끝까지 율법을 준수했다. 그는 진실한 선택은 타협하지 않는다는 사실을 굳게 믿었다. 그러나 누가 하나님에게 완전히 봉사할 수 있을까? "현재 우리가 겪는 고난은, 장차 우리에게 나타날 영광에 견주면, 아무것도 아니라고 나는 생각합니다. 피조물은 하나님의 자녀들이 나타나기를 간절히 기다리고 있습니다. 피조물이 허무에 굴복했지만, 그것은 자의로 그렇게 한 것이 아니라, 굴복하게 하신 그분이 그렇게 하신 것입니다. 그러나 소망은 남아 있습니다"(롬 8:18~20).

다소(Tarsus: 사도 바울의 고향-역자 주)의 바울은 절망에 빠졌다. 즉 생명을 얻기 위해 아무 타협 없이 율법을 준수해야만 한다면 생명은 언제나 손에서 도망쳐 버릴 것임에 틀림없다. 왜냐하면 아담 이후로 인간은 불순종의 충동에 얽매여 있는 자신의 본성으로부터 어느 누구도 자유롭지 못하기 때문이다. 우리는 "그러므로 한 사람으로 말미암아 죄가 세상에 들어오고 죄로 말미암아 사망이 들어왔나니 이와 같이 모든 사람이 죄를 지었으므로 사망이 모든 사람에게 이르렀느니라"(롬 5:12)라고 한 사도 바울의 부르짖음을 이해할 수 있다.

또 한 가지 문제점이 있다. 그는 "율법이 없는 곳에는 범법도 없느니라"(롬 4:15)라고 말한다. 이것은 "내가 와서 그들에게 말하지 아니하였더라면 죄가 없었으려니와 지금은 그 죄를 핑계할 수 없느니라"(요 15:22)고 하신 그리스도의 말씀을 반영한다. 나는 가끔 이런 사도 바울의 말씀을 무의식적 충동의 희생자들인 환자들과 관련시켜 생각해 본다. 자각하지 못하면 죄도 없다. 그러나 사도 바울이 말하려고 하는 것은, 생명을 주기 위해 제정된 율법이 오히려 죄를 일으키며, 죄를 통하여 죽음이 생겨난다는 사실이다.

사도 바울이 위선적인 바리새인이었을 때에 그의 마음속에서 진행되었던 갈등을 자각하게 된 것은 그 문제의 해답, 곧 예수 그리스도의 은총과 용서를 발견했기 때문이었다. "죄가 더한 곳에 은혜가 더욱 넘쳤나니"(롬 5:20). 그래도 율법은 필요하다. 율법은 완전히 지킬 수가 없기 때문에 생명을 산출하는 힘은 없으나, 율법이 일으키는 갈등 그 자체를 통하여 사람들을 간접적으로 생명으로 인도하는 것이다. 인간의 노력이 아무리 위대하고 진실하더라도 생명을 얻을 수가 없다는 무능력함을 깨달음으로 하나님 앞에 무릎을 꿇게 된다. 예수님이 말씀하신 것처럼 하나님의 은혜는 겸손한 자에게 주어지며, 자기만족에 젖어 있는 사람에게는 주어지지 않는다(눅 18:9~14). "이같이 율법이 우리를 그리스도께로 인도하는 초등교사가 되어 우리로 하여금 믿음으로 말미암아 의롭다 함을 얻게 하려 함이라"(갈 3:24).

이것이 문제의 핵심이다. 우리는 자신의 노력으로 생명을 쟁취하든지, 아니면 자신의 무능력함을 인정하고 오직 하나님의 은총에 매달리든지 둘 중에 하나를 선택해야 한다. 나는 이 책에서 성경의 일관성을 보여 주려고 한다. 그러나 이 점에 관해서는 신약성경이 구약성경을 결정적으로 앞지르고 있다. 그 점이야말로 오직 기독교에만 속해 있는 것이고, 또 기독교를 유대교로부터 구별짓는 것이다. 그렇다고 구약성경이 중요하지 않거나 신약성경에 의해 폐기된 것은 결코 아니다(마 5:17). 사도 바울이 말한 것처럼, 구약성경은 개인 교사이다. 구약성경은 당장 필요하면서도 불가능한 저 선택의 딜레마라는 고민 속에 인간을 버려두고 있다.

구약과 신약 사이의 이 결정적인 행로는 생명과 축복의 약속을 동시에 더욱 넓혀 주었다. 그것은 그 때까지 결부되어 있던 유대 민족주의로부터 그들을 해방시켜 주었다. 아브라함에게 주신 본래의 약속은 그처럼 제한된 것은 아니었다. "땅의 모든 족속이 너로 말미암아 복을 얻을 것이라"(창 12:3). 그러나 그 목적을 성취하기 위하여 하나님은 이스라엘 백성과 특별한 언약을 맺으셨다(출 34:27). 그리고 이스라엘 백성은 자기들이 하나님의 축복을 영원히 독점하였다고 믿게 되었다.

하나님은 순수한 유대인이었던 베드로에게 그 생명과 축복의 약속이 이제 이후로 예수 그리스도의 신앙과 결부되어 이방인들에게도 주어질 것이라는 환상을 그에게 보여 주셨다(사도행전 10장). 우리는 베드로가 예루살렘 형제들에게 그것을 설득하느라고 고생한 사실을 알고 있다(행 11:2~3). 예루살렘 형제들도 마지막에는 "하나님께서 이방인에게도 생명 얻는 회개를 주셨도다"(행 11:18)고 말했다. 그러나 사도 바울이 하나님으로부터 유대 백성 이외의 사람들을 위한 위대한 선교 활동에의 부르심을 받고 이방인들에게 예수 그리스도에 대한 신앙을 요구했을 때에도 사도 베드로는 이전에 가지고 있던 민족주의적 편견을 완전히 벗어나지는 못했다. 그는 사도 바울을 비난한다. 그러나 사도 바울은 공공연히 베드로에게 저항했다(갈 2:11). 자아의 해방은 율법의 멍에로부터 시작해서 사회적 편견으로 계속 이어지고 있었다.

이런 모든 사실은 정신요법에서 말할 수 없을 만큼 중요한 의미를 지닌다. 모든 신경증 환자는 자기가 살려고 하는 노력 자체의 무거움에 눌려 있고, 또 그들에게 과해지는 절대적 요구에 대응하려는 감정에 압도되어 사도 바울의 기록과 같이 절망 속에 던져지고 있는 것이다. 생명을 찾으려는 노력이 생명을 더욱 멀리 밀어내는 결과를 낳은 신경증의 비극이다. 신경증 환자가 생명과 정의, 그리고 애정과 완전함을 강하게 열망하면 할수록 그 열망이 모든 것을 빼앗아가고, 그의 신경증적 증상과 싸울 용기마저 빼앗기게 된다. 결국은 신경증 환자에게 상대적인 것에 불과한 도덕을 설교한다 해도 일시적인 안위만 줄뿐이지, 진정한 해답을 줄 수는 없다.

물론 나는 여기서 신경증 환자의 갈등과 사도 바울이 말한 도덕적 갈등 사이에 차이가 있다고 말하려는 것은 아니다. 그렇게 말하는 것은 다시 죄와 질병을 동일시하는 것이 될 것이다. 신경증 환자의 갈등은 병리학적이며, 환경이 만들어 낸 결과로 특정한 사람들에게서만 생겨난다. 반면, 도덕적 갈등은 오히려 인간의 자연스러운 본성의 일부이며, 모든 사람에게 공통적으로 나타나는 현상이다. 즉 전자는 병리학적으로, 어떤 특정한 상황의 피해자인 사람들에게만 생겨나고, 후자는 우리의 자연스러운 본성에 대한 의식적 투쟁의 산물로서 모든 인간들에게 공통적으로 나타난다. 그러나 양자는 모두 상반되는 감정이 동시에 공존하는 상극성을 지녔다는 점에 유사성이 있다. 또한 양자의 해결이 모두 자유함에 있다는 사실에도 유사성이 있다. 모든 민감한 사람들은 자신에게 절대적인 도덕적 법칙이 존재한다는 것을 알고 있다. 그와 동시에 이 도덕적 법칙에 대한 자신의 불성실한 현실까지도 받아들여야 한다. 우리는 그 딜레마로부터 탈출구를 찾아야만 한다.

그 탈출구는 예수 그리스도와의 인격적인 만남에서 발견되어야 한다. 그러나 오래된 딜레마는 여전히 남아 있다. 삶은 하나님과의 교제이며, 죽음은 하나님으로부터의 분리라는 점이다. 구약 시대 사람들은 지키기가 불가능하며, 냉담하고, 비인격적인 율법 체계로 하나님과의 교제를 유지하려 노력해야 했지만, 신약 시대는 율법 대신 살아 있는 인격체이신 예수 그리스도가 이 일을 감당하신다. 우리가 스스로 율법을 지킴으로써 하나님과 교제할 능력이 없다는 것을 인정하신 하나님은 우리가 그분께로 나아가기를 기다리시는 대신, 예수 그리스도를 통하여 우리에게로 다가오셨다. 하나님께서 친히 예수 그리스도 안에서 깨어진 교제를 회복시켜 주신 것이다.

앞에서 인용한 신명기에 주어진 율법의 관점에서 우리를 압도하는 것은 모든 율법의 배후에 도사리고 있는 불안감이다. 신경증과 유사한 점이 바로 이것이다. 만일 생명이 하나님의 모든 계명을 엄격하게 복종하는 것을 조건으로 한다면, 생명은 가장 작은 불복종으로도 무너져 내릴 것이고, 인간은 늘 불안하게 되며, 필연적으로 강박증에 사로잡히게 될 것이다. 자유의 기쁨은 소멸되고, 사람은 인격이 아닌 노예가 되어버린다. 그러나 만약 생명이 우리의 헛된 노력이 아니라 위로부터 오는 것이고, 생명이 예수 그리스도를 통해 하나님 사이에 재건된 교제, 즉 하나님과의 자유로운 교제이며, 우리의 불안전함을 용서하며 보충해 주시는 하나님의 은혜라면, 그 생명은 확실하고, 안정되며, 평화로울 것이다. 그리고 불안으로부터 자유로워질 것이다.

이것이 생명과 죽음에 대한 유일한 해답이다. 의사는 하나님의 동역자이다. 하나님은 자비로우신 사형 선고 집행유예를 사람들이 얻을 수 있도록 죽음을 연기하는 일에 우리를 사용하고 계신 것이다. 우리 의사들의 유일한 목적은 환자들에게 예수 그리스도를 만나게 하며, 그 신앙으로 언제까지나 예수님과 더욱 밀접한 관계를 맺을 수 있는 기회를 제공해 주는 일이다.

왜냐하면 결국 우리 의사가 하고 있는 모든 일은 임시방편에 불과하며, 우리는 단지 계속 반복적으로 생겨나는 장애를 수리할 뿐이다. 하나님이 베푸신 은혜의 상징인 치료 행위는 죽음의 위협을 제거하지 못하며, 다만 생명을 조금 연장할 뿐이다. 우리의 승리는 언제나 다시 나타나는 죄로부터 우리를 해방시키지는 못한다. 또한 그 승리는 우리를 궁극적인 심판에서 면제시켜 주지도 못한다. 죽을 때까지 우리는 이 불완전한 세계에 살아야 하는 것이다. 이 세계에는 가라지와 밀이 섞여 있다(마 13:24~30). 이 세상은 승리와 패배가 교차되며, 생명의 힘과 죽음의 힘이 함께 맞서는 곳이다.

우리 의사들의 치료와 승리는, 사도 바울이 말한 대로(고후 1:22), 은혜의 착수금이며 천국의 담보이다. 오직 천국에서만 육체적, 심리적, 그리고 영적 건강이 충분히 채워질 것이다. 그러나 우리는 이미 여기 이 땅에서 그리스도로부터 성령을 받았으므로, 우리 마음을 그리스도라는 반석 위에 굳게 세울 수 있으며, 예수 그리스도 안에서 영원한 생명의 원천을 발견하게 되는 것이다. "나는 부활이요 생명이니 나를 믿는 자는 죽어도 살겠고"(요 11:25).

최상의 축복, 예수님과의 사귐 28

우리는 그리스도와의 인격적 만남을 믿음이라고 부른다. 그런 믿음이 주어진다면, 언제나 생명을 선택할 것이다. 그러나 우리는 생명을 만들 수 있는 어떤 체계 속에 우리의 신앙을 두지 말고, 성육신하신 예수 그리스도만을 믿어야 한다.

예수 그리스도는 생명의 화신이시다. 그분 자체가 생명인 것이다. 예수 그리스도는 생명을 인격화하여 저를 믿는 모든 사람에게 그 생명을 주시는 분이심을 스스로 선언하셨다. 성경의 많은 부분이 이것을 보여 준다. "내가 곧 길이요 진리요 생명이니 나로 말미암지 않고는 아버지께로 올 자가 없느니라"(요 14:6, 그리고 요 3:16, 6:35, 40, 47, 17:1~2 등 참조). 예수님의 제자들도 같은 증언을 하고 있다. 즉 사도 베드로는 "주여 영생의 말씀이 주께 있사오니 우리가 누구에게로 가오리이까"(요 6:68, 그리고 요 1:4, 요일 5:12, 롬 5:17, 빌 1:21 참조)라고 외친다.

복음서에서 볼 수 있듯이, 예수 그리스도와 우리의 관계가 인격적인 것이라는 점을 강조하고 싶다. 옛 언약 아래에서 생명은 위엄과 경외심을 지니고 있었다. 그것은 거리감 있고 손에 닿지 않는 것이었다. 새 언약에서의 생명은 예수 그리스도 안에서 인격화 되어 우리 곁에 가까이 다가왔다. 그리고 그 생명은 구체적이고, 접근하기 쉬우며 인격적이다. "이 글은 생명의 말씀에 관한 것입니다. 이 생명의 말씀은 태초로부터 계신 것이요, 우리가 들은 것이요, 우리가 눈으로 본 것이요, 우리가 지켜본 것이요, 우리가 손으로 만져본 것입니다. 이 생명이 나타나셨습니다. 우리는 그것을 보았습니다. 그래서 우리는 이 영원한 생명을 여러분에게 증언하고 선포합니다. 이 영원한 생명은 아버지와 함께 계셨는데, 우리에게 나타나셨습니다. 우리가 보고 들은 바를 여러분에게도 선포합니다. 우리는 여러분도 우리와 서로 사귐을 가지기를 바라는 것입니다. 우리의 사귐은 아버지와 또 그의 아들 예수 그리스도와 함께 하려는 것입니다"(요일 1:1~4).

나의 직업인 의학에 적용해 보면, 우리의 의료는 기술적인 처방이다. 그 처방은 구약의 율법에 비유될 수 있다. 처방전에 우리는 환자가 복용해야 할 약과 병이 낫기 위하여 환자가 해야 할 일들을 적어 놓는다. 그것은 필요한 일이기는 하지만, 차갑고 비인격적이다. 우리가 환자의 치료를 돕고, 그 안에서 생명의 힘을 자각하게 하는 인격 의학을 실제로 수행함에 있어 정말 중요한 것은 처방이 아니라, 환자와 우리 사이의 인격적인 관계이다. 우리 자신이 개입되어, 환자에게 인격적인 영향을 미치는 것이다. 그 관계를 예수 그리스도와 성도와의 인격적 교제에 비유해도 좋을 것이다. 그 교제는 신약이 우리에게 보여 주는 것이며, 하나님께서 예수 그리스도를 통해 개입하신 만남이다. 이것이 기독교를 인격적인 종교로 만드는 것이며, 또 기독교 신학을 인격적인 것으로 만드는 것이다.

우리와 예수 그리스도 사이에 가지는 깊은 인격적 관계의 비밀은 환자와 우리 사이의 관계에도 적용할 수가 있다. 그리스도와의 관계가 진전되는 정도에 따라서 우리 의학도 인격적으로 발전한다. 예수 그리스도의 인격적인 애착은 기독교가 가지는 독특한 특성 중 하나이다.

나는 종종 예수님과의 인격적인 만남을 처음 가졌을 때를 떠올리곤 한다. 그 당시에 나는 예수 그리스도를 믿었으며, 예수님을 사랑하고 있었다. 나는 교회에서 적극적으로 활동했으며, 성찬식을 통하여 그리스도와 교제를 맺었다. 그러나 내 신앙 생활의 중심을 차지하고 있었던 분은 하나님이었고 예수님이 아니었다. 물론 예수님과 하나님은 동일한 분이시다. 그러나 우리는 하나님이 예수님을 통하여 좀 더 친밀하고 좀 더 가깝게 '사람의 형상을 입고'^(빌 2:7) 오신 모습을 본다.

우리는 성부이신 하나님보다도 예수님과 좀 더 친밀한 관계를 맺을 수 있다. 어느 날 이런 사실을 생생하게 체험할 수 있었다. 나는 종종 교회 사무일로 연로하신 목사님을 방문할 때가 있었는데, 그 나이 드신 목사님은 만날 때마다 나를 위해 기도하지 않고는 보내 주시지 않았다. 그분은 예수님께 기도를 드리곤 했는데, 어느 날 그분의 어린 아이와 같은 아무런 꾸밈없는 천진난만한 기도에 깊은 감명을 받았다. 그때 그분은 예수님과 친밀한 대화를 사이좋게 주고받는 것 같았다.

집에 돌아와서 그 이야기를 아내에게 했다. 그리고 목사님이 가지고 있는 예수님과의 친밀한 교제를 우리에게도 달라고 하나님께 함께 기도드렸다. 그 이후로 예수님은 내 신앙 생활의 중심이 되셨고 내 인생길의 동반자가 되셨다. 예수님께서는 내가 하는 일을 기뻐해 주시고^(전 9:7) 또 그 일에 관심도 가져주신다. 그분은 내 생활에 일어나는 모든 것을 의논할 수 있는 친구이시며, 나의 기쁨과 괴로움, 그리고 희망과 두려움을 함께 나누신다. 환자가 나에게 마음을 털어 놓을 때 예수님은 나와 함께 그 환자의 이야기를 들어주시고, 심지어 나보다 훨씬 더 주의깊게 들어주신다. 그리고 환자가 돌아간 후 그와 이야기한 일에 대하여 예수님과 대화를 나눌 수 있다.

예수님과의 끊임없는 소통 가운데서도 나 자신의 불성실함 속에 남아 있는 어두운 면을 충분히 알고 있다. 그것은 우리 인간의 본성이다. 예수 그리스도는 우리에게서 인간다움을 빼앗지 않으신다. 그는 인간의 모습으로 내려오셨다. 그래서 나의 어려움과 실패를 그분에게 그대로 가져갈 수 있으며, 그것은 또한 내가 예수 그리스도와의 교제를 지속하는 데 도움이 된다.

예수님은 우리 삶의 흔들리지 않는 반석이시다^(시 62:2). 그런데도 예수님에 의해 우리에게 맡겨진 인류에 대한 섬김이라는 위대한 과제에 대해 우리는 여전히 약하고, 불확실하며, 불안하고 좌절된 상태로 남아 있다. 때때로 우리는 잘못된 방법으로 그 위대한 사업에 착수하여 그것을 헛수고로 만들어버리기도 한다. 때로는 우리가 나아가야 할 방법을 확실히 알았다고 생각하고 전심을 기울여 그 일에 돌진하지만, 결국은 암초에 걸려 실망하게 된다. 때로는 우리의 친구들과 형제, 그리고 심지어 교회까지도 우리에게 실망과 상처를 안겨준다. 그러나 예수 그리스도는 변함 없으신 분이시다. 그분은 우리 옆에 늘 함께 계셔서 언제나 우리를 받아주시고, 용서하시며, 스스로 다시 일어서도록 보살펴 주신다. 예수 그리스도와의 사귐 안에 다시 들어가자마자 생명이 우리 안에 용솟음친다. "내가 주는 물을 마시는 자는 영원히 목마르지 아니하리니 내가 주는 물은 그 속에서 영생하도록 솟아나는 샘물이 되리라"(요 4:14). 이것은 요한계시록이 말하고 있는 '생명수의 강'(계 22:1)이다. 의학에 의해 행해지는, 생명을 위한 위대한 싸움에서 예수 그리스도는 생명의 살아 있는 원천으로 나타나신다. 우리가 파괴되고 고장 난 곳을 수리하려고 하며, 우리 잘못을 도덕적 노력만으로 원상 복귀시키려고 하는 그 곳에 예수 그리스도는 "죽을 것이 생명에 삼킨 바 되게 하려 함이라"(고후 5:4)고 강력한 물줄기를 대행시켜 주신다.

또 생명에 향기를 주시는 분도 예수 그리스도이시다. 예수님이 없다면 우리가 삶에서 아무리 행복을 발견하더라도, 그리고 아무리 훌륭한 일을 하더라도 남는 것은 공허함 뿐이다(전도서 2장). 예수님이 삶을 위한 진정한 힘의 원천이다. 그러나 우리는 얼마나 자주 '독한 시기와 다툼'(약 3:14)에 의해 움직이는가? 진정한 삶은 그리스도로 말미암아 인도되는 삶이다(시 73:24). 그 삶에서는 모든 결정이 기도를 통한 그리스도와의 대화로 이루어진다. "여호와께서 이르시되 패역한 자식들은 화 있을진저 그들이 계교를 베푸나 나로 말미암지 아니하며"(사 30:1). 이 말씀은 우리의 개인 생활, 가정 생활, 그리고 직업 생활에 관련된 모든 것을 예수님과 상담해야 한다는 것을 의미한다. 이를테면 우리의 시간 조정, 재정 관리, 그리고 의료 도구(란셋 등)로 하는 치료나 언어로 하는 치료 행위에 관한 모든 것을 예수님과 의논해야 함을 의미한다.

그러나 여기서 예수님을 오해하지 말자. 예수 그리스도는 엄격한 주님이시다. 예수님은 생명을 주셨다. 우리는 우리 삶을 그분께 드림으로 그 대가를 치러야 한다. "아무든지 나를 따라오려거든 자기를 부인하고 날마다 제 십자가를 지고 나를 따를 것이니라. 누구든지 제 목숨을 구원하고자 하면 잃을 것이요 누구든지 나를 위하여 제 목숨을 잃으면 구원하리라"(눅 9:23~24). 이에 덧붙여 예수님은 좀 더 분명하게 말씀하신다. "무릇 내게 오는 자가 자기 부모와 처자와 형제와 자매와 더욱이 자기 목숨까지 미워하지 아니하면 능히 내 제자가 되지 못하고"(눅 14:26). 사도 요한도 유사한 말을 한다. "자기의 생명을 사랑하는 자는 잃어버릴 것이요 이 세상에서 자기의 생명을 미워하는 자는 영생하도록 보전하리라"(요 12:25).

예수 그리스도로 말미암은 이 절대적인 요구는 폭군의 횡포가 아니다. 그것은 근본적인 진리이며, 생명의 원리이다. 예수님도 십자가를 받아들임으로써 이 원리에 순종하셨다. 독자들은 14장에서 예수님이 광야에서 받은 유혹을 기억할 것이다. 예수님께서는 자신의 삶이 자기가 한 선택에 달려 있음을 알고 계셨다. 그 선택은 마술, 즉 자신의 영광과 성공을 목적으로 하나님을 섬기는 일과 신앙, 즉 "자기를 낮추시고 죽기까지 복종하셨으니 곧 십자가에 죽으심이라"(빌 2:8) 하는 겸손함으로 하나님을 섬기는 일 중 하나를 선택하는 것이었다. 예수 그리스도가 우리에게 그런 희생을 요구하실 수 있는 것도 자신이 그런 선택을 하셨기 때문이다.

우리는 이제 앞에서 말한 선택과 함께 또 하나의 좀 더 깊고, 값진 선택을 해야 한다는 것을 알 수 있다. 우리는 생명과 죽음 사이의 원시적인 선택에 직면할 뿐 아니라, 자연적인 생리학적 생명과 초자연적이며 영원한 생명 사이의 선택의 기로에 서 있는 것이다. 다음의 두 말씀을 다시 인용함으로써 이 딜레마의 성격이 더욱 분명해질 것이다. 예수님은 자기 밭에 풍년이 들어 그 많은 소출을 어떻게 할 것인가 하고 많은 궁리를 하고 있는 부자에 관한 이야기를 하셨다. "하나님은 이르시되 어리석은 자여 오늘 밤에 네 영혼을 도로 찾으리니 그러면 네 준비한 것이 누구의 것이 되겠느냐 하셨으니 자기를 위하여 재물을 쌓아 두고 하나님께 대하여 부요하지 못한 자가 이와 같으니라"(눅 12:20~21). 예수님이 하신 또 하나의 말씀은 이 비유에 담긴 의미를 더욱 더 확실하게 보여 준다. "사람이 만일 온 천하를 얻고도 제 목숨을 잃으면 무엇이 유익하리요 사람이 무엇을 주고 제 목숨과 바꾸겠느냐"(마 16:26).

'온 세상'은 생명과 건강을 포함하고 있다. 영원한 생명을 얻기 위해 우리는 이 세상의 생명보다 하나님의 나라에 더 많은 관심을 가져야만 한다. 우리는 이 세상의 생명에 집착하지 말아야 한다. 그것은 단순한 신학적 진리만이 아니라, 의학에서도 실제로 상당히 중요한 진리이다.

예수 그리스도께서 우리 앞에 펼쳐 놓으신 새로운 관점으로 보면, 생명과 건강은 최고의 축복은 아니다. 또한 부(富)나 행복, 그리고 쾌락 이상의 것도 아니다. 내가 이제까지 인용한 많은 성경 말씀은 하나님께 복종하면 행복과 건강, 그리고 번영을 주실 것이라고 말한다. 그런데 이제 예수님께서는 이 모든 것을 주님을 위하여 기쁜 마음으로 포기해야 한다고 말씀하신다. 이 두 가지 진술은 상반되는 것이 아니다. 그리스도께서 이미 보여 주셨듯이 거기에는 아무런 모순도 없다. "너희는 먼저 그의 나라와 그의 의를 구하라 그리하면 이 모든 것을 너희에게 더하시리라"(마 6:33).

이제 여기에 의사들에게 매우 중요한 새로운 요소가 소개된다. 많은 의사들에게 있어서 생명은 실상 최상의 것이다. 그들은 생명을 보존하기 위해 투쟁하는데, 그 자체가 종교가 되거나 의사의 유일한 목표가 되기도 한다.

그러나 만일 우리가 성경적 관점을 받아들인다면, 우리도 이와 같이 열심히 생명을 보존하기 위해 노력해야 한다. 왜냐하면 하나님께서 우리가 그렇게 하도록 부르셨기 때문이다. 그러나 그것은 더 이상 궁극적인 목표가 될 수는 없다. 이제 우리는 우리가 그리스도인이라는 것을 배제하고 의사로서의 자신만을 생각할 수는 없다. 나는 이 책 전체를 통해 구원이 건강보다 더 중요하다는 것을 핑계로 의학을 무시할 수 없다는 것을 보여 주려고 노력했다. 게다가 이제는 더 이상 건강에만 관심을 가지는 것이 아니라고 해서 의사로서의 존재감이 더 약해지는 것은 아니다. 오히려, 그 진리는 우리를 더 완전한 의사가 되게 한다. 이것은 내가 이 책의 서두에서 나눈 동료 의사의 이야기를 통해 분명하게 드러났다. 그는 자신의 건강에 대한 걱정으로 나를 만나러 왔다. 그러나 그를 괴롭히는 다른 어떤 것이 있었다. 바로 그것은 그의 삶과 건강, 심지어 영적인 운명까지 방해하고 있었던 양심의 내적 갈등이었다.

물론 나는 그가 자신의 삶을 질서 있게 바로잡음으로 건강을 회복한 사실을 기뻐했지만, 그것보다도 그가 예수 그리스도에게로 돌아가게 된 사실에 행복감까지 느꼈다는 사실을 고백한다. 왜냐하면 그것이 생명이나 건강보다 더 중요한, 아니 가장 중요한 일이기 때문이다. 내가 의학적 건강을 영적 건강과 대립되는 개념으로 둔다고 생각하는 독자는 없으리라고 믿는다. 오히려 나는 그 둘이 얼마나 밀접하게 함께 일할 수 있는지를 보여 주려고 애썼다. 즉 우리의 의학적 행위는 하나님의 목적 안에 있으며, 예수 그리스도와의 인격적 교제는 의학을 효과적으로 도울 수 있다.

그러나 우리의 모든 노력에도 불구하고 노화, 질병, 그리고 죽음은 우리가 반드시 직면해야 하는 일이다. 그 때 생명과 건강을 최상의 것으로 여기고 살아온 사람은 그가 더 이상 의사로서 줄 수 없는 것을 기대함으로서 그 의사에게 절망감을 주게 될 것이다. 그러나 의사는 더 이상 젊음이나 치유, 그리고 생명은 줄 수 없을지라도 그 사람이 새로운 가치 척도를 발견하도록 도울 수는 있다. 우리가 인격의학을 실제로 행하고자 한다면, 우리는 필연적으로 자신의 신앙을 증거해야 함을 깨닫게 된다. 물론, 의사의 첫째 의무는 의학적 치료에 관심을 기울여, 병을 고치고, 증세를 경감시키며, 그들을 위로하는 일이다.

그러나 생명과 건강, 치유, 고통의 경감, 그리고 위로가 최상의 것은 아니기 때문에, 사려깊고 성실한 기술적 치료 행위에 어떤 식으로든 삶의 고백을 덧붙일 필요가 있다. 그러나 신앙적으로 박해받을 때 자신의 생명까지 내어줄 준비가 되어 있는 의사는 많이 있지만, 일상 생활에서 그들의 환자들에게 예수 그리스도가 그들에게 어떤 분인지를 말하는 것은 매우 쑥스러워하는 것 같다. 우리 가운데 가장 헌신적인 그리스도인일지라도, 우리 모두는 그 쑥스러워하는 기분이 어떤지 잘 안다. 우리는 그 쑥스러워하는 기분을 좋은 말로 수줍음이라고 간단히 말해버린다. 그러나 어쩌면 비겁함이라고 하는 것이 맞는 것이 아닐까? 우리가 환자들에게 회복시키려고 노력하는 그 건강은 궁극적인 목적을 위한 수단에 불과하며, 최상의 것은 예수 그리스도와의 교제라는 것을 더 자주 보여 주어야 하는 것이 아닐까?

이 새로운 관점이 의학적으로 중요하다는 것을 보여 주는 하나의 간단하고도 구체적인 실례를 들어 본다. 어느 날 내가 늘 만나고 싶어하던 한 노부인이 '자유 상담'을 받으려고 나를 찾아왔다. 점잖고, 통찰력이 있으며, 섬세한 이 부인은 활기차고 강렬한 신앙의 소유자였다. 그녀는 섬김의 인생을 살고 있었다. 그 부인은 진심으로 모든 일에 예수 그리스도의 인도함을 받기를 열망했으며, 그것을 위해 나의 도움을 구한 것이었다. 그러나 그녀의 기력은 해가 갈수록 약해졌다. 그것은 그녀가 받아들여야 할 현실이었으며, 그녀는 그 사실을 인정했다. 그녀는 자신에게 도움을 청하러 찾아온 한 젊은 부인으로 인해 마음이 매우 혼란스러웠다. 그녀는 그 젊은 부인과 오랜 시간 동안 진지하게 이야기를 주고받았는데, 그것은 그녀를 무척 지치게 했다. 그런 상담을 하는 일이 이제는 노부인에게 너무 무거운 짐이 된 것인가? 그녀는 건강을 위해 상담하는 일을 포기해야 할까?

나는 이 노부인에게 건강이 최상의 것은 아니라고 말했다. 아마도 의사들 중에는 내 생각에 반대하며, 내가 의학을 저버리고 있다고 비난하는 사람들도 있을 것이다. 그러나 만약 우리의 유일한 목표가, 자신의 생명을 어떻게 쓰느냐에 관계 없이, 건강을 지키는 것 뿐이라고 한다면, 그것은 무슨 의미가 있겠는가? 시벡 교수의 말처럼 "건강은 그 자체에 목적이 있는 것이 아니다. 건강은 생명 그 자체가 의미를 지니는 한에서만 의미를 지니는 것이다."[1]

이 목적과 수단의 문제는 분명 단순하게 대답할 수 있는 것은 아니다. 또한 적당한 균형이 유지되어야 한다. 만일 내가 환자들에게 만족스러운 삶을 사는 한 그들의 건강에 근심할 필요가 없다고 한다면, 나는 실로 예수님께서 내게 맡기신 의사로서의 소명을 저버리는 것이 될 것이다. 그러나 또한 건강을 최상의 것으로 생각하는 의사들이 볼 때는 환자를 해롭게 할지도 모른다는 위험이 있다. 그러나 의사가 환자들의 병증에만 지나친 관심을 보여줌으로 인해 그들은 질병이 모든 일 가운데 가장 큰 재난이라는 암시를 받을 수도 있다. 이런 경우, 비록 병이 매우 사소하더라도 굉장히 큰 소동이 벌어지며, 환자는 체력을 유지하는 일이나, 식생활을 엄격하게 제한하는 일 등에 지나치게 강박적인 신경증에 걸리고 만다.

이 문제는 우리에게 중요한 점을 보여 준다. 바로 질병과 죽음에 대해 환자가 가지는 태도를 말하려는 것이다. 만약 생명과 건강의 가치를 과대평가한다면, 우리는 질병과 죽음에 대한 반항적 태도를 부추길 것이다. 인내심을 가지고 고난을 짊어지기 위해서는 분리의 정신, 즉 자기 자신으로부터, 건강에 대한 염려로부터, 그리고 생명 그 자체로부터 적당한 거리를 둘 수 있는 마음가짐이 분명 필요하다. 예수 그리스도와의 만남이 최상의 것이라는 것을 알게 된 사람만이 그런 분리의 정신을 품을 수 있다. 물론 성경에는 그리스도인이 고난을 바라거나 구해야 한다고 말하는 곳은 하나도 없다. 그러나 고난이 우리에게 찾아온다면, 그것은 우리를 고난 받으셨던 예수님께로 더 가까이 데려가 준다.

이것이 미처 예상하지 못한 고난을 차분하고 침착하게 받아들일 수 있는 유일한 힘의 원천이 된다는 것을 발견했다. 성경은 이 사실을 자주 보여 준다. "죄가 있어 매를 맞고 참으면 무슨 칭찬이 있으리요 그러나 선을 행함으로 고난을 받고 참으면 이는 하나님 앞에 아름다우니라. 이를 위하여 너희가 부르심을 받았으니 그리스도도 너희를 위하여 고난을 받으사 너희에게 본을 끼쳐 그 자취를 따라오게 하려 하셨느니라"(벧전 2:20~21)고 사도 베드로는 말한다. 또 사도 바울은 "우리는 무슨 일에서나 하나님의 일꾼답게 처신합니다. 우리는 많이 참으면서, 환난과 궁핍과 곤경과 매 맞음과 옥에 갇힘과 난동과 수고와 잠을 자지 못함과 굶주림을 겪습니다"(고후 6:4~5), "환난 중에 참으며"(롬 12:12)라고 말한다.

그러나 예수님과의 교제는 우리로 하여금 고통을 받아들이게 할 뿐만 아니라, 또한 치료하는 힘의 원천이 되기도 한다. 예수님께서 베데스다의 못 가에서 병자에게 하신 질문을 생각해 보라. "네가 낫고자 하느냐?"(요 5:6) 독자들 중에는 이런 질문은 쓸데없는 것이라고 생각하는 사람들도 있을 것이다. 그러나 우리 의사들은, 얼마나 많은 병자들이 진정 다시 낫고 싶다는 의지를 가지지 않은 채 의사에게 오는지를 알고 있다. 우리 주님의 질문에 대한 이 병자의 대답을 보라. "주여 물이 움직일 때에 나를 못에 넣어 주는 사람이 없어 내가 가는 동안에 다른 사람이 먼저 내려가나이다"(요 5:7). 이 병자는 자기의 불행을 슬퍼했다. 그는 도와주는 사람이 없다는 것을 불평했다. 그는 도움을 남에게서만 기대하고 있었다. 그는 자기 자신이 가진 치료의 힘을 생각하려고도 하지 않았다. 예수님은 위의 질문을 하심으로써 병자의 내면에 있는 치료의 힘을 자각하게 하시려는 것이다. 똑같은 이야기로 그리스도는 눈먼 사람에게 "내가 능히 이 일 할 줄을 믿느냐"(마 9:28)라고 물으심으로써 그 사람들의 신앙과 그 신앙에 동반될 힘을 깨닫게 하신다.

죽음에 직면하게 될 때에야 비로소 사람들은 무엇보다도 예수 그리스도와의 인격적 교제야말로 유일하며 참된 구원이라는 것을 발견하게 된다. 내가 앞서 말한 것처럼, 성경적 관점에서 보면 죽음은 여전히 두려운 일로 남아 있다. 모호하고 비인격적인 신을 믿는 종교는 죽어가는 사람에게 큰 위로를 주지 못한다. 그 마음에 부활하신 예수님을 꼭 붙잡고 있는 사람만이 사도 바울의 말에 공감할 수 있다. "세상이나, 삶이나, 죽음이나, 현재의 것이나, 장래의 것이나, 모든 것이 다 여러분의 것입니다"(고전

3:22). "나의 간절한 기대와 희망은, 내가 아무 일에도 부끄러움을 당하지 않고 온전히 담대해져서, 살든지 죽든지, 전과 같이 지금도, 내 몸에서 그리스도께서 존귀함을 받으시리라는 것입니다. 나에게는, 사는 것이 그리스도이시니, 죽는 것도 유익합니다. 그러나 육신을 입고 살아가는 것이 나에게 보람된 일이면, 내가 어느 쪽을 택해야 할지 모르겠습니다. 나는 이 둘 사이에 끼어 있습니다. 내가 원하는 것은, 세상을 떠나서 그리스도와 함께 있는 것입니다. 그것이 훨씬 더 나으나, 내가 육신으로 남아 있는 것이 여러분에게는 더 필요할 것입니다"(빌 1:20~24).

사도 바울은 체포되기 조금 전에 에베소 교회의 장로들인 옛 친구들에게 다음과 같이 말했다. "내가 내 달려갈 길을 다 달리고, 주 예수께 받은 사명, 곧 하나님의 은혜의 복음을 증언하는 일을 다하기만 하면, 나는 내 목숨이 조금도 아깝지 않습니다"(행 20:24).

사람들의 마음속에 있는 모든 감정 가운데, 죽음의 공포는 가장 집요한 것이다. 나는 죽음의 공포를 완전히 뿌리뽑을 수 있는 사람이 있다고는 생각하지 않는다. 그러나 순교자들은 예수 그리스도와의 깊은 인격적 만남이 죽음의 공포를 이길 수 있게 한다는 것을 증명해 왔다. 예수님은 "몸은 죽여도 영혼은 능히 죽이지 못하는 자들을 두려워하지 말고"(마 10:28)라고 말씀하셨다.

예수 그리스도는 고통과 죽음, 그리고 부활을 알고 계셨다. 최상의 것은 건강할 때보다도 병들었을 때 더욱 소중한, 예수 그리스도와의 교제이다. 죽음도 예수님과의 교제를 방해할 수 없을 것이다. 그리고 그 교제는 우리 자신이 부활한 후 온전해질 것이다. 성경이 제시하는 생명만이 어두운 비극 속에서 매일 매일 함께 살아가는 우리에게 유일한 참 빛이 된다. 왜냐하면 그 빛은 하나님으로부터 오는 것이기 때문이다. 성경에 대해 베드로는 이렇게 말한다. "예언은 언제든지

사람의 뜻으로 낸 것이 아니요 오직 성령의 감동하심을 받은 사람들

이 하나님께 받아 말한 것임이라"(벧후 1:21).

역자 후기_ 상처를 치유하고 인격의학자로 거듭난 폴 투르니에를 돌아보며!

폴 투르니에는 스위스의 내과의사이다. 우리에게는 상담자, 심리치료사, 또는 정신과의사로 더 잘 알려져 있다. 투르니에 서거 20주년이 되는 해에 그의 대표작 중에 하나인 「폴 투르니에의 치유」를 우리말로 발간하게 된 것을 기뻐하며 이 책을 번역하는 일에 동참한 사람으로서 몇 마디 소감을 남긴다.

투르니에는 1898년 5월 12일 스위스 제네바에서 태어났다. 그의 아버지 루이스 투르니에(70세)와 그의 두 번째 아내인 엘리자벳 오르몽(36세) 사이에서 누이 루이스에 이어 두 번째 아들로 출생하였다. 태어난 지 두 달 만에 아버지를 여의고 여섯 살에는 모친이 유방암으로 사망함으로 고아가 된 투르니에는 외삼촌 쟈크 오르몽의 집에서 성장했는데, 집 뒤에 있는 고목나무와 사냥개를 상대로 놀면서 자폐아로 어린 시절을 보냈다. "나는 자폐증에 걸려서 나 자신 속에 갇혀 버렸다. 한편으로는 거칠고 또 한편으로는 소심한 아이가 되어 버리고 말았다. 언제나 외톨이가 되어 친구들을 멀리했고 사람들과 사귀지도 못하고 누구도 믿지 못하는 아이가 되었다."

그 후 그는 열두 살에 예수님을 구주로 영접하고 장차 의사가 되어야겠다고 결심했다. 아마 '자기 부모를 빼앗아간 질병과 대결하려는 그의 무의식' 때문이었을 것이라고 게리 콜린스는 해석한다.

투르니에는 16살 되던 해에 그의 첫 번째 심리치료사라 할 수 있는 고등학교 희랍어 선생님 줄 디브아로부터 인격적 대우를 받으면서 한 인격으로 피어나기 시작했다. 디브아 선생의 지도로 사회생활에 자신감을 회복한 투르니에는 마침내 전국총학생연맹 회장 선거에서 피선되어, 국제적십자사의 일과 사회복지사업에도 관여한다. 1923

년, 제네바의과대학을 졸업하고 1년의 인턴과정 후 일반내과 의사가 되었다. 1923년 넬리 부비에와 결혼하여 두 아들을 두었다.

비인격적 가정환경에서 자라난 투르니에는 1932년 옥스퍼드 그룹 운동(Oxford Group Movement: 1932~1946)에 참여하면서 두 번째 전환기를 맞았다. 국제연맹의 고위직에 있던 네덜란드인과의 만남을 통해 신앙 안에서 자신의 연약함과 마음의 괴로움을 나누는 대화법을 배우게 된다. 매일 한시간 이상 묵상을 통해 하나님의 인도하심을 구하고, 서로 성공과 실패, 승리와 잘못을 고백하는 사랑과 섬김의 운동에 참여하면서 서서히 고백적 신앙인으로 변신한다.

그러나 그를 따뜻한 의사로 변화시킨 것은 그의 아내와의 인격적 대화였다. 그는 아내 앞에서 고아로서의 아픔을 울면서 이야기하게 되었고, 비로소 부부간에 진정한 감정을 솔직히 나눌 수 있게 되었다.

그 때를 회고하며, 투르니에는 "아내와 나 사이에는 아무런 비밀이 없었다"고 고백한다. 이 일련의 경험을 통해 의학적 지식과 기술을 자랑하는 차가운 의사에서 따뜻한 마음을 가지고 '함께 씨름하는 환자'를 돌보는 '대화상담자'이며, '인격의학자'로 변화되었다.

"지금 이 세계가 필요로 하는 것은 새로운 의술의 개발이 아니라 하나님께 순종하고 기도하는 의사들이다. 이들이 하나님과의 깊은 관계를 가지면서 현대의 모든 의학적 자료들과 지식을 사용할 때 우리는 예측하지 못했던 커다란 도움을 의학으로부터 받을 수 있을 것이다."

1939년 투르니에는 부인의 권유로 그가 처음 쓴 책 「인격의학」의 원고를 들고, 고등학교 시절의 은사 디부아 선생을 찾아간다. 스승이 노환으로 소천하기 두 달 전의 일이었다. 그는 선생이 시키는 대로 아침부터 저녁까지 하루 종일 원고를 읽어나갔다. 해질 무렵 마지막 장을 읽었을 때, 선생은 갑자기 "우리 함께 기도하세"라고 말했다. 투르니에가 물었다. "선생님, 언제 그리스도인이 되셨습니까?" 선생은 "바로 지금"이라고 대답했다. 관념론자로 남아있던 희랍어 선생이 제자의 도움으로 인격적인 하나님을 만나게 된 것이다. 스승의 유언에 따라 투르니에는 디부아 선생의 장례를 집전했다.

1947년, 투르니에는 '보세이 그룹'을 조직하여 전인격적 치유에 관심을 가지고 있는 의사와 신학자들의 모임을 주관하기 시작했다. 보세이 그룹 운동은 오늘날까지 계속되고 있다. 이 때 발표되었던 논문들이 후에 책으로 출판되었는데, 지금 독자가 손에 들고 있는 「폴 투르니에의 치유」도 그 때 발표되었던 글들을 모은 것이다. 이외에도 「강자와 약자」, 「당신을 위한 처소」, 「인격의 의미」, 「모험으로 사는 인생」 등의 제목으로 출간되었다. 따라서 사람들은 그의 의학과 신학, 그리고 심리학이 통합되어 있는 그의 접근을 인격의학(medicine of the whole person)이라고 부르고 있다.

"한 사람의 개인적 문제와 그의 하나님과의 관계가 신체적 질병과 치유에 영향을 미친다는 사실을 깨닫게 되었다. 우리의 질병과 생활 방식 사이에는 깊은 관계가 있다. 현대 의술의 문제는 대부분의 의사들이 그들의 의료지식이나 기술에 뒤져 있는 것이 아니라 병을 앓고 있는 환자의 인격에 대해서보다는 병에 대해서 더 많은 것을 알고 있다는 사실이다. 이때부터 나는 질병을 환자의 생활과 연관시켜서 치료하는 일에 내 생애를 바칠 결심을 했다."

약만 처방하는 의사가 아니라 인격적인 의사로서 환자와의 대화에 부부 사이의 갈등, 직장에서의 어려움, 양심의 죄책감, 분노, 스트레스, 실망과 낙담 등 인간을 괴롭히는 문제는 무엇이나 거론했다. 모든 환자들이 약만 처방했을 때보다 더 빠르게 치유되는 것을 목도하기 시작했다. 1940년 그는 몇 년간의 경험과 생각을 묶어서 「인격치유의 심리학」이라는 이름으로 출판했다.

그는 한때 의료 활동을 청산하고 목회를 할 것인가, 아니면 의사로서 계속 봉사할 것인가를 놓고 고민했다. 결국 그는 평신도 의사로서 주님을 섬기기로 작정한다. 그는 인격적인 대화와 상담을 위해 소수의 환자만을 받고 많은 시간을 저술 활동에 투자했다. 그의 모든 책은 전 세계 18개국 언어로 번역되어 돕는 직종에 종사하는 모든 이에게 영향을 미치고 있는 데, 투르니에는 지금까지도 "20세기 기독교가 가장 사랑한 상담자"라는 애칭을 듣고 있다.

1976년 투르니에가 순회 강연차 그리스 아테네를 방문하고 있는 중에 아내가 심장마비를 일으켜, 투병하다 주님의 품에 먼저 안기게 된다. 아내의 임종 전 두 사람이 나누었던 대화를 투르니에는 이렇게 기록한다.

"아내가 말했다. 만일 한달 전에 심장마비가 왔을 때 내가 죽었다면 지금쯤 나는 천국에 가 있겠죠? 그리고 한 번도 만나 뵌 적이 없는 시부모님을 만날 수 있었을 텐데요." 투르니에는 고아와 결혼해 순례의 여정을 함께 해준 아내에게 이렇게 대답했다. "당신이 나를 이토록 아껴주었구려. 정말 당신은 나를 사랑하고 받들어 주었소. 그러니까 당신이 이제 세상을 떠나게 되면, 아버지도, 어머니도 꼭 당신을 맞으러 오실 거요. 그리고 당신들의 자식을 이처럼 소중하게 보살펴준 그대에게 더없이 감사해 하실 거요."

그는 1986년 10월 7일 88세를 일기로 소천하기까지 「노년의 의미」, 「여성, 그대의 사명은」, 「고통보다 깊은」(IVP) 등 몇 권의 책을 더 저술하였다.

본서에서 저자는 환자들과 그 가족, 그리고 의사들이 끊임없이 제기하곤 하는 문제들을 다루고 있다. 인격의 의미, 삶과 죽음, 질병과 죄, 의학의 의미와 목적, 신유의 은사, 의사와 환자와의 관계, 협동정신, 사회의학, 성과 사랑, 결혼과 독신, 건강의 의미 등 중요한 주제들을 거론하고 있다. 저자는 그리스도인 의사로서 심리학이나 의학이 답하지 못하는 의문들에 대해 성경적 심리학으로 설득력 있는 대답을 하고 있다.

의학은 과학적 방법들을 동원하여 각종 질병의 객관적 메커니즘이나 질병의 물리적, 화학적, 생물학적, 심리학적, 그리고 사회학적 법칙을 규정하기 위한 학문이다. 그러나 위에서 제기한 의미에 관한 질문들에 대해서는 오늘날의 의학도 침묵을 지키고 있다. 그 이유는 이 같은 질문들이 객관적, 논리적이라는 의학의 특성을 벗어난 매우 주관적인 특성을 띄기 때문이다. 하지만 역설적이게도 인간에게 영향을 미치는 가장 중요한 것은 눈에 보이는 어떠한 사실이 아니라 그들이 종교적, 신앙적으로 부여하는 '의미'이다. 그러므로 의학은 단지 기술의 차원에 머물러서는 안 된다. 의학은 환자와 의사 간의 진정한 인격적 만남과 대화를 바탕으로 해야 한다. 이 책은 환자와 의사들 사이의 어렵고도 미묘한 대화를 잘 풀어나갈 수 있도록 인생에 대한 깊이 있는 이해로 그 길을 안내하고 있다.

"병을 치료하지 말고 인격을 치료하라." 투르니에가 의사와 상담자들에게 일관되게 부탁하는 내용이다. 이 책이 점점 비인간화되어 가는 현대 사회에 정신적 산소를 불어넣는 역할을 하기를 기대한다. 이 책을 읽는 분들은 누구나 그가 왜 "20세기 기독교가 가장 사랑한 상담자"라는 별명을 얻게 되었는지를 이해하게 될 것이다.

예수님은 "마음이 상한 자를 고치기 위해"(사 61:1) 세상에 오셨다. 지금은 치유가 많이 필요한 시대이다. 현재 우리나라에는 바람직하지 않은 치유사역과 성경적 치유사역이 혼재하고 있다. 일부에서는 가계에 흐르는 저주를 치유하라는 축귀적 접근(deliverance approach)이 진행되고 있다. 다른 한편으로, 질병과 상한 마음에 직면하여 상처를 처리하여야 한다는 처리적 접근(process approach)이 이뤄지고 있다. 이 책은 왜 마술적이고 축귀적인 접근이 비인격적이고 비성경적인 접근 인지를 밝히고 있다.

매년 이 책과 팡세를 한 번씩 다시 읽는다며 이 책의 번역을 독려 하셨던 분당두레교회 박철수 목사님과, 인격의학의 정신으로 수많은 영혼을 돌보는 목회자 이동원 목사, 지난 20여 년간 우리 내외의 가 정사역을 인격적으로 격려하고 지원해 주신 대전대흥침례교회의 안 종만 목사님, 그리고 예수 그리스도를 인격적으로 만날 수 있도록 배 려해 주신 '제자훈련의 대부' 옥한흠 목사님에게 특별히 감사의 마 음을 전한다.

많은 시간을 요하는 번역을 착실하게 점검하며 함께 번역에 동참 해 준 아들 지훈이에게 고마움을 표하며, 이 책을 읽기 쉬운 책으로 다듬어준 CUP의 김혜정, 배은경 자매에게 감사드린다. 이 책을 읽고 주변 의사들과 상담자, 사회복지사, 목회자 등 사람들을 돕는 직종에 종사하는 모든 분들에게 소개하고 선물하여, 우리나라를 더 따뜻한 '인격적' 만남과 대화로 풍성한 선진국으로 만드는 일에 동참하시기 를 기대한다.

정동섭 (가족관계연구소장, 목사, Ph.D.)

주

제1부 성경에서 인간을 만나다

01 두 가지 진단, 인간 이해의 길잡이

1. Lecomte du Nuoy, *Biological Time*, Methuen & Co., London, 1936.

02 평신도 의사, 성경에서 길을 찾다

1. 'Pour une médecine humaine', in *Le médecin français*, special unmber : Journées d' étude, Paris, 23 April, 1950, X[th] Year, No. 13, 10 July, 1950.
2. R. Leriche, *Thromboses artérielles*, Paris, Masson, 1944.
3. 창세기 2:7, 사도행전 17:28, 출애굽기 3:4, 이사야 49:1.

03. 과학은 하나님의 선물

1. H. Poincaré, *Science and Hypothesis*, Walter Scott Pub. Co., 1905.
2. Denis de Rougemont, *Lettres sur la bombe atomique*, N.R.F., Gallimard, Paris, 1946.
3. Jean de Rougemont, *Culture et misère humaine*, Imprimerie Nouvelle Lyonnaise, Lyons.
4. George Liengme, Pour apprendre à mieux vivre, Victor Attinger, Neuchâtel, 1936.
5. Henri Mentha, 'A propos de médecine psychosomatique', in the *Revue médicale de la Suisse romande*, 27 June, 1947.

04 의미 없이 일어나는 일은 없다

1. Delachaux et Niestlé, Neuchâtel and Paris, 1945.
2. F. Mauriac, *Life of Jesus*, David McKay, New York, 1951.
3. Marcel Raymond, *Le sens de la qualité*, La Baconnière, Boudry, 1948.
4. Charlot Publications, Algiers, 1943.
5. A. von Orelli, 'Schatten, animus und anima' , in *Die neue Sendung des Arztes*, Tyrolia-Verlag, Innsbruck-Vienna, 1947.
6. Paul Plattner, *Glücklichere Ehen*, Verl. Hans Huber, Berne, 1950.

05 창조는 우리를 향하신 사랑의 표현

1. Alexis Carrel, *Reflections on Life*, translated by Antonia White, Hawthorn Books, New York, 1953, p. 21.

06 의술과 자연, 적인가 동지인가?

1. 'Médecine, quatrième pouvoir?' in *Esprit*, special issue, March, 1950.

07 자연은 삶의 지혜를 배우는 교과서

1. Pierre Delore, *Notre frère corps*, Paris, 1938.

08 성본능은 자발적 내어드림의 상징

1. André Schlemmer: 'La foi chrétienne et le corps', in *Les deux Cités*, Cahiers des Associations professionnelles protestantes, No. 4, Paris, 5 rue Cermeschi.

09 꿈은 영혼의 열망이며 성령의 부르심

1. S. Freud, *A General Introduction to Psychoanalysis*, tr. by G. S. Hall, Boni and Liveright, New York, 1920.

2. Alphonse Maeder, *Guérison et évolution dans la vie de l' âme. La psychanalyse et son importance dans la vie contemporaine*, Rascher, Zurich, 1918.

3. C. G. Jung, *Modern Man in Search of a Soul*, tr. by W. S. Dell and C. F. Baynes, Harcourt, Brace, New York, 1933.

4. Lévy-Brühl, *Primitive Mentality*, tr. by L. A. Clare, G. Allen and Unwin, London, 1923.

5. Henri Bergson, *The Two Sources of Morality and Religion*, Macmillan & Co., London, 1935.

제2부 마술적 신앙과 치유

11 마술적 신앙의 미묘한 속임수

1. *Op. cit.*, p. 50.

2. *Op. cit.*, p. 131.

3. Roland Dalbiez, *Psychoanalytical Method and the Doctrine of Freud*, tr. by T. F. Lindsay, Longmans, Green & Co., New York, 1949.

4. C. G. Jung, *L' homme à la découverte de son âme*, Mont-Blanc Publications, Geneva, 1944.

5. J. Piaget, *The Child' s Conception of the World*, tr. by J. and A. Tomlinson, Kegan Paul & Co., London, 1929.

6. Published by Delachaux and Niestlé, Neuchâtel and Paris, 1947.

7. *Op. cit.*

12 과학은 마술 신앙에서 인간을 해방했나?

1. *Op. cit.*

2. Lévy-Brühl, *op. cit.*

3. Oscar Forel, 'Psychologie de l' insécurité: peur, panique et politique', in *Revue suisse de psychologie*, 1942, Nos 1~2.

4. Quoted by André George, 'L' humanisme scientifique', in *Les grands appels de*

l' homme contemporaine, Editions du Temps présent, Paris, 1946.

5. C. G. Jung, *Psychology and Religion*, Yale University Press, New Haven, 1938.

13 좋은 마술, 하나님과의 사귐

1. Heinrich Huebschmann, 'Über die Pathogenese der Tuberkulose', in *Psyche*, No. 10, 1950, Verl. Lambert Schneider, Heidelberg

2. *Op. cit.*

3. *Op. cit.*

14 마술은 쉬지 않고 우리를 유혹한다

1. Théophile Spoerri, *Notre Père*, P. Mottu, Lusanne, 1943.

2. Théodore Bovet, *Sur la terre comme au ciel*, J. H. Jeheber, Geneva, 1944.

15 인간, 하나님의 부르심으로 인격이 되다

1. M. Roch, 'Discours prononcé à la séance inaugurale du XXVIIe Congrés français de médecine tenu à Genève le 29 septembre 1949', in the *Revue médicale de la Suisse romande*, 25 October, 1949.

2. Pierre Delore, 'L' hôspital à l' échelle humaine', in *Personne humaine et organisation hospitalière*, 'Pages documentaires', No. 6, August-September, 1949, Paris.

16 인격에 대한 영적 세계관을 회복하자

1. Louis Pouyanne, 'Le médecin et la vie chrétienne', in *Les deux Cités*, No. 4, loc. cit.

2. 1948년에 Bossey에서 *Die Entwicklung der ärztlichen Anthropologie*라는 제목으로 발표된 미간행 논문.

3. Paul Plattner, 'Médecine de la personne', in *Die neue Sendung des Arztes, loc. cit.*

4. Op. cit.

5. H. Baruk, *Psychiatrie morale expérimentale, individuelle et sociale*, Presses Universitaires de France, Paris, 1945.

제3부 생명 · 죽음 · 질병 그리고 치유

17 생명, 하나님의 부르심으로 깨어나다

1. Jacques Ellul, 'Positions bibliques sur la médecine', in *Les deux Cités*, No. 4, loc. cit.

2. Op. cit.

3. Richard Siebeck, *La vie, la maladie, le péché, la mort. Le point de vue du médecin,*

1950년 Bossey에서 발표된 강의, 그리고 1949년의 *Die Medizin in Bewegung*, Georg Thieme Verlag, Stuttgart를 참조하라.

4. Zuvenir de l'esprit, N.R.F., Gallimard, Paris, 1941.

5. Jean de Rougemont, *Vie du corps et vie de l'esprit*, Paul Devain, Lyons, 1945.

6. Op. cit.

7. Maurice Vernet, *Le problème de la vie*, Collection 'Présences', Plon, Paris, 1947.

8. *The Geneva Catechism.*

18 치유의 힘, 생명력

1. Alphonse Maeder, *Selbsterhaltung und Selbstheilung*, Rascher, Zurich.

2. Francesco Racanelli, *Le don de la guérison*, Delachaux et Niestlé, Neuchâtel, 1951.

3. C. G. Jung, *Essays on Contemporary Events*, Kegan Paul, London, 1947.

19 생명, 하나님의 축복

1. C. G. Jung, *Collected Papers on Analytical Psychology*, ed. by Dr. Constance E. Long, 2nd edition, Baillière & Co., London, 1920.

20 죽음, 하나님과의 분리

1. *Theologische Zeitschrift*, October, 1945, Verl. Friedrich Rheinhardt, Bâle에서.

2. *Op. cit.*

21 질병은 하나님께 나아가는 문

1. A. Stocker, *Etudes sur la psychologie de la personne*, Œuvre de Saint-Augustin, St. Moritz, 1942.

2. E. Rist, *La morale professionnelle du médecin*, Masson, Paris, 1941.

3. Alphonse Maeder, 'Sur la psychologie du contact affectif et ses différentes formes', *in Revue suisse de psychologie et de psychologie appliquée*, 1949, Vol. VIII, No. 2, Hans Huber, Berne.

4. *Op. cit.*

22 치유에 있어서 의사의 소명

1. Charles Favez, 'L'attitude paienne et l'attitude chrétienne devant la mort', in *Les Cahiers Protestants*, 1943, No. 7, Les Concorde, Lausanne.

2. See his *Human Destiny*, Longmans, Green & Co., London, 1949.

3. Jacques Ellul, Op. cit.

23 질병은 죄로 인한 결과인가?

1. *Op. cit.*

25 치유는 하나님의 인내를 나타내는 기적

1. *Op. cit.*

2. *Op. cit.*

3. Jaques Courvoisier, *op. cit.*

4. Viktor von Weizsuäcker, 'Zur Frage der "christlichen" Medizin', in *Tutzinger Aerztebrief,* No. II, Tutzing am Starnberger See.

5. L. D. Weatherhead, *Healing through Prayer,* Spritual Healing Booklets, No. 1, Epworth Press, London, 1946.

6. Hubert J. Ürban, *'Übernatur' und Medizin,* Tyrolia-Verlag, Innsbruck-Vienna, 1946.

7. Josef Miller, S. J., *Katholische Beichte und Psychotherapie,* Tyrlia-Verlag, Innsbrück-Vienna, 1947.

8. *Op. cit.*

26 의사는 하나님의 거룩한 동역자이다

1. *Op. cit.*

2. *Notes sur la signification que la Révélation biblique donne à la mort.*

3. André Schlemmer 'Médecine', in *La foi chrétienne et l' Université,* 'Foi et Vie' Books, 139 Bd. Montparnasse, Paris.

4. Jean Calvin, *Contre la secte phantastique et furieuse des libertins qui se nomment spirituels,* Op. VIII, p. 246, 1545.

5. A. Stocker, *Amour et sensualité,* Œuver de Saint-Augustin, St. Moritz, 1951.

제4부 선택

28 최상의 축복, 예수님과의 사귐

1. *Op. cit.*

사단법인 기독교세계관학술동역회
사역 소개

● 세계관 운동
삶과 학문의 모든 영역에서 예수 그리스도가 주인이심을 고백하고, 하나님의 말씀대로 생각하고 적용하며 살도록 돕기 위한 많은 연구 자료와 다양한 방식의 강의 패키지들을 준비하고 있습니다. 특히 삶의 각 영역에서 만날 수 있는 문제들에 대한 대안을 찾을 수 있도록 세계관 기초 훈련, 집중 훈련 및 다양한 강좌들을 비롯하여 기독 미디어 아카데미, 기독교 세계관 아카데미, 어린이 청소년 세계관 강좌 등 다양한 강의와 세미나가 준비되어 있습니다. 강의를 원하시는 교회나 단체는 기독교세계관학술동역회 사무국으로 연락해 주시면 친절히 안내해 드립니다.

● 기독교학문연구회
기독교학문연구회(KACS : Korea Association of Christian Studies)는 기독교적 학문 연구를 위한 학회로, 각 학문 분야별 신학과 학제간의 연구를 진행하여 신앙과 학문의 통합을 추구하고 있습니다. 연구 발표의 장으로 연 2회의 학술대회를 개최하고 있으며, 한국연구재단 등재학술지 〈신앙과 학문〉(1996년 창간)을 발행하고 있습니다.

● VIEW 밴쿠버기독교세계관대학원
1999년 7월, 밴쿠버기독교세계관대학원(VIEW)은 캐나다 최고의 기독교대학인 Trinity Western University 대학의 신학대학원인 ACTS와 공동으로 기독교세계관 문학석사과정 (MACS-Worldview Studies)을 개설했습니다. 현재 캐나다 밴쿠버에 기독교세계관 문학석사 과정, 디플로마(Diploma) 과정을 운영하고 있으며, 다양한 연수 프로그램(교사 창조론, 지도자세계관 학교, 청소년 캠프 등)을 개최하고 있습니다.

● CTC 기독교세계관교육센터
CTC(Christian Thinking Center)는 가정과 교회와 학교에 기독교 세계관 교육 콘텐츠를 제공함으로서 다음세대 그리스도인들이 기독교 세계관으로 생각하고 살아가도록 돕는 것을 사명으로 하는 기독교세계관교육기관입니다.

● 도서출판 CUP

바른 성경적 가치관 위에 실천적 삶을 살아가는 그리스도의 제자들을 세우며, 지성과 감성과 영성이 전인적으로 조화된 균형잡힌 도서를 출간하여 그리스도인다운 삶과 생각과 문화를 확장시키는 나눔터의 출판을 꿈꾸고 있습니다.

✠ ✠ ✠ ✠ ✠ ✠

■ (사)기독교세계관학술동역회 연락처_ ☎. 02)754-8004
   (03922) 서울특별시 마포구 월드컵북로58길 9 ES타워 9층
   E-mail_ info@worldview.or.kr
   Homepage_ www.worldview.or.kr

■ 도서출판 CUP 연락처_ ☎. 02)745-7231
   (04549) 서울특별시 중구 을지로148, 8층 803호 (을지로3가, 중앙데코플라자)
   E-mail_ cupmanse@gmail.com
   블로그_ www.cupbooks.com